FACULTE DE DROIT DE POITIERS

DROIT ROMAIN

ÉTUDE

SUR LE

TRIBUNAT DE LA PLÈBE

DROIT FRANÇAIS

DES

DROITS DU CONJOINT SURVIVANT

DANS L'ANCIEN DROIT

DANS LE CODE CIVIL ET D'APRÈS LA LOI DU 9 MARS 1891

THÈSE POUR LE DOCTORAT

Présentée et soutenue le 23 Mai 1893

PAR

Armand MORIER

Avocat à la Cour d'Appel de Poitiers

POITIERS

E. DRUINAUD, LIBRAIRE-ÉDITEUR

6, RUE DE LA MAIRIE, 6

1893

FACULTE DE DROIT DE POITIERS

DROIT ROMAIN

ÉTUDE

SUR LE

TRIBUNAT DE LA PLÈBE

DROIT FRANÇAIS

DES

DROITS DU CONJOINT SURVIVANT

DANS L'ANCIEN DROIT

DANS LE CODE CIVIL ET D'APRÈS LA LOI DU 9 MARS 1891

THÈSE POUR LE DOCTORAT

Présentée et soutenue le 23 Mai 1893

PAR

Armand MORIER

Avocat à la Cour d'Appel de Poitiers

:o:

POITIERS

E. DRUINAUD, LIBRAIRE-ÉDITEUR

6, RUE DE LA MAIRIE, 6

1893

FACULTÉ DE DROIT DE POITIERS

MM.

Le Courtois (I. ❀), doyen, professeur de Code civil.

Ducrocq (✿ I. ❀), doyen honoraire, professeur honoraire, professeur à la Faculté de droit de Paris, correspondant de l'Institut.

Thézard (I. ❀), doyen honoraire, professeur de Code civil, sénateur·

Arnault de la Ménardière (I. ❀), professeur de Code civil.

Normand (I. ❀), professeur de Droit criminel.

Parenteau-Dubeugnon (I. ❀), professeur de Procédure civile.

Arthuys (I. ❀), professeur de Droit commercial.

Bonnet (I. ❀), professeur de Droit romain.

Petit (I. ❀), professeur de Droit romain.

Barrilleau (I. ❀), professeur de Droit administratif, assesseur du Doyen.

Brissonnet (A. ❀), professeur d'Économie politique.

Surville (A. ◐), professeur de Droit international public et privé.

Didier, agrégé, chargé des Cours d'histoire générale du Droit français et des Éléments du Droit constitutionnel.

Girault, chargé des fonctions d'agrégé, chargé de cours.

Morand, chargé des fonctions d'agrégé, chargé de cours.

Coulon (I. ❀), secrétaire.

COMMISSION

Président : M. Le Courtois, doyen.

Suffragants { MM. Petit.
Surville. } Professeurs.
Didier. Agrégé.

MEIS

ÉTUDE
SUR LE TRIBUNAT DE LA PLÈBE

DROIT ROMAIN

INTRODUCTION

L'histoire romaine est féconde en institutions politiques, mais le tribunat de la plèbe parmi celles-ci mérite une place à part, en raison de l'influence considérable qu'il exerça sur les destinées de la République Romaine et aussi parce que l'on ne trouve pas d'institutions similaires dans l'histoire des autres peuples de l'antiquité.

Avant d'aborder l'étude de cette puissante institution, qui fut si intimement liée à la vie du peuple romain jusqu'à la chute de la République, il nous paraît indispensable de donner quelques notions générales sur la cité romaine elle-même et sur son organisation intérieure à l'origine.

Fondée par Romulus, d'après la tradition, au milieu de cérémonies religieuses dont les anciens auteurs nous ont conservé le souvenir, il paraît certain que la religion, les mœurs et les usages des peuples du Latium et de l'Étrurie furent conservés par les habitants de la nouvelle cité. Comme chez ces peuples, il y eut à Rome trois classes de citoyens dont nous allons parler rapidement, les patriciens, les clients et la plèbe.

Les patriciens étaient les représentants de la classe privilégiée.

1

A l'origine, ils paraissent avoir été magistrats, prêtres et adminis-
trateurs, c'est-à-dire, avoir réuni tous les pouvoirs, toute la puissance. La famille antique ne se démembrait pas, le fils aîné
succédait au père, seul il avait le sacerdoce, l'autorité et la propriété; ses fils, ses frères, ses serviteurs, tous reconnaissaient
son autorité et de là vint certainement le nom de *pater* qui indique
la puissance et non la paternité. C'est l'association de ces chefs
de famille, de ces *patres*, qui eut en mains le gouvernement dans
la plus large acception du mot.

Le *pater* était chef de la *gens*, de cette institution qui a donné
lieu à tant d'opinions différentes et qui, néanmoins, est toujours
une énigme. Suivant les uns, la *gens* indiquait une parenté agnatique très ancienne mais réelle, dont le souvenir s'était maintenu
bien qu'on eût perdu la notion du degré qui la constituait. Dans
une seconde opinion, elle n'était que l'expression d'un rapport
entre une famille exerçant le patronage et d'autres familles
clientes. Enfin une autre opinion est celle-ci : la *gens* était une
association politique de familles étrangères les unes aux autres et
entre lesquelles la cité avait établi une union fictive, une sorte
de parenté religieuse.

Sans vouloir entrer dans le détail de tous ces systèmes, nous
allons indiquer celui qui nous a paru être le plus rationnel et le
mieux justifié.

La *gens* est la réunion de toutes les familles diverses sorties du
même tronc; la base de cette association est le lien du sang, c'est
le vestige d'une parenté agnatique très ancienne. La *gens* eut, à
l'origine, et conserva jusqu'à sa disparition, la communauté du
culte. Elle était, dit M. Fustel de Coulanges, dérivée tout naturellement de la religion domestique et du droit privé des anciens
âges (1). Formant une même famille, on comprend facilement
les droits d'hérédité que les membres de cette association avaient
les uns vis-à-vis des autres, en vertu de la loi des Douze Tables,
et leur similitude de noms; de même encore, la communauté de
patrimoines, la solidarité qui existait entre tous ses membres.

(1) Fustel de Coulanges, *Cité antique*, p. 134.

Les textes de Festus, Fronton et Varron confirment cette opinion (1).

A côté des patriciens vinrent se placer les clients, dont ils étaient les serviteurs dévoués. Si haut que l'on puisse remonter vers l'origine d'un client, on ne trouve et on ne doit trouver qu'un esclave ou qu'un affranchi, jamais un *pater*. Le client n'a rien en propre, il ne peut jamais devenir propriétaire, il doit doter la fille du patron, payer pour celui-ci l'amende encourue et fournir sa rançon. Lié intimement aux patriciens, le client disparut lorsque la plèbe dont nous allons parler eut conquis l'égalité civile ; il se fondit alors très rapidement avec elle.

Les plébéiens eurent une origine des plus infimes, mais ils constituèrent la classe la plus nombreuse. Distincte de celle des clients, elle fut, dans les premiers temps, absolument étrangère à l'organisation religieuse de la cité et de la famille, et ses représentants furent peut-être ces gens sans feu ni lieu que Romulus établit sur la pente du mont Capitolin, en dehors de l'enceinte du pomœrium. Après de nombreuses années de lutte, ils obtinrent la propriété de l'Aventin, sans pour cela acquérir les droits de citoyen.

D'après Denys d'Halicarnasse (2), ce fut seulement le sixième roi de Rome qui fit quelques lois pour la plèbe. Ces lois leur furent retirées, d'après le même auteur, lors de la création du tribunat et il fallut une loi spéciale pour protéger la vie et la liberté des tribuns (3) ; on avait le droit de tuer un plébéien et aucune répression n'atteignait l'auteur du meurtre.

Il serait intéressant de connaître les phases de la lutte qui eut lieu entre la plèbe et les patriciens jusqu'à la création des tribuns ; malheureusement, les textes sont à peu près muets à ce sujet. De même pour les clients, il est impossible de préciser l'époque à laquelle ils disparurent ou plutôt se confondirent avec la plèbe. Une chose certaine c'est que le renversement de la royauté, en la personne de Tarquin le Superbe, retarda beaucoup les conquêtes

---

(1) Voir en outre, en ce sens : Villems, *Droit public romain*, 3ᵉ édit, pp. 19 et suiv ; — Ch. Dezobry, *Rome au siècle d'Auguste*, I, 372 (édition de 1846).
(2) Denys, *Antiquités romaines*, IV, 43.
(3) Denys, VI, 89.

plébéiennes. Les derniers rois, en effet, Tarquin l'Ancien, Servius Tullius et Tarquin le Superbe, en raison de leur origine étrangère, avaient été obligés de s'appuyer sur les classes inférieures, pour lutter efficacement contre les patriciens ; Servius Tullius, surtout, prépara l'affranchissement de la plèbe et son arrivée au pouvoir. Sa première réforme fut de lui donner des terres, non pas sur l'*ager romanus*, mais sur les territoires pris à l'ennemi, innovation grave, nous dit Fustel de Coulanges (1), que celle qui conférait ainsi le droit de propriété sur le sol à des familles qui jusqu'alors n'avaient pu cultiver que le sol d'autrui.

Servius publia ensuite des lois qui réglèrent surtout les obligations du plébéien envers le patricien ; mais la réforme la plus importante qu'il accomplit fut certainement la division nouvelle de la cité. Avant lui il y avait trois anciennes tribus comprenant seulement les patriciens et leurs clients ; il en porta le nombre à vingt-quatre, sans toutefois détruire les anciennes, et la plèbe, jusque-là masse flottante, fut incorporée dans les nouvelles tribus.

Comme il fallait à la plèbe une religion, Servius établit des dieux Lares dans chaque carrefour de la ville, dans chaque circonscription de la campagne, et dans les cérémonies sacrées de la lustration, le plébéien et le patricien furent ensuite confondus.

Enfin, une dernière réforme qui atteignit directement la classe patricienne fut la division des classes basées sur la richesse, la création des centuries. Servius partagea les habitants de Rome en deux grandes classes : ceux qui possédaient et ceux qui n'avaient rien, et il subdivisa la première en cinq autres, toujours d'après la fortune (2).

Cette réforme fut ensuite appliquée à l'armée, d'où fut exclu celui qui ne possédait rien. La cavalerie elle-même, jusqu'alors composée de patriciens, subit l'admission dans ses rangs de douze centuries nouvelles, toutes plébéiennes. Peu à peu l'habitude vint, aussi bien en temps de paix qu'en temps de guerre, de faire voter l'armée dans ces centuries et ce fut l'origine des assemblées centuriates.

Telle était la situation de la plèbe, lors de la mort violente de Ser-

(1) Fustel de Coulanges, *loc. cit.*, 367.
(2) Cicéron, *De Republica*, II, 22.

vius. Une réaction formidable se produisit alors et les patriciens essayèrent d'enlever aux plébéiens tout ce que Servius leur avait donné ; ils leur retirèrent leurs terres et abrogèrent les lois spéciales que Servius avait créées pour eux ; les plébéiens gardèrent toutefois leurs titres de citoyens, et l'organisation des classes et l'assemblée centuriate subsistèrent.

Les rois exilés, la lutte va bientôt reprendre et nous allons voir les revendications plébéiennes se faire jour, mais, après plusieurs siècles et avec l'aide de tribuns.

PREMIÈRE PARTIE

HISTOIRE DU TRIBUNAT

I. — Création des Tribuns

La République fut proclamée avec deux consuls comme chefs de l'État, investis de l'*imperium*. Les deux premiers furent Brutus et Tarquin Collatin, tous les deux chefs de la révolution qui s'était accomplie ; mais ce dernier dut bientôt se démettre de sa charge et partir pour l'exil, à cause de sa parenté avec le roi banni, parenté qui le rendait suspect à son collègue Brutus. Il fut remplacé par Valérius, auquel sa popularité fit donner le surnom de Publicola . Il fut en effet l'auteur de deux lois également profitables aux patriciens et aux plébéiens, mais dont ceux-ci se montrèrent particulièrement reconnaissants. En vertu de la première, tout citoyen était autorisé à en appeler au peuple de la sentence d'un magistrat (1). La seconde limitait le droit du consul d'infliger des amendes.

Ces dispositions bienveillantes, inspirées uniquement par la crainte de voir revenir au pouvoir Tarquin le Superbe, le roi banni, dont les intrigues, couronnées de succès auprès des peuples voisins, faillirent amener la ruine de Rome, ces dispositions bienveillantes firent rapidement place aux persécutions, lorsque tout danger extérieur fut conjuré.

Il suffit de jeter les yeux sur la constitution de l'État romain à cette époque, pour être convaincu de la facilité avec laquelle les patriciens pouvaient imposer leur volonté à la plèbe, et la dominer complètement. Les deux consuls, chefs de la République, étaient recrutés parmi les patriciens. Investis de la puissance la plus étendue, entourés de licteurs entièrement soumis à leur com-

(1) Cicéron, *De Republica*, ii, 31.

mandement, chefs de l'armée, ils avaient tous les moyens nécessaires pour vaincre les résistances les plus énergiques ; encore,
quand ces moyens ne suffisaient pas, on avait recours à la dictature, instituée autant pour combattre les ennemis du dedans que
ceux du dehors. Ajoutons à cela que la plèbe était écrasée de
dettes et, de ce chef, en vertu des lois rigoureuses de l'époque,
entièrement à la merci des patriciens.

Ce fut précisément la question des dettes qui occasionna la
crise. La propriété était la base de l'impôt ; or, la plèbe, par suite
des guerres continuelles de Rome, fut bientôt obérée et forcée
d'emprunter à des taux usuraires ; ce qui, joint aux lois rigoureuses
qui frappaient les débiteurs insolvables, rendit sa situation intolé-
rable. Pousuivis par leurs créanciers avec une dureté excessive,
les plébéiens sortirent de la ville et se retirèrent, suivant Tite-
Live, sur le mont Sacré et, suivant Pollion, sur l'Aventin.

Après de longues négociations, dont le résultat fut une notable
diminution des dettes et des garanties politiques assez importantes,
la plèbe rentra dans la ville, sous la foi d'un traité solennellement
juré, l'an 260 de Rome, 493 ans avant notre ère (1).

Les garanties politiques consistèrent dans la création des tribuns, magistrats inviolables, qui devaient être choisis dans la
plèbe, et dont le nombre fut, d'après certains auteurs, fixé à deux,
d'après d'autres à cinq. Tite-Live (2) notamment croit qu'il y en
eut cinq, mais il ne cite que trois d'entre eux : C. Licinius, L. Albinus et Sicinius. Ce dernier, principal chef de la sédition, qui
avait déterminé la plèbe à se retirer sur le mont Sacré, aurait été
choisi par les deux premiers avec deux autres, dont les noms
sont restés inconnus.

Forts de l'appui des tribuns, les plébéiens vont marcher rapidement à la conquête de toutes les dignités et de toutes les charges
réservées jusqu'alors aux patriciens, et faire tomber les barrières
qui séparent les deux classes.

(1) Denys, VI, 89, fait intervenir dans ce traité des féciaux, et Tite-Live
(*Hist. rom.*, IV, 6), parle d'un *ictum fœdus*.
(2) Tite-Live, II, 33.

II. — Du rôle des Tribuns, depuis leur création
jusqu'à la loi des XII Tables

La première loi due aux tribuns fut celle qui leur permit de provoquer les réunions de la plèbe pour y faire des propositions ; elle fut votée l'an 262, sur la proposition du tribun Sp. Icilius, par les comices par tribus, seules assemblées qui pouvaient alors être convoquées par les tribuns. Cette loi, qui porte le nom de son auteur, ouvrit aux chefs de la plèbe l'accès de toutes les assemblées et elle était la conséquence naturelle et forcée du droit d'intercession qui leur avait été accordé par la loi sacrée lors de leur création. En vertu de ce droit, dont nous étudierons plus loin les effets, les magistrats de la plèbe pouvaient s'opposer aux décisions et aux ordres émanant des magistrats supérieurs, spécialement des consuls, lorsque ces décisions ou ces ordres blessaient ou paraissaient blesser la justice et l'équité. L'assemblée du peuple, juge en dernier ressort, soit qu'elle fût réunie dans les centuries, soit qu'elle fût réunie dans les tribus, était appelée à se prononcer sur l'opposition ou sur la décision des tribuns qui devaient alors être présents pour défendre leurs actes et, au besoin, provoquer la réunion de ces assemblées.

Ce fut surtout dans les comices par tribus que les chefs de la plèbe organisèrent la résistance et formulèrent leurs revendications. Dans ces comices figuraient seulement les plébéiens, le suffrage y était individuel (*viritim*), sans distinction de classe, de cens ni de position et ils donnèrent rapidement la mesure de leur puissance en forçant à l'exil le célèbre patricien C. Marcius dit Coriolan. Celui-ci, cité devant le peuple par les tribuns, ayant refusé de comparaître en alléguant que ceux-ci étaient tribuns du peuple et non du Sénat, dut s'exiler, pour échapper à une condamnation capitale.

Dans les comices par tribus encore fut proposée par T. Pontificius la première loi agraire, sans succès du reste. Déjà, quelques années auparavant, lors d'un traité avec les Herniques, sous le consulat de Sp. Cassius et de Proculus Virginius, le premier de ces consuls avait proposé de partager le territoire enlevé aux

Herniques par ce traité, entre les Latins et la plèbe. Cette proposition était-elle due à la sympathie de son auteur pour la classe pauvre, ou bien espérait-il la faire servir à des projets ambitieux ? Nous l'ignorons. Non seulement elle fut rejetée, mais encore elle causa la mort de son auteur, à sa sortie du consulat.

La proposition du tribun Pontificius exaspéra les patriciens, d'autant plus que celui-ci, imitant l'exemple donné par l'un de ses collègues, avait engagé la plèbe à refuser le service militaire, pour arriver à vaincre la résistance des patriciens. Aux violences succédèrent les violences ; les tribuns, ne pouvant atteindre les consuls pendant la durée de leurs pouvoirs, les mirent en accusation à la sortie de leur charge et les citèrent devant le peuple. Les deux consuls L. Furius et C. Manlius, ainsi poursuivis par le tribun Genucius, firent assassiner leur accusateur.

Ce meurtre terrifia la plèbe, et les patriciens purent croire au succès, mais il eut une courte durée et le centurion Voléron, l'un des premiers qui avaient repris la lutte, ayant été élu tribun en 282, fit adopter, pendant la durée de son mandat, une loi aux termes de laquelle la nomination des tribuns, réservée jusque-là aux comices par curies, fut transférée aux comices par tribus. Ce ne fut qu'après une année de résistance que Voléron, soutenu par son collègue Lætorius, réussit à la faire adopter.

Cette loi, d'un effet considérable, puisqu'elle enlevait toute intervention aux patriciens dans la nomination des tribuns, fut suivie, si l'on en croit Pison, d'une autre augmentant le nombre des tribuns qui aurait été porté de deux à cinq. Les élus auraient été, d'après cet auteur, C. Sicinius, L. Numitorius, M. Diulius, Sp. Icilius et L. Macilius. En 297 leur nombre fut porté à dix pour ne plus varier.

Souvent réélus quatre et cinq fois de suite, les tribuns, poursuivant leurs réclamations, demandèrent, par l'intermédiaire de l'un d'entre eux, Terentilius Arsa, la définition du pouvoir consulaire et la création d'un code complet du droit pour les plébéiens. Après dix ans de luttes, les patriciens cédèrent et décidèrent que les lois demandées seraient faites pour tout le peuple romain. A cet effet, tous les magistrats abdiquèrent leurs fonctions et le pouvoir fut confié à dix magistrats choisis dans les deux classes, auxquels on donna le nom de décemvirs, l'an 301 de la fondation de Rome.

Telle fut la première phase du tribunat. Créé pour protéger, même révolutionnairement, les faibles et les petits, il les conduisit en outre à la conquête des droits politiques qui furent donnés aux simples citoyens.

III. — Le Tribunat sous les décemvirs

Sous les décemvirs chargés spécialement d'établir pour les deux fractions du peuple un droit équitable et impartial, la lutte entre les patriciens et les plébéiens fut suspendue, et il semble même qu'il y eut interruption dans la nomination des tribuns. Cette opinion paraît confirmée par ce fait qu'on ne pouvait pas légalement en appeler de la décision des décemvirs, qui avaient été spécialement créés dans le but de donner de nouvelles lois.

L'œuvre des décemvirs est connue sous le nom de loi des Douze Tables, dont des fragments très incomplets nous sont parvenus, malgré les tentatives de restitution qui en ont été faites. En ce qui concerne notre étude, cette loi présente une disposition très remarquable, interdisant aux patriciens et aux plébéiens de s'unir entre eux par le mariage. Cette prohibition, que Cicéron qualifie d'inique (1), a donné lieu à des opinions contradictoires entre les auteurs, sur le point de savoir si la loi des Douze Tables a, sur cette matière, inauguré un droit nouveau, ou simplement confirmé un état de choses, antérieur aux décemvirs. Les textes anciens, assez obscurs, ne permettent pas de conclure d'une façon certaine à ce sujet; mais nous croyons, comme l'indique la presque unanimité des savants contemporains, que cette prohibition du mariage entre les patriciens et les plébéiens fut la confirmation d'un usage ancien bientôt anéanti, à la suite des efforts des tribuns, ainsi que nous le verrons plus loin.

La loi des Douze Tables ne fut pas établie sans de vives résistances, et d'après certains récits quelque peu légendaires, les patriciens, intéressés à la voir ajourner indéfiniment, auraient envoyé en Grèce des embassadeurs chargés de recueillir des lois. Tite-

(1) Cicéron, *De Republica* , II 37

Live, Denys et d'autres auteurs anciens ont accueilli cette légende (1), mais les auteurs contemporains, se basant sur le silence des historiens grecs à l'époque des décemvirs et de la majorité des écrivains romains, révoquent en doute cette assertion et voient dans ces prétendus voyages un moyen employé par les patriciens, pour retarder l'œuvre législative des décemvirs et empêcher le retour des tribuns de la plèbe.

Quoi qu'il en soit, la tyrannie des décemvirs, et surtout d'Appius Claudius, l'un d'eux, fut cause de leur chute, à la suite de la seconde sécession de la plèbe sur le mont Sacré (2).

IV. — Le Tribunat depuis les décemvirs jusqu'à la fusion complète des deux classes

La plèbe, victorieuse encore une fois, rentra dans la ville ; Appius Claudius, chef des décemvirs, et Oppius, l'un de ses collègues, se suicidèrent pour échapper à une condamnation certaine ; les autres s'exilèrent, puis deux consuls furent nommés et le tribunat rétabli.

Cette victoire ne fut pas stérile et pour la seconde fois le droit d'appel fut consacré par la loi *Valeria Horatia*, rendue l'an 305 sur la proposition du consul de ce nom. Cette loi décida qu'il n'y aurait plus désormais de magistrature sans appel et le tribun Duilius, la complétant, fit voter par le peuple deux autres propositions, punissant de la peine de mort ceux qui empêcheraient à l'avenir l'élection des tribuns et feraient élire des magistrats, *sine provocatione ad populum* (3).

Enfin, une autre loi *Valeria Horatia* consacra comme une institution régulière les comices par tribus. L'interprétation rigoureuse des textes de Tite-Live et de Denys conduirait à (4) croire que le vote de cette proposition eut pour conséquence de soustraire à l'approbation des curies, à l'*auctoritas patrum*, les décisions prises par le peuple dans les comices par tribus, mais

(1) Tite-Live, III, 31 ; — Denys, X, 51. 52. 54. 56. 57. 58. 62.
(2) Tite-Live, III, 52.
(3) Tite-Live, III, 55.
(4) Tite-Live (*loc. cit.*) ; — Denys, XI, 45.

la critique moderne est presque unanime à rejeter cette opinion. L'effet de la loi *Valeria Horatia* dut être que tout plébiscite serait nécessairement soumis à l'approbation et à la sanction des curies.

Le vote de cette loi fut suivi d'une sorte de réconciliation entre les deux classes et l'on vit le tribun de la plèbe Duilius présider les comices consulaires. En retour, deux patriciens auraient été élus tribuns. Tite-Live, dans lequel nous prenons l'histoire de ce fait, ajoute que les patriciens Sp. Tarpeius et A. Aterius, tous les deux consulaires, furent les personnages désignés pour remplir ces fonctions.

Ces nominations, si contraires à la loi qui avait institué le tribunat, paraissent toutefois plausibles à l'époque où elles auraient eu lieu. La chute des décemvirs avait eu pour effet de rapprocher les patriciens et les plébéiens qui avaient souffert, les uns et les autres, de la tyrannie d'Appius Claudius et de ses collègues. D'autre part, Tite-Live mentionne encore les difficultés qu'il y eut alors pour la nomination des tribuns. Duilius, président des comices réunis à cet effet, ne put faire élire que cinq tribuns sur dix. Ceux-ci, malgré les intrigues et l'opposition de leurs anciens collègues, dont l'ambition était déçue, nommèrent eux-mêmes les cinq autres et notamment les deux patriciens consulaires dont nous venons de parler. Comment eu lieu cette dérogation formelle à la loi sacrée qui ordonnait de prendre les tribuns dans la plèbe seulement? Une cérémonie religieuse vint-elle accompagner cette élection et les patriciens élus durent-ils, comme Clodius plus tard, renoncer à leur qualité de patriciens et entrer dans la plèbe? L'histoire est muette sur tous ces points.

Quoi qu'il en soit, cette union des patriciens et des plébéiens ne fut pas de longue durée et la lutte reprit à l'occasion d'une proposition fait par le tribun Canuléius, tendant à l'abrogation du texte de la loi des Douze Tables, interdisant les mariages entre plébéiens et patriciens. Les neuf collègues de Canuléius, de leur côté, demandèrent que le consulat fût rendu accessible à la plèbe. Cette dernière proposition fut rejetée, mais la loi *Canuleia* fut votée; il en eût peut-être été de même pour les deux, si les patriciens, désespérant de l'emporter, n'eussent demandé eux-mêmes la création de nouveaux magistrats, revêtus des pouvoirs du consulat, qui pourraient être pris indifféremment parmi les plébéiens et parmi les patriciens. Ce furent les tribuns militaires *consulari potestate*.

L'an 310 on créa donc trois tribuns militaires avec puissance consulaire; mais, chose curieuse, le peuple n'usa pas de sa victoire et trois patriciens furent seuls investis de cette nouvelle fonction. Cependant, dit Tite-Live (1), les anciens tribuns de la plèbe, avides d'obtenir cet honneur et vêtus de la robe blanche des candidats, avaient sollicité les suffrages.

Comme compensation à la concession faite à la plèbe, les patriciens demandèrent et obtinrent qu'il fût créé une charge à laquelle seuls ils auraient accès et dont les attributions détachées du consulat consisteraient à reviser les registres des citoyens, en contrôlant le droit qu'avait chacun d'y être porté, aussi bien que la répartition dans les tribus et les classes et enfin à surveiller les mœurs, l'administration des finances et celle des travaux publics. Ce fut le rôle des censeurs créés l'an 311.

Les concessions accordées à la plèbe étaient peu de chose en présence de leurs revendications; aussi, la lutte reprit-elle rapidement avec une grande énergie de part et d'autre : elle fut même ensanglantée par des crimes. En 315, le chevalier plébéien, Sp. Mælius, qui avait distribué gratuitement des grains aux pauvres éprouvés par une famine terrible, fut tué par le général de cavalerie Servilius Ahala. Deux tribuns du peuple, A. Virginius et Q. Pomponius, furent ensuite cités en jugement et condamnés à une amende de dix mille livres pesant de cuivre. Leur seul crime était d'avoir pris parti pour les patriciens contre leurs propres collègues et ils furent condamnés par la plèbe irritée, malgré le sénat qui avait essayé de les couvrir de son autorité.

Camille lui-même, une des gloires de la République Romaine et qui avait occupé les plus hautes magistratures, fut cité en jugement par le tribun Apuleius, pour n'avoir pas rendu compte du butin pris au siège de Véies et dut s'exiler.

Au milieu de toutes ces luttes, les progrès politiques de la plèbe, dus à l'énergie persévérante de leurs tribuns, s'affirmèrent de plus en plus. En 348, les plébéiens furent admis à la questure et

(1) Tite-Live, IV, 6.

étaient sur le point de conquérir le consulat lorsque Rome fut prise par les Gaulois.

La ville allait disparaître. Camille, rappelé de l'exil, la sauva de la ruine (an 364).

Quand les Gaulois eurent été vaincus, la plèbe put mesurer l'étendue du désastre causé par l'invasion ; couverte de dettes, privée de ses meilleurs défenseurs enlevés par la guerre et opprimée par les patriciens, d'autant plus fiers que la République devait son salut à Camille, l'un d'eux, la plèbe, disons-nous, allait succomber et perdre le fruit d'un siècle de luttes, lorsque deux hommes remarquables s'élevèrent de son sein et ranimèrent son courage. Ces deux hommes furent Licinius Stolo et L. Sextius.

Croyant calmer les ressentiments de la plèbe et arrêter le cours de ses revendications, les patriciens firent distribuer des terres aux pauvres, mais ces faibles réparations ne purent pas retarder longtemps la victoire du tribunat et après dix ans d'efforts, pendant lesquels Licinius et Sextius furent constamment réélus, la plèbe fut admise au consulat; sur les deux charges consulaires, l'une d'elles lui fut expressément réservée. Elle s'honora en conférant cette dignité à l'un de ceux qui avaient tant fait pour le succès de ses revendications, à L. Sextius, premier consul plébéien. Toutefois, les patriciens vaincus obtinrent encore la création d'une autre charge réservée pour eux seuls, la préture, autre démembrement du consulat. Le préteur fut chargé d'administrer la justice dans Rome.

Le tribun Licinius Stolo, collègue de Sextius, fut admis lui-même au consulat l'année suivante (389). Un autre plébéien, ancien tribun lui aussi, fut élu consul quelque temps après et fit la guerre sous ses propres auspices (1); il fut vaincu, et les patriciens ne manquèrent pas de se prévaloir de cet échec pour déclarer qu'il était dû à la vengeance des dieux, irrités de voir les auspices entre les mains des plébéiens que leur origine impure aurait dû écarter pour toujours des cérémonies religieuses réservées aux consuls.

Ces récriminations n'empêchèrent pas la plèbe de poursuivre ses conquêtes dans l'ordre politique. En 398, C. Marcius Rutilus

(1) Tite-Live, VII, 6.

fut choisi comme premier dictateur plébéien, lors d'une guerre contre les Falisques et il prit lui-même comme général de la cavalerie C. Plautius plébéien comme lui (1). Vainqueur dans la guerre qu'il avait eu à diriger, il revint à Rome et obtint le triomphe par la seule volonté de la plèbe, sans l'aveu du Sénat. La haute valeur de cet homme lui fit conférer quatre fois le consulat et il fut le premier censeur plébéien (2).

Il ne restait plus aux patriciens qu'un très petit nombre de privilèges, nous allons voir rapidement comment ils disparurent.

Tout d'abord, le dictateur plébéien Publilius Philo fit, en 415, voter trois lois importantes : la première assujettissait tous les citoyens romains aux plébiscites ; la seconde ordonnait que les lois portées aux comices par centuries fussent, avant l'appel aux suffrages, ratifiées par le Sénat, ce qui rendait le veto de celui-ci presque illusoire et fit disparaître probablement la sanction des curies ; enfin, la troisième permettait à la plèbe de nommer, si elle le voulait, deux consuls plébéiens.

A la suite du vote de ces lois, Publilius Philo fut élu préteur, en 417 malgré l'opposition du consul Sulpicius (3). Cette charge était restée trente ans seulement le privilège exclusif des patriciens, qui en avaient provoqué la création.

En 447, la loi *Pœtilia Papiria* abolit l'asservissement pour dettes et en 467 la loi *Mœnia* dispensa définitivement les élections de la sanction des curies.

Quand les tribuns eurent ainsi conquis pour la plèbe tous les pouvoirs civils et politiques, ils revendiquèrent les pouvoirs religieux. Déjà, en 387, Licinius Stolo avait demandé et obtenu que le nombre des gardiens des livres sibyllins fût porté à dix, choisis par égale moitié dans les deux classes. La loi *Ogulnia*, votée en 454, créa pour les plébéiens quatre places de pontifes et cinq places d'augures. Les pontifes plébéiens furent P. Décius Mus, P. Sempronius Sophus, C. Marcius Rutilus, M. Livius Denter ; et les augures C. Genucius, P. Ælius Pætus, M. Minucius Fessus, C. Marcius et T. Publilius (4). A la suite de cette élection, le collège

(1) Tite-Live, VII, 17.
(2) Tite-Live, VII, 22.
(3) Tite-Live, VIII, 15.
(4) Tite-Live, X, 9.

des augures eut une majorité plébéienne. Nous avons cité les noms de ces personnages pour montrer que les mêmes hommes auxquels la plèbe devait ses conquêtes remplirent la carrière des honneurs et eurent ainsi la récompense de leurs longs et persévérants efforts.

De dernières et vaines tentatives furent faites par les patriciens pour ressaisir les privilèges perdus, mais il leur fallut se résigner à accepter la nouvelle situation. Le Sénat, [depuis longtemps ouvert aux plébéiens, fut bientôt en majorité composé de ces derniers qui avaient pour y entrer presque toutes les magistratures. D'autre part, les *gentes* patriciennes avaient été très profondément atteintes par les guerres continuelles que Rome avait soutenues contre les ennemis du dehors; dans ces guerres les *gentes* plébéiennes avaient souvent éclipsé la gloire des premières, les curies n'existaient plus que de nom et une loi récente, la loi *Hortensia*, avait attribué aux plébiscites force obligatoire pour la nation entière et rendu illimitée la compétence des comices par tribus, comme l'était celle des comices par centuries. Ce fut le dernier acte de la lutte entre la plèbe et les *patres;* désormais il n'y eut plus la *plebs* et le *populus romanus,* mais seulement le *populus romanus* (1).

Jetons un rapide coup d'œil sur le chemin parcouru, et voyons ce qu'est devenu le tribunat. Son évolution a été rapide. Créé, comme nous l'avons dit, pour protéger les faibles contre les excès de l'*imperium* consulaire, il a conduit la plèbe à la conquête des droits civils, politiques et religieux, puis, il est devenu un instrument de gouvernement. « Les tribuns, dit M. Mommsen (2), n'étaient, à l'origine, ni magistrats, ni membres du Sénat, on les fit entrer dans le corps des magistratures administratives. Dès le premier moment, on leur donna une juridiction égale à celle des consuls... Dès les premiers débats contre les ordres, ils conquièrent à leur égal l'initiative législative. Jadis ils assistaient aux délibérations du Sénat, assis sur un banc près de la porte, aujourd'hui ils ont leur siège à l'intérieur de la salle, à côté des sièges des autres magistrats, ils ont le droit de prendre la parole

(1) Maynz, *Cours de Droit romain*, 87.
(2) Mommsen, *Histoire romaine*, tom. II, chap. III, pp. 93 et 94 (traduct. Alexandre).

2

et ont voix consultative... » Plus tard, ils ont le droit de convoquer le Sénat, d'y faire une motion et de faire voter un sénatus-consulte. »

Jusqu'alors, le tribunat a donc passé par deux phases successives : la première pendant laquelle il a été le défenseur de la plèbe opprimée, la deuxième pendant laquelle il a conquis un à un les droits politiques, civils et religieux jusque-là refusés à une catégorie de citoyens. Nous allons voir maintenant la troisième phase, celle pendant laquelle il fut un des organes du gouvernement.

V. — Le Tribunat jusqu'à la dictature de Sylla

Du rang de la plèbe sortirent des hommes illustres comme les Genucius, les Marcius Rutilus, les Licinius, et leurs noms dans l'histoire romaine brillent d'un vif éclat à côté des plus célèbres patriciens ; mais leurs descendants ne tardèrent pas à devenir impopulaires ; une nouvelle aristocratie, basée sur la richesse, remplaça l'aristocratie de naissance et ainsi s'accrut le nombre des ennemis du peuple, qui, avec tous les droits acquis au prix de tant de souffrances, fut peut-être plus faible et plus opprimé qu'auparavant.

Si parfois, de ses rangs, s'éleva un homme qui voulut l'arracher des mains de ceux qui l'exploitaient sans scrupule, le peuple ne comprit pas les réformes qu'il voulut faire et, chose étrange, après quatre siècles de luttes, le peuple, loin d'être mûr pour la liberté, courait au despotisme.

L'accumulation de la propriété territoriale entre les mains d'un petit nombre de citoyens favorisés fut certainement une des causes de la décadence de Rome. Les conquêtes immenses faites sur les autres nations ne profitèrent pas à la masse du peuple ; tout au contraire, le travail des hommes réduits à l'esclavage par suite de ces conquêtes annihila celui des hommes libres. Nous allons examiner le rôle joué par le tribunat dans cette nouvelle période.

Il devint, avons-nous dit, un des organes du gouvernement ; à partir de la loi *Hortensia*, l'importance des fonctions attachées à cette magistrature dépassa même celle de toutes les autres ; l'influence des tribuns se fit sentir dans toutes les questions portées devant les comices ; le plus souvent ceux-ci furent réunis sur leur initiative personnelle, pour des propositions intéressant, tant le droit public que le droit privé, mais il semble que l'effort des tribuns porta principalement sur les lois agraires (1).

Déjà la loi *Licinia*, rendue en 378, sur la proposition de ce célèbre tribun, défendait, sous peine d'amende, qu'aucun citoyen eût en propre plus de cinq cents *jugera* de terres publiques et envoyât aux pâturages au delà de cent têtes de gros bétail et cinq cents têtes de menu bétail. Elle prescrivait en outre de n'utiliser qu'un nombre déterminé d'esclaves et d'employer des hommes libres, au cas où le nombre des premiers ne serait pas suffisant pour les besoins de la culture (2). Telle fut la première loi agraire. Les tentatives des tribuns antérieurs à Licinius sur cette matière étaient restées infructueuses.

Son effet fut considérable, et la République romaine lui dut une période assez longue de prospérité. « C'est, dit M. Laboulaye (3), de cette époque que date la grandeur romaine ; l'égalité politique des deux ordres et la noble rivalité qu'elle amena à sa suite établirent cet équilibre de gouvernement qui faisait l'admiration de Polybe. » La loi agraire de Licinius arrêta pendant quelque temps la concentration des propriétés entre les mains d'un petit nombre, elle eut une assez grande influence sur le développement de la classe moyenne, puisque le siècle qui suivit les lois Liciniennes est celui où Rome semble inépuisable en soldats. Varron, Pline, Columelle se reportent sans cesse aux beaux jours de la République, comme aux temps où l'Italie était vraiment puissante par la richesse de son sol, le nombre et l'aisance de ses habitants. La loi des cinq cents jugères est toujours citée par eux avec honneur, car, la première, elle avait reconnu le mal et essayé le remède, en retardant la création de ces grands domaines, de ces *latifundia* qui dépeuplèrent l'Italie et, après l'Italie, l'empire tout entier.

(1) Nous allons mentionner, en regrettant de ne pouvoir les étudier en détail, ces lois agraires, qui figurent parmi les plus intéressantes des lois romaines, mais leur développement nous entraînerait trop loin de notre sujet. Nous croyons bien faire en indiquant au lecteur, pour la connaissance approfondie de ces lois, le beau livre de M. Laboulaye, intitulé *des Lois agraires chez les Romains*.

(2) Appien, *De bellis civilibus*, I, 8.

(3) Laboulaye, *des Lois agraires chez les Romains*, no 35.

Les lois Liciniennes furent appliquées jusqu'au commencement du septième siècle; en outre, dès 522, le tribun Flaminius, le même qui fut tué à la bataille du lac Trasimène contre Annibal, proposa de distribuer au peuple les terres conquises sur les Gaulois, mais l'opposition qu'il rencontra fut considérable et il fut accusé injustement d'avoir voulu jeter la division entre les fractions de la nation. Après sa mort, personne n'osa assumer la responsabilité d'une si lourde tâche et l'oligarchie toute-puissante des *optimates* fut victorieuse, même des tribuns du peuple.

En 621, alors que tout le monde était d'avis qu'il était urgent d'apporter un remède aux abus, le tribun Tibérius Gracchus, soutenu par les plus éminents personnages de la République, et prenant pour base la loi Licinienne tombée en désuétude, proposa de fixer à cinq cents *jugera* le maximum de la possession de terres publiques pour chaque père de famille, avec faculté d'augmentation de deux cents *jugera*, pour chaque fils, et sans que le nombre de ces *jugera* pût dépasser mille. Le célèbre tribun voulut en outre que le surplus des terres de l'*ager publicus* devînt la propriété de l'État; il accorda une indemnité aux possesseurs actuels, transforma en pleine propriété la simple jouissance que les citoyens avaient sur ces terres et demanda que l'excédent resté libre fût divisé en lots de trente *jugera* et partagé entre les citoyens et les alliés, à la charge par les attributaires de payer une modique redevance au Trésor et de ne jamais aliéner les biens ainsi partagés. Une commission de trois magistrats devait assurer l'exécution de cette loi; ces magistrats sont connus sous le non de *tres viri agris dandis assignandis* (1).

Cette loi, appelée loi *Sempronia*, frappait directement les *optimates* et sapait l'influence de l'oligarchie alors toute-puissante; aussi elle fut attaquée avec la dernière violence par ceux dont elle supprimait les privilèges et une première fois elle fut rejetée. Tibérius ne se découragea pas et, pour arriver à son but, il brisa tous les obstacles; outré de la résistance qu'il trouvait, même parmi ses collègues, il en vint aux mesures extrêmes et fit déposer son collègue Octavius que les *optimates* avaient gagné à leur cause. La loi fut alors votée.

(1) Plutarque, *Tiberius Gracchus*, IX, 13.

Nommé triumvir avec Caius Gracchus, son frère, et Appius Claudius, son beau-père, pour faire exécuter la loi qu'il avait fait
voter, il fut assassiné presque aussitôt après à l'instigation du
Sénat, qui fit répandre le bruit que Tibérius Gracchus aspirait à la
royauté.

Malgré ce crime odieux, l'œuvre du célèbre tribun ne périt pas,
et dix ans après, Caius Gracchus, élu tribun à son tour, après avoir
fait décider que les soldats seraient habillés aux frais du Trésor
et fait établir des greniers publics pour prévenir la disette, reprit
l'œuvre de son frère Tibérius et fit voter une loi sur les mêmes
bases que celle due à l'initiative de celui-ci. Cette loi fut exécutée
par des assignations et des créations de colonies.

La popularité de Caius Gracchus était à son comble, quand il
voulut enlever au Sénat le pouvoir judiciaire. Il trouva devant lui
l'opposition de son collègue dans le tribunat, Livius Drusus, et,
aussi malheureux que son frère, il eut le même sort et fut assassiné.

Ainsi périrent ces deux hommes, égaux en talent et en courage,
qui laissèrent dans l'histoire de la République romaine une trace
si brillante, mais dont les propositions, incomprises par leurs concitoyens, furent résumées sous ce nom : « les séditions des Gracques. »

Les tribuns qui suivirent, de 635 à 673, portèrent également
leurs efforts sur les lois agraires, mais le but que s'étaient proposé
leurs illustres devanciers ne fut pas atteint. Rome ne vit pas
naître une classe de cultivateurs libres qui l'aurait peut être sauvée
de la dictature ; il aurait fallu pour obtenir ce résultat le talent des
Gracques qui fut brisé par un peuple ignorant, alors qu'il était
dans toute sa force et dans tout son éclat.

Pendant la période qui va de la mort des Gracques à la dictature
de Sylla (635-673), le tribunat atteignit le maximum de sa puissance, avec des alternatives de succès et de revers ; les chefs du
collège des tribuns finirent par triompher du Sénat dont l'autorité les gênait et les lois dues à leur initiative contre la volonté de
celui-ci sont considérables ; elles portent principalement sur les lois
agraires et sur l'attribution aux chevaliers du pouvoir judiciaire
enlevé aux sénateurs. Jusqu'au temps de Cicéron, nous trouvons
une série de lois sur ces deux points, lois de violence de la part

des tribuns, auxquelles les sénateurs opposèrent des lois non moins tyranniques. C'est ainsi que la loi *Thoria agraria*, dont nous possédons quelques fragments, découverts par le cardinal Bembo au xviᵉ siècle, garantissait, vers l'an 647, aux usurpateurs du domaine public, toutes leurs possessions franches et quittes de redevances, et Cicéron nous dit à propos de cette loi: « *Sp. Thorius satis valuit in populari genere dicendi, is qui agrum publicum vitiosa et inutile lege levavit* (1).» D'autres lois furent proposées ou votées pour atténuer l'effet de cette loi *Thoria*, mais elles ne furent pas suivies d'exécution. Ce sont la *rogatio Marcia* (650), la loi *Apuleia* (654), la loi *Titia* (655), la loi *Livia* (663). Ces trois dernières, dues à des tribuns du peuple, causèrent la mort de leurs auteurs. A cette époque, l'inviolabilité des tribuns n'existait guère en fait et le précédent dangereux créé par l'assassinat des Gracques portait ses fruits.

L'œuvre du tribunat en matière judiciaire n'eut pas de meilleurs résultats. Caius Gracchus avait payé de sa vie le vote de la loi (*lex Sempronia judiciaria*) qui enlevait aux sénateurs le pouvoir judiciaire pour le donner aux chevaliers (632). Quelques années après, en 648, la loi *prima Servilia* partagea le pouvoir judiciaire entre les deux ordres. En 654 la loi *secunda Servilia* le rendit aux chevaliers et en 663 la loi *Livia* le partagea à nouveau entre les deux ordres.

Telle est l'histoire du tribunat jusqu'à Sylla.

VI. — Le Tribunat sous la dictature de Sylla

L'oligarchie, maîtresse de Rome, devait fatalement amener la guerre civile, et la guerre civile, la dictature : ce fut en effet ce qui arriva. Les proscriptions de Marius et de Sylla, à jamais célèbres dans l'histoire de la République romaine, y ont laissé une trace sanglante pour aboutir à la dictature du dernier. Quand il fut maître de Rome, Sylla, nommé chef du pouvoir pour un temps indéterminé, commença par abattre les hommes et les institutions qui le gênaient; les tribuns qui n'avaient pas su se tenir à l'écart de la guerre ci-

(1) Cicéron, Brutus. *De clar. orator.*, § 36.

vile et qui au contraire s'y étaient jetés à corps perdu, furent, les premiers, victimes du despotisme du dictateur. Sylla leur fit perdre presque toutes leurs prérogatives. Quelles furent exactement celles qu'il leur laissa? On l'ignore. Le silence des historiens à ce sujet ne permet pas de fixer les limites de la réforme imposée par lui au tribunat. Toutefois, on croit généralement qu'il laissa à ses représentants le *jus auxilii et intercessionis*. Cicéron, ennemi de cette institution, nous dit: « *Quamobrem in ista quidem re vehementer Sullam probo, qui tribunis plebis sua lege, injuriæ faciendæ potestatem ademerit, auxilii ferendi reliquerit* (1). » Une chose certaine, c'est que le rôle du tribunat sous la dictature de Sylla fut complètement effacé, la seule perte du droit de *coercitio* aurait suffi à rendre son pouvoir inefficace et illusoire.

Sylla fit également du tribunat une magistrature à part; il l'exclut de la hiérarchie des autres magistratures et interdit l'accès de celles-ci à ceux qui avaient brigué et obtenu la charge de tribun (2); aussi les candidats aux fonctions publiques s'éloignèrent-ils avec empressement de cette magistrature qui les condamnait à un isolement définitif.

L'institution dont nous nous occupons est maintenant en pleine décadence, son rôle est fini et ses jours sont comptés; elle va disparaître avec la République qu'elle a contribué à faire périr.

VII. — Le Tribunat depuis Sylla jusqu'à l'avènement d'Auguste

Les tribuns réduits par Sylla à un rôle humiliant firent entendre leurs justes réclamations et dès l'an 679 une loi du consul C. Cotta rendit aux tribuns l'accès des autres fonctions publiques. Enhardi par ce premier succès, le tribun L. Quinctius réclama, en 680, dans les *contiones*, la restitution de tous les droits attachés à sa charge, mais ce ne fut qu'en 684 que Pompée, alors tout-puissant, revenant sur les mesures de Sylla, rendit au tribunat ses anciennes prérogatives, avec l'espérance que celui-ci serait

(1) Cicéron, *De legibus*, III, 9.
(2) Appien, *Bell. civ.*, I, 100.

l'instrument dévoué de son ambition. Cette espérance ne fut pas trompée, les tribuns furent désormais des agitateurs politiques, flattant le peuple et se servant de lui pour arriver aux plus hautes dignités ; ils furent aussi les instruments serviles et actifs des hommes politiques qui se disputaient alors le pouvoir. Plutarque, dans ta *Vie de Cicéron*, nous a conservé pour l'histoire du tribunat des faits précieux et qui montrent bien à quel degré d'asservissement tombèrent les représentants de cette institution. C'était au moment de la conjuration de Catilina, et Cicéron venait d'être proclamé consul avec Antoine. Les tribuns du peuple proposèrent alors une loi, aux termes de laquelle on aurait créé dix magistrats, investis d'un pouvoir absolu et maîtres de toute l'Italie, de toute la Syrie et de toutes les provinces que Pompée avait ajoutées à l'empire ; ces magistrats auraient pu vendre les biens publics, mettre en jugement et exiler à leur gré les citoyens, fonder des villes, puiser à pleines mains dans le Trésor, lever et entretenir autant de troupes qu'ils voudraient. Cette loi fut appuyée, nous dit Plutarque, par une foule de nobles et surtout par Antoine, collègue de Cicéron, qui espérait être l'un des dix magistrats, mais l'éloquence de ce dernier la fit échouer et amena même le désistement des tribuns (1).

Quelque temps après, Cicéron triompha de la conjuration de Catilina qui se termina comme on sait, par la mort des principaux conjurés. Son triomphe fut de courte durée. Accusé par les tribuns du peuple Metellus et Bestia, dès leur entrée en charge, il fut sommé par eux de se démettre de ses fonctions de consul. Ils allèrent même, nous dit encore Plutarque, jusqu'à placer leur banc ((*subsellium*) sur la tribune aux harangues pour empêcher Cicéron de parler au peuple. Cicéron menacé fit rappeler Pompée et l'opposition de Caton, tribun du peuple, fit échouer les efforts de ses collègues contre l'illustre orateur, qui reçut alors le titre de Père de la patrie.

Le tribunat ne se releva pas davantage avec Clodius, de famille patricienne, qui fut élu à cette magistrature à la suite d'une accusation d'impiété portée contre lui. Clodius était certainement le dernier homme qu'il eût fallu choisir à cette époque troublée

(1) Plutarque, *Vie de Cicéron*, XII.

pour remplir les fonctions de tribun, mais c'était un agitateur, et, César, sur le point de s'éloigner de Rome, venant à peine de fonder le premier triumvirat avec Crassus et Pompée, voulait annihiler l'influence de ses deux concurrents au pouvoir et surtout contrebalancer l'autorité de deux de ses adversaires, Caton et Cicéron. Dans ce but, il poussa Clodius au tribunat. Pour obtenir cette charge, réservée aux seuls plébéiens, Clodius se fit adopter par un plébéien dans une cérémonie présidée par César. Nous étudierons plus loin les conditions dans lesquelles s'est accompli ce fait, très rare dans l'histoire du tribunat et en contradiction avec tous les principes admis.

Après son élection, Clodius flatta le peuple par des lois avantageuses : il fit participer un grand nombre d'indigents aux lois politiques et prit une escorte d'esclaves armés. Ennemi juré de Cicéron, il fit porter une loi aux termes de laquelle était condamné à l'exil quiconque avait fait périr un citoyen sans jugement. Ce fut à la suite de cette loi que Cicéron fut obligé de quitter Rome pour avoir fait exécuter les complices de Catilina en dehors de toutes formalités judiciaires.

Restait Caton ; pour s'en débarrasser, Clodius lui fit donner le gouvernement de Chypre et fit sanctionner par le peuple le décret qui lui accordait ce commandement.

Ces mesures lui paraissant insuffisantes, le fougueux tribun fit bannir Cicéron, défendit à tout citoyen de lui donner l'eau et le feu et de le recevoir sous son toit, à cinq cents milles de l'Italie ; il mit le feu à sa maison de campagne et bâtit sur l'emplacement de sa maison de Rome un temple de la Liberté.

Après Cicéron et Caton, Clodius attaqua Pompée ; mais celui-ci tout-puissant résista ; une réaction s'opéra même en faveur de Cicéron, des troubles et des rixes ensanglantèrent la voie publique, des tribuns du peuple furent blessés, et Clodius lui-même, cité en justice pour ses violences, par un de ses collègues, Annius Milon. Cicéron fut ensuite rappelé et Clodius tué par Milon, dont les violences égalèrent du reste celles de son collègue (1).

Nous avons insisté, à dessein, sur le tribunat de ce factieux, pour montrer à quels excès de pouvoir il se livra. Non pas pour

(1) Plutarque, *Vie de Cicéron*, 38.

cela que tous ses collègues aient été aussi violents; à côté de ceux qui déshonorèrent la charge qu'on leur avait confiée, il s'en trouva d'autres, au contraire, qui furent soucieux de lui conserver sa dignité et son prestige, mais ce fut le petit nombre. Avec Clodius on peut mettre en parallèle le tribun Caton, ami de Cicéron, pour se faire une idée des principaux personnages qui occupèrent alors cette fonction. Clodius était un esprit inquiet, turbulent, ambitieux; Caton un homme sage et réfléchi, courageux, ennemi des agitations tribunitiennes. Opposé à l'ambition de César, Caton ne fut pas plus heureux que Clodius qui en était l'ami. Après la défaite de Pompée à Pharsale et l'anéantissement de son parti, Caton se retira à Utique, où il se tua pour ne pas devoir la vie à César.

Devenu seul maître de l'empire, celui-ci se fit conférer successivement tous les pouvoirs. La loi *Vatinia* lui donna le gouvernement pour cinq ans; en 706, il fut nommé dictateur pour un temps indéterminé; en 708, pour une période de dix ans; enfin, en 710, il obtint la dictature à vie, et quand il n'eut plus rien à désirer du côté politique, il rechercha des honneurs plus élevés : c'est ainsi qu'il se fit décerner le titre de Père de la patrie.

Après que la conspiration de Brutus eut mis fin à cette puissance, la guerre civile éclata; elle se termina, comme on sait, par la défaite des républicains commandés par Brutus et Cassius, qui furent vaincus à la bataille de Philippes, emportant les regrets des hommes qui avaient pensé avec eux régénérer la République romaine.

Leur mort fut suivie du second triumvirat avec Antoine, Lépide et Octave. Momentanément unis, ces trois hommes se partagèrent l'empire comme un pays conquis, et les anciennes magistratures, aussi bien le consulat que le tribunat, n'existèrent plus que de nom en face des pouvoirs excessifs qui leur avaient été accordés. Quiconque du reste eût essayé d'être indépendant eût payé de sa vie sa tentative et les tribuns eux-mêmes, si audacieux quelques années auparavant, furent les humbles serviteurs des triumvirs. Enfin, quand Octave, fils de Jules César, eut vaincu son ancien collègue et son dernier adversaire, Antoine, l'institution du tribunat disparut comme pouvoir politique.

VIII. — Le Tribunat depuis le règne d'Auguste jusqu'à sa disparition

Octave, maître de l'Empire romain, se fit, à l'exemple de César, attribuer tous les pouvoirs. En 726 et 727, on lui décerna le titre d'*imperator Augustus* et de *princeps senatus*. En 731, il obtint la puissance tribunitienne à vie. Maître du droit de paix et de guerre, il fut nommé *pontifex maximus* et chef de la religion. Tous ces pouvoirs lui furent renouvelés, sur sa demande, tous les cinq ans, jusqu'à sa mort.

Auguste ayant absorbé tous les pouvoirs, il semble que les anciennes magistratures auraient dû disparaître pour faire place à de nouvelles institutions, en harmonie avec un état de choses nouveau. Il n'en fut pas ainsi; le caractère du génie romain, essentiellement conservateur, était opposé à ces transformations brusques et les révolutions successives qui précédèrent la chute de la République romaine ne firent disparaître aucun des pouvoirs établis. L'empire, à son tour, les conserva presque intacts et ils existèrent de nom pendant des siècles, après le règne d'Auguste. Ainsi le consulat fut attribué à un particulier jusqu'à l'époque de Dioclétien, la préture subsista jusqu'au règne de Justinien et la questure est mentionnée dans le code Théodosien.

En ce qui concerne particulièrement le tribunat, sa transformation est des plus intéressantes à étudier. Déjà César avait été investi de pouvoirs égaux à ceux du tribunat pendant sa dictature, il avait même prouvé le peu de cas qu'il faisait des titulaires de cette charge, en prononçant la destitution de deux d'entre eux qui avaient méconnu son autorité (1) ; mais, le véritable fondateur de la puissance tribunitienne impériale fut Auguste ; il en fit la base de son pouvoir, et ses années de règne sont comptées et établies d'après les années correspondant à la durée de cette puissance.

Malgré cette absorption des anciennes prérogatives du tribunat par Auguste, les tribuns ne furent pas supprimés ; ils existèrent de la même façon que les titulaires des charges dont nous avons parlé

(1) Dion Cassius, XLIV; — Appien, *Bell. civil.*, II, 108.

plus haut, mais, comme eux aussi, ils furent des instruments entre les mains de l'Empereur qui s'en servit quelquefois pour s'opposer aux décrets du Sénat. Les droits d'*intercessio*, de veto, de *coercitio* et l'inviolabilité attachés à la personne des tribuns furent concentrés en la personne de l'Empereur par une loi spéciale appelée *lex de tribunicia potestate* (1). Chose remarquable, les insignes mêmes du tribunat passèrent au chef du pouvoir qui reçut ainsi le *subsellium*.

Il y a toutefois des différences entre la puissance tribunitienne conférée à l'Empereur et celle anciennement attachée à la personne des tribuns. Ainsi l'empereur, qui était patricien, n'aurait pas pu être et n'était pas en réalité tribun, il n'en eut jamais le titre. D'autre part la puissance tribunitienne était conférée à vie, elle était transmissible aux héritiers de l'empereur, tandis que celle du tribunat prenait fin au bout d'une année. Enfin le pouvoir des tribuns était limité à la ville de Rome, tandis que la puissance tribunitienne n'avait pas d'autres limites que celles de l'Empire.

Le tribunat ainsi amoindri et annihilé ne disparut que très tard. Seulement cette charge, autrefois si enviée et si recherchée, fut complètement abandonnée, personne ne voulut l'occuper d'autant plus qu'elle n'était point nécessaire pour l'accès aux fonctions supérieures. En l'an 13 av. J.-C., on dut tirer au sort un certain nombre de *quæstorii* pour en faire des tribuns. Plus tard, on força même des chevaliers romains, possédant le cens sénatorial, à remplir ces fonctions (2).

Dion Cassius rapporte à leur sujet que, sous le règne de Tibère, un tribun, d'accord naturellement avec l'empereur, usa avec succès de l'*intercessio* au Sénat (3), et que Vitellius se servit un jour de l'*auxilium tribunicii* contre un sénateur qui l'avait contredit et s'était permis de blâmer des soldats (4).

Enfin, dans un dernier exemple, qui montre bien le vrai rôle des tribuns à cette époque, le même auteur nous indique un de ces

(1) Dion Cassius, II, 17. 32 ; — LV, 3. 11. 15 ; — LIX, 24 : — Tacite, *Annales*, VI, 12. 47 ; — XIII, 28.
(2) Dion Cassius, LIV, 26.
(3) Dion Cassius, LVII, 15.
(4) Dion Cassius, LXV, 7.

fonctionnaires impériaux (car c'est l'appellation qui leur convient), sous le règne de Vespasien, saisissant Helvidius Priscus et le livrant à leurs huissiers pour avoir manqué de respect à l'empereur (1).

Quand les tribuns, au contraire, voulurent faire acte d'indépendance, on leur fit comprendre qu'ils ne devaient pas se départir du rôle qui leur était tracé. Ainsi le tribun Antistius, ayant sous Néron demandé la mise en liberté d'un homme que le préteur voulait faire arrêter pour une dispute au théâtre, cette manière de procéder du tribun fut blâmée par le Sénat (2).

D'après M. Madvig (3), les tribuns auraient eu comme faible compensation de leurs anciens pouvoirs une sorte de juridiction dans certaines affaires civiles et, à ce sujet, il cite Juvénal, qui dit en effet que rarement un maître de rhétorique pouvait se faire payer sans obtenir un jugement d'un tribun (*sine cognitione tribuni*) (4); on trouve encore dans Tacite quelques renseignements obscurs sur certains litiges qui auraient pu être jugés par des tribuns; cet historien nous apprend aussi qu'après la mort d'Auguste les tribuns essayèrent vainement de reprendre leur place dans l'organisation des jeux publics (5).

A partir de Vespasien, les renseignements deviennent de plus en plus rares sur le tribunat. Pline le Jeune nous rapporte qu'il mérita l'éloge du Sénat, « pour avoir su rester tranquille pendant son tribunat (6) ».

Enfin, dans le code Théodosien, on trouve trace de l'existence de cette institution jusqu'au troisième siècle de notre ère (7).

Telle est l'histoire du tribunat qui disparut bien longtemps après la fin de son vrai rôle, en réalité terminé à l'avènement d'Auguste à l'empire. A l'origine, défenseur des faibles et des pauvres, plus tard champion ardent de la plèbe, dont il fit triompher les reven-

---

(1) Dion Cassius, LXVI, 12.
(2) Tacite, *Ann.*, XIII, 28.
(3) Madvig, *l'Etat romain*, liv. II, chap. v, § 13.
(4) Juvénal, *Sat.*, VII, 228.
(5) Tacite, *Ann.*, XIII, 28, I, 15.
(6) Pline le Jeune, *Panégyrique de Trajan*, 95.
(7) Code Théodosien; — Loi I, 8. 18; — Loi II, 4. 11; —Loi LXXIV, 12.1,

dications politiques, et enfin organe actif du gouvernement, son histoire est intimement liée à l'histoire du peuple romain pendant la durée de la République romaine. Après avoir montré la place considérable qu'il y occupa, nous allons étudier maintenant, dans une autre partie, son organisation intérieure et les droits attachés à la personne de ses représentants.

DEUXIÈME PARTIE

SECTION PREMIÈRE

ORGANISATION INTÉRIEURE DU COLLÈGE DES TRIBUNS

I. — Élection des Tribuns

Une certaine obscurité plane à l'origine de l'institution du tribunat, tant sur le mode d'élection des tribuns que sur leur nombre. Les premiers, comme nous l'avons dit plus haut, furent élus à la suite de la retraite de la plèbe sur le mont Sacré, pour la protéger contre les violences des patriciens. D'après les historiens anciens, ils auraient été jusqu'à la loi *Publilia Voleronis* élus dans les curies (1); Tite-Live cependant n'est pas très explicite à ce sujet, il mentionne seulement que le tribun Voléron profita de la première année de son tribunat pour demander qu'à l'avenir les tribuns fussent élus dans les comices par tribus. Le vote de cette proposition eut pour effet, nous dit l'historien romain, d'enlever aux patriciens toute ingérence dans ces élections, aussi la lutte dura-t-elle plus d'une année; mais Voléron triompha de tous les obstacles, notamment de la résistance d'Appius Claudius, l'ennemi juré des revendications plébéiennes, et la loi fut votée (2). Si les patriciens n'avaient pas eu d'intérêt à empêcher l'adoption de cette proposition, il est certain qu'ils ne se seraient pas opposés si longtemps à la demande de Voléron, mais aussi, il paraît bizarre de voir élus par les curies des magistrats plébéiens, alors que la plèbe était exclue de ces assemblées.

Cette difficulté a donné naissance à trois opinions : la première

(1) Cicéron, *Apud Ascon. ad Corn.*, 105; — Denys, IX, 41.
(2) Tite-Live, 2, 56.

et la plus généralement adoptée, parce qu'elle est basée sur les textes des anciens auteurs, admet l'élection des tribuns dans les comices par curies; la seconde, soutenue par Lange, les fait nommer dans les comices par centuries (1); enfin, la troisième atttribue ce droit aux comices par tribus, ou aux *concilia plebis*, qui auraient précédé les premiers, peut-être même coexisté avec eux. M. Mispoulet est partisan de cette dernière opinion (2).

Nous croyons qu'il faut admettre la première, qui a d'abord pour elle le témoignage des auteurs de l'antiquité. La réfutation des deux autres va nous permettre de justifier notre choix.

D'abord, l'opinion qui attribue aux comices centuriates le droit d'élire les tribuns n'a pour elle aucun texte, ce qui est déjà une forte présomption pour son inexactitude; en second lieu, l'organisation des centuries ne se prêtait pas à une réunion dans laquelle le bas peuple devait voter, et, en admettant même que cette assemblée centuriate aurait pu élire des magistrats plébéiens, il est certain que la majorité eût été acquise bien avant et sans que l'on ait eu besoin d'appeler au vote les dernières centuries, qui devaient surtout comprendre les plébéiens.

L'autre opinion ne paraît guère plus vraisemblable; elle est également en contradiction avec les anciens auteurs. Particulièrement le récit de Tite-Live sur la résistance énergique des patriciens à la loi *Publilia Voleronis* n'aurait aucun sens, si les tribuns avaient été dès l'origine élus dans les *concilia plebis*, d'où étaient exclus les patriciens.

A l'opinion que nous adoptons on fait cette objection : Comment les tribuns auraient-ils pu être élus dans une assemblée exclusivement patricienne, eux qui étaient chargés de prendre la défense de la plèbe opprimée ? Il est admis généralement en effet que les plébéiens étaient exclus des comices par curies, mais nous croyons, avec M. Mommsen (3), qu'il y avait des comices curiates patricio-plébéiens, et, sans entrer dans le détail des preuves que donne le savant auteur à l'appui de son opinion, nous nous contenterons de citer simplement celle tirée de l'adrogation, qui de-

(1) Lange, *Römische allerthumer*, § 70.
(2) Mispoulet, *les Institutions politiques des Romains*, § 29, liv. I.
(3) *Histoire romaine*, II. Appendice.

vait être sanctionnée par une loi curiate et était permise aux plébéiens comme aux patriciens.

Quoi qu'il en soit, à partir de la loi *Publilia Voleronis*, l'élection des tribuns fut transférée aux comices par tribus, qui gardèrent ce droit jusqu'à l'avènement d'Auguste. Sous les décemvirs,
les élections furent interrompues, mais, sous la réserve des lois
qui avaient institué cette charge, et quand les décemvirs eurent
été renversés, les comices par tribus reprirent leur prérogative.
Souvent toutefois, dans les premiers temps de leur création, les
tribuns trouvèrent des obstacles à leur nomination et ceci nous
amène à parler d'un autre mode d'élection qui fut alors appliqué,
la *cooptatio*. — La *cooptatio* consistait dans l'élection de quelques-
uns des membres du collège des tribuns par leurs collègues déjà
nommés. Elle ne dura pas longtemps, mais son existence est
certaine. Ainsi, d'après Tite-Live, trois des cinq premiers tribuns
auraient été élus par la *cooptatio*. A la fin du consulat de Valérius et d'Horatius, en 443, on élit seulement cinq tribuns, qui à
leur tour choisirent leurs cinq autres collègues, sur la proposition
du tribun Duilius (1). Ce mode d'élection fut aboli par la loi *Tre-
bonia*, en 306. En contradiction avec les idées romaines, il ne
fut appliqué que pour permettre aux tribuns de compléter leur
nombre, lorsque l'hostilité des patriciens empêchait les élections
régulières d'aboutir, ou encore en face des compétitions ardentes
des candidats agitateurs de la plèbe qui, déçus dans leur ambition, travaillaient à faire échouer leurs concurrents. Aussi quand
le tribunat fut devenu une institution régulière, définitivement
reconnue, la *cooptatio* cessa d'exister.

Sous l'Empire, la charge de tribun devint tellement insigni-
fiante que personne ne voulut plus l'occuper et, comme nous l'a-
vons dit plus haut, il fallut quelquefois, pour le recrutement de
ses titulaires, avoir recours à un mode nouveau de nomination.
Ainsi, en l'an 13 av. J.-C., on tira au sort un certain nombre
de questeurs pour en faire des tribuns (2). Il est probable encore
qu'à la longue, et jusqu'au moment de leur disparition, ceux-ci furent nommés directement par l'empereur, héritier de la presque tota-

(1) Tite-Live, III, 32.
(2) Dion Cassius, LIV. 26.

3

lité de leurs pouvoirs. D'après Suétone et Dion Cassius en effet (1), les élections des magistrats n'avaient plus lieu régulièrement dans les comices depuis la dictature de César, les triumvirs nommaient eux-mêmes aux magistratures. Auguste leur rendit, il est vrai, ce droit, mais Tibère le leur reprit ; dans tous les cas, il est à peine besoin de dire que les tribuns, comme les autres magistrats, n'étaient élus que sur la puissante recommandation de l'empereur, dont ils devinrent les zélés fonctionnaires jusqu'à leur disparition.

II. — Des formes de l'Élection des tribuns

A l'origine de l'institution du tribunat, on n'a que des renseignements très vagues sur les formes de l'élection des tribuns dans les comices par curies. A partir de la loi *Publilia Voleronis*, quand ces magistrats furent élus dans les comices par tribus, les élections avaient lieu longtemps avant l'entrée en fonctions des élus, à une date que l'on ne peut préciser. En cette matière, tout était réglé par l'usage et la tradition et peu de points pouvaient donner lieu à des difficultés. Mais quand le respect des anciennes coutumes se fut affaibli, plusieurs lois vinrent régler la matière ; Cicéron nous cite souvent trois d'entre elles, la *lex Ælia*, probablement la même que la *lex Ælia Fufia*, la *lex Cæcilia Didia* et la *lex Junia Licinia*, qui avaient toutes pour but de limiter à un certain nombre de jours la tenue des comices et de faire respecter les empêchements de la religion à la réunion de ces mêmes comices (2). Ces lois datent probablement de la fin du sixième siècle.

Les tribuns en charge convoquaient les comices pour l'élection de leurs successeurs. Cette convocation devait être faite par des affiches annonçant la date précise de l'élection et apposées dans des endroits déterminés (3). D'après la loi *Cæcilia Didia*, le délai entre la convocation et la tenue des comices électoraux devait être de trois *nundinæ*, ou dix-sept jours francs. Si, pour une raison quelconque, la réunion n'avait pas lieu au jour fixé, elle était remise avec un délai plus court, par exemple au premier *dies comitialis*.

(1) Suétone, *Octave*, 40 ; — Dion., LVI, 40.
(2) Cic., *Ad Attic.*, II, 9.
(3) Tite-Live, XXXV, 24 ; — Aul-Gell., XIII, 15.

Dans aucun cas, les assemblées du peuple ne pouvaient avoir lieu les jours de fête ; il y avait des jours spéciaux fixés pour la tenue des comices, *dies comitiales* (1) ; ces jours étaient, d'après les fastes qui nous sont parvenus, au nombre de 184.

Lorsque le jour des comices électoraux était connu et fixé, les candidats devaient s'annoncer (*profiteri*) dans un délai déterminé après la convocation, chez le magistrat chargé de la présidence de l'assemblée (2). L'inobservance de cette formalité entraînait l'inéligibilité du candidat, car l'assemblée ne pouvait voter que sur des candidats connus à l'avance. Quelques infractions à cette règle eurent lieu pour des élections tribunitiennes, mais elles sont vigoureusement blâmées par les historiens, notamment par Tite-Live, qui se sert de l'expression suivante (*tribuni pessimo exemplo*) (3).

La déclaration de candidature (*professio*) était suivie de démarches multiples faites par les candidats, qui cherchaient à gagner les suffrages (*prensatio*), et nos mœurs électorales actuelles sont tout simplement renouvelées de l'antiquité, qui connaissait bien avant nous ce que nous appelons la période électorale. Les candidats revêtus de la *toga candida* ne négligeaient rien pour gagner la faveur populaire (4).

Le jour des comices arrivé, le président, qui était toujours un tribun, ouvrait la séance qui se tenait probablement au champ de Mars (5). Comme le président n'avait pas qualité pour prendre les auspices, il n'y en avait pas, mais, ainsi que nous le verrons plus loin, on n'en devait pas moins tenir compte des signes et prodiges de nature à empêcher la réunion (*obnuntiatio*) et si, au mépris de ceux-ci, les tribuns étaient élus, ils étaient *vitio creati* et leur élection pouvait être annulée. Ajoutons aussi qu'aucun magistrat ne pouvait dissoudre l'assemblée réunie pour procéder à une élection de tribuns (6).

Le président des comices faisait connaître le nom des candi-

(1) Cic., *pro Sestio, de Prov. cons.*, 19.
(2) Salluste, *Cat.*, 18.
(3) Tite-Live. III, 35 ; VI, 22.
(4) Cic., *in Pison.*, 23 ; *ad Atticum*, I, 1.
(5) Cic., *loc. cital.*
(6) Cic., *de Legibus*, III, 3 ;—Tite-Live, VI, 35 ; — Denys, VII, 17 ; — Aul. Gell., XIII, 15.

dats et invitait ensuite le peuple à voter. Celui-ci était divisé par tribus et ces tribus étaient séparées par des barrières de cordes dans de vastes enclos (*ovilia, singula, consæpta*) où les suffrages devaient être recueillis (1). L'entrée dans le local du vote proprement dit avait lieu par des passages élevés nommés ponts (*pontes*) (2).

Le vote autrefois était verbal, plus tard on se servit de petits cailloux, enfin de tablettes vers le vi^e siècle. Sur la tablette reçue par chaque électeur, celui-ci écrivait ou faisait écrire le nom des candidats de son choix. Le vote avait lieu en présence d'hommes honorables désignés par le président (*rogatores*), les bulletins étaient déposés dans une corbeille (*cista*), gardés par les *rogatores*, qui communiquaient aussi au président le résultat de leur section. Les bulletins étaient dépouillés par des scrutateurs (*diribitores*), contrôlés par des surveillants (*custodes*) et le nombre des suffrages obtenus par chaque candidat était constaté par des points (*puncta*).

C'était, malgré le vote individuel par sections (*viritim*), la majorité des sections et non la majorité des électeurs qui déterminait l'élection et il pouvait arriver, il arrivait même souvent qu'un candidat non élu obtenait un nombre plus considérable de suffrages individuels que les candidats élus. Chose plus curieuse encore, il pouvait se faire également qu'un candidat ayant obtenu la plus forte majorité de tribus ne fût pas élu. Cela tenait à la constatation du résultat final. Ceux des candidats qui avaient obtenu la majorité relative dans une tribu étaient proclamés les élus de cette tribu, chacun de ces choix était rapporté au président et annoncé séparément, puis, les votes des tribus étaient mis dans une urne et le président, au hasard et successivement, tirait de cette urne les noms des différentes tribus ; à mesure que chaque tribu sortait, il annonçait les candidats qu'elle avait choisis et, dès qu'un candidat avait obtenu la majorité absolue du nombre des tribus (18 lorsqu'il y en eut 35), il était proclamé élu. Quand le nombre ré-

---

(1) Tite-Live, XXVI, 22,
(2) D'après Cicéron (*de Leg.*, III, 17), Marius aurait fait rétrécir ces ponts pour empêcher les hommes influents d'y séjourner et d'exercer une pression sur les votants.

glementaire des magistrats à élire était ainsi obtenu, le président cessait la proclamation du vote.

Mentionnons enfin que les tribuns irrégulièrement élus (*vitio creati*) pouvaient voir leur élection annulée, mais il n'y a guère d'exemples à ce sujet.

III. — Leur nombre

Les renseignements que nous possédons sur le nombre des tribuns à l'origine sont aussi incomplets et aussi contradictoires que ceux concernant le mode de leur élection. Certains auteurs, et parmi eux Tite-Live, en comptent cinq : deux élus par le peuple et les trois autres par la *cooptatio* de leurs collègues (1). Denys croit également à la nomination de cinq tribuns lors du vote de la loi Sacrée dont deux auraient été les chefs de la plèbe (2). Cicéron mentionne seulement l'élection de deux de ces magistrats sous le consulat de Postumus Cominius et de Spurius Cassius, mais il n'indique nulle part à quelle époque leur nombre aurait été porté à cinq (3). D'autres auteurs, au contraire, comme Pison, prétendent qu'il y eut d'abord deux tribuns seulement et cinq après la loi *Publilia*.

Jusqu'à l'an 297, époque à laquelle le collège compta dix membres, il est impossible d'affirmer un chiffre plutôt qu'un autre, une seule raison pourrait nous faire croire et tenir pour vraie la version de Pison, c'est que la plèbe dut arracher une par une ses conquêtes aux patriciens intéressés à conserver leurs privilèges; aussi le nombre des tribuns fut-il peut-être aussi restreint à l'origine que l'affirme cet auteur et en proportion avec le minimum de garanties accordées à la plèbe.

A partir de l'année 297, il ne semble pas avoir varié. Certains auteurs ont voulu voir une corrélation entre le nombre des tribuns (cinq ou dix suivant les époques) et celui des cinq classes de la constitution Servienne. D'après eux, il y aurait eu un tribun par chaque classe, puis deux; Asconius, entre autres (4), rapporte que

(1) Tite-Live, II, 33.
(2) Denys, VI, 89.
(3) Cicéron, *de Republica*, II, 33 et 34.
(4) *Ad Cic., pro Corn.*, 105.

chacun des cinq tribuns était pris dans une classe différente et
Tite-Live et Denys sont du même avis. Cette corrélation ne nous
paraît pas avoir existé (1).

IV. — Conditions d'éligibilité

Aux premiers siècles de la République, aucune loi n'avait déterminé les conditions d'éligibilité aux différentes magistratures
ni fixé la hiérarchie, ni défendu la continuation ou l'itération des
mêmes pouvoirs (2). Pour être tribun, deux conditions seulement
étaient nécessaires : il fallait avoir l'âge de la puberté, et être plébéien. Pour la première il n'y eut jamais d'exception, tandis que
la seconde en souffrit quelques-unes, entre autres, celle de Clodius.

Peut-être aussi le cens était-il nécessaire, mais nous n'avons rien
de certain à ce sujet ; le chiffre, dans tous les cas, a varié et n'a été
fixé qu'assez tard.

Quand les plébéiens eurent été admis à toutes les magistratures,
les catégories de citoyens se multiplièrent ; on exigea alors pour
la gestion du tribunat, comme pour les autres magistratures, la
qualité de citoyen *optimo jure* et les citoyens *sine suffragio* furent
certainement exclus de ces fonctions. Il en fut de même des af-
franchis et de leurs fils.

Les magistrats qui présidaient les comices étaient juges souve-
rains de l'aptitude ou de l'inaptitude des candidats. Ce droit
exorbitant disparut à la longue et les présidents des comices ne
purent exclure que les citoyens déclarés incapables par une loi
ou un jugement. C'est alors également que des lois spéciales res-
treignirent le droit de chaque plébéien d'aspirer au tribunat. Mais
avant d'en aborder l'étude, nous allons examiner les cas les plus
connus dans lesquels fut violée la seconde des conditions exigées
pour gérer le tribunat, la qualité de plébéien.

Le premier en date mentionné par Tite-Live est celui dont nous
avons déjà parlé presque au début de ce travail. Il concerne les
patriciens Sp. Tarpeius, et A. Atérius, élus par la *cooptatio* de
leurs collègues déjà nommés tribuns.

(1) Voir en ce sens Mommsen *Staatsrecht*, III, pp. 317, 318.
(2) Tacite, *Ann.*, XI, 32.

Parmi les autres, il y a lieu de retenir ceux de P. Sulpicius Rufus en l'an 666, celui de Dolabella, gendre de Cicéron, mais le plus remarquable est certainement celui de P. Clodius Pulcher, dont nous avons déjà vu les principaux actes pendant son tribunat. Pour être élu, Clodius dut renoncer à sa qualité de patricien et se faire adopter par un plébéien dont les auteurs anciens nous ont conservé le nom, le plébéien P. Fonteius. Auparavant, en 695, il avait présenté aux comices tributes une motion tendant à faire ouvrir aux patriciens l'entrée du tribunat, mais cette motion ayant été rejetée, il déclara abdiquer sa noblesse, se fit plébéien devant le peuple assemblé et se porta candidat au tribunat populaire (1).

Les auteurs sont très divisés sur le point de savoir comment les patriciens pouvaient perdre leur qualité et devenir plébéiens, et de nombreuses opinions ont été admises à ce sujet. Nous croyons avec M. Mommsen que la formalité de la *transitio ad plebem* par un patricien consistait dans une déclaration faite devant les comices par curies. Cette déclaration était connue sous le nom de *detestatio sacrorum calatis comitiis* (2). Le patricien devenu plébéien était ensuite adopté par un plébéien dans les formes ordinaires requises.

En ce qui concerne Clodius, il y eut certainement violation des règles établies, car ses ennemis ne cessèrent de lui reprocher la nullité de son élection comme tribun et de prétendre qu'il n'avait aucun droit à gérer cette magistrature, parce qu'il n'avait pas perdu sa qualité de patricien. Les comices par curies avaient été présidés par le consul Jules César, ami et protecteur de Clodius, alors qu'un préteur devait être seul chargé de cette fonction, d'après la loi agraire de Rullus (3). Peut-être était-ce une des raisons qui faisaient dire à Cicéron que Clodius avait été élu tribun contre toutes les lois et que les actes de son tribunat étaient sans valeur (4).

Les *leges annales* semblent avoir été les premières lois qui aient établi des règles fixes pour la gestion des magistratures.

(1) Aulu-Gelle, *Nuits att.*, 15, 27.
(2) Mommsen, *Hist. rom.* (traduct. Alexandre), II, 387. Appendice.
(3) Cicéron, *de Lege agr.*, II, 11.
(4) Plutarque, *Vie de Cicéron*, 34.

Leurs dispositions portent sur la fixation de l'entrée dans la carrière, sur la hiérarchie obligatoire, et sur l'intervalle à observer entre la gestion de deux magistratures.

Ces lois de la fin du vi⁰ siècle ne nous sont pas parvenues, mais il est très probable qu'elles durent être appliquées au tribunat comme aux autres magistratures ; cette dernière charge avait alors acquis trop d'importance pour être laissée en dehors de la hiérarchie créée par les *leges annales*.

On connaît le nom de l'une de ces lois, la loi *Villia*, qui paraît avoir été votée en 574. A cette époque, le tribunat se plaçait immédiatement au-dessus de la questure ; on ne pouvait gérer une magistrature urbaine avant d'avoir fait *dix stipendia* ; le service militaire commençant à dix-sept ans, il en résultait qu'on pouvait être questeur à vingt-huit ans seulement et, avec l'intervalle d'un an imposé par les *leges annales* entre deux magistratures, tribun à l'âge de vingt-neuf ans.

M. Mommsen (1) conteste que la questure ait été obligatoire pour arriver au tribunat, mais l'exemple qu'il cite (Cicéron, *in Pis.* 36-38) n'est pas probant. Au vi⁰ siècle la hiérarchie des magistratures est nettement établie et c'est à peu près vers cette époque que l'édilité plébéienne, jusque-là inférieure au tribunat, fut gérée après lui. Remarquons toutefois que le tribunat n'était nullement nécessaire pour arriver aux magistratures supérieures.

Sylla dut modifier cette législation. D'après les lois en usage à la fin de la République, il existait un âge minimum fixé pour la questure, trente-sept ans, et comme il fallait avoir été questeur pour gérer le tribunat, il en résulterait que cette dernière charge n'aurait été accessible aux plébéiens qu'à l'âge de trente-huit ans. Cependant la questure a été souvent gérée à cette époque à l'âge de trente et un ans, Cicéron, par exemple, né le 3 janvier 648, fut élu questeur le cinq décembre 678. Pour résoudre la difficulté, M. Mommsen prétend que l'on faisait une distinction entre les citoyens qui voulaient passer par le tribunat ou l'édilité, ou bien par ces deux magistratures, pour arriver aux magistratures supérieures, et ceux qui voulaient passer directement de la questure à la préture ; les premiers pouvaient être questeurs à trente-un ans et huit ans après arrivaient à la préture ; les seconds, au

(1) Mommsen, *Römisches Staatsrecht*, I, 453.

contraire, ne pouvaient être questeurs qu'à l'âge de trente-sept ans et préteurs deux ans après (1).

Sous l'empire, Auguste conserva la hiérarchie établie par les *leges annales*, le tribunat garda sa place entre la questure et la préture et ne fut accessible qu'aux plébéiens. On ne trouve aucun texte, aucune inscription mentionnant l'admission d'un patricien à cette magistrature. Il y eut toutefois une modification concernant l'âge requis pour être questeur et par suite pour être tribun. La première charge put être gérée à vingt-cinq ans et la seconde à vingt-sept.

Il nous paraît inutile d'examiner quelles furent les conditions requises pour l'admission au tribunat sous les successeurs d'Auguste; l'insignifiance des prérogatives attachées à cette charge mise en regard de l'omnipotence de l'Empereur, qui nommait lui-même ou désignait aux électeurs les personnes de son choix, nous porte à croire que les anciennes règles établies pour la gestion des magistratures subirent de profondes modifications et firent souvent place à l'arbitraire volonté du chef de l'Empire.

V. — Entrée en fonctions des tribuns. — Durée de leurs fonctions

Les tribuns entraient en fonctions, du moins à compter de la chute des décemvirs, le dix décembre (2), probablement sans qu'aucune cérémonie religieuse accompagnât leur installation. Cette date du dix décembre ne fut jamais changée, même lorsque la puissance tribunitienne fut attribuée à l'Empereur, et les années pendant lesquelles il eut cette puissance servirent à marquer les années de son règne. Plus encore le point de départ de l'année impériale qui partait du jour de son avènement ou de son association à l'empire, fut sous Trajan, fixé au dix décembre, le jour même de l'entrée en fonctions des tribuns.

La durée de la magistrature était d'une année; il ne semble pas qu'elle ait jamais dépassé ce terme. De même aussi, on ne trouve guère d'exemples dans l'histoire du tribunat indiquant une sortie de

(1) Mommsen, *Römisches Staatsrecht*, I, 470.
(2) Denys, VI, 89; — Tite-Live, XXXIX, 42.

cette charge avant la révolution complète d'une année. Il fallait, pour arriver à ce résultat, recourir à la violence et sortir de la légalité. L'exemple le plus connu à ce sujet est la déposition du tribun Octavius par le peuple, sur la demande de Tiberius Gracchus. Une tentative semblable du tribun A. Gabinius, contre L. Trebellius, échoua en l'an 687. Un autre exemple de déposition de tribuns est mentionné par Dion Cassius et Suétone (1); sur la proposition du tribun Helvius Cinna fut prononcée la destitution de deux de ses collègues hostiles à César. Enfin, le tribun R. Servilius Cæsca, l'un des conjurés qui avaient pris part au meurtre de César, fut révoqué, sur la proposition de l'un de ses collègues, pour avoir quitté la ville de Rome (2).

Pour tous ces exemples une remarque s'impose : c'est que les mesures inconstitutionnelles prises contre les tribuns ont eu lieu à une époque profondément troublée, quand le tribunat fut devenu un instrument de la guerre civile et un péril pour la République.

A côté des cas de révocation que nous venons de signaler, on peut mentionner la suspension d'un tribun par le Sénat. D'après Suétone, le tribun Cæcilius Metellus, appuyé par César, alors préteur, ayant essayé de faire passer de dangereux projets de loi malgré l'intercession de ses collègues, aurait été suspendu de ses fonctions par le Sénat (3). Ce cas tout à fait isolé ne nous paraît pas probant sur le droit lui-même du Sénat.

Les tribuns, aux premiers siècles de leur création, pouvaient être réélus, cela n'est pas douteux, et il y a des exemples nombreux qui mettent cette question hors de doute. Ainsi Publilius Volero fut deux fois de suite tribun, et ce n'est que dans la seconde année de sa magistrature qu'il fit voter la loi attribuant la nomination des tribuns aux comices par tribus. Dans la période qui précéda la création des décemvirs, ils furent réélus jusqu'à cinq fois. Ce fut un des moyens les plus puissants employés par la plèbe, pour venir à bout de la résistance des patriciens, que celui qui consistait à leur opposer constamment les mêmes hommes doués d'une énergique

---

(1) Dion Cassius, XLIV, 16; — Suétone, *César*, 79.
(2) Dion Cassius, XLVI, 49.
(3) Suétone, *César*, 16.

volonté et d'un grand talent (1). Les fameux auteurs des lois Liciniennes, L.Sextius et Licinius Stoto, furent élus dix fois tribuns
du peuple. Sans cette durée ininterrompue de leurs pouvoirs, les
lois proposées par eux n'auraient probablement pas abouti.

A partir de l'année 412, il ne semble pas que les tribuns aient pu
exercer deux fois leur magistrature. Cela tenait peut-être au vote
d'un plébiscite que Tite-Live mentionne, sans en nommer l'auteur
ni la date, interdisant l'exercice de la même magistrature dans un
délai de dix ans (2). Cette loi paraît avoir été observée rigoureusement, surtout en ce qui concerne le tribunat, et nous nous contenterons de mentionner, à l'appui de notre assertion, le cas de Tiberius Gracchus, l'un des plus illustres tribuns, qui ne put arriver à
se faire réélir, malgré sa popularité. Ajoutons également que la
réélection de Caius Gracchus, frère du précédent, causa sa mort.

Cette importante restriction apportée à l'exercice de cette magistrature ne doit pas surprendre; il suffit de considérer à la fois
l'évolution du tribunat et la diffusion du pouvoir toujours crois-
sante dans la République romaine. Le tribunat, d'abord considéré
comme étranger à l'ordre politique, ne tarde pas à se faire jour et
devient un des organes du gouvernement; d'autre part, le pouvoir
concentré entre les mains du Sénat et des deux consuls chefs de
la République est démembré au profit de la préture, de la censure
et aussi du tribunat, usurpateur audacieux. En présence de cette
transformation, la continuité du pouvoir au profit des mêmes hommes, surtout des tribuns, eût été dangereuse, et le vote de la loi
dont nous avons parlé, prohibant la réélection aux mêmes magistratures dans un intervalle de dix ans, fut la conséquence nécessaire du nouvel état de choses.

La transmission des pouvoirs par les anciens aux nouveaux
tribuns s'opérait très régulièrement; ceux-ci étaient nommés avant
l'expiration de l'année qui mettait fin à la magistrature des premiers, de telle sorte que le peuple, à aucun moment, n'était privé
de ses tribuns. Dans ce but, la loi *Duilia* avait décidé, dès les
premiers temps de leur création, que le fait de laisser le peuple
sans tribuns et de créer des magistrats sans appel était un crime

(1) Tite-Live, III, 14. 31.
(2) Tite-Live, VII, 42.

puni des verges et de la hache (1). En vertu de cette loi, les tribuns en fonctions faisaient procéder eux-mêmes à l'élection de
leurs successeurs.

VI. — Insignes des tribuns. — Fonctionnaires sous leurs ordres. — Gratuité de leurs fonctions

Les Romains entouraient leurs magistratures d'un certain faste
extérieur. Cette tendance à l'apparat avait sa source dans la société romaine elle-même profondément aristocratique et les tribuns, bien que leurs fonctions eussent dû les faire déroger à des
usages très anciens, payèrent leur tribut aux mœurs de l'époque.

Les consuls avaient droit, en leur qualité de magistrats curules,
à des licteurs portant des faisceaux ; les tribuns commandaient à
des *viatores* qui portaient les messages à leur adresse et devaient
mettre à exécution les ordres et les saisies prescrits par leurs
chefs. Souvent même les *viatores* furent opposés aux licteurs et
firent prévaloir l'autorité des tribuns contre les consuls, impuissants
devant l'inviolabilité attachée à la personne des magistrats du
peuple.

A côté des *viatores* se trouvaient les *præcones*, également attachés à la personne des tribuns et qui étaient chargés du rôle de
porte-voix dans les occasions où ceux-ci voulaient s'adresser au
peuple. La convocation aux comices faite à la requête des tribuns
rentrait aussi dans leurs attributions (2).

Enfin une décurie de *scribæ librarii* ou employés aux écritures
était également aux ordres des tribuns (3).

Le signe caractéristique de leurs fonctions était le *subsellium*
opposé à la chaise curule, dont ils se servaient, soit au forum, soit
au Sénat, et généralement partout où ils avaient à faire valoir leurs
droits. Le *subsellium* les suivit constamment dans l'exercice de
leurs fonctions et nous avons déjà indiqué que l'empereur héritier
de la puissance tribunitienne ne dédaigna pas de conserver parmi
les insignes des magistratures qu'il avait presque toutes réunies
en sa puissance, le *subsellium* des tribuns.

(1) Tite-Live, III, 55.
(2) Tite-Live, XXXIX, 51.
(3) Mispoulet, *les Institutions politiques des Romains*, ch. v, § 20, p. 66.

Les fonctions de tribuns étaient gratuites, toujours en raison
des anciens usages, et les Romains ne semblent avoir connu
que très tard, même pour les magistratures les plus dispendieuses,
la rémunération des services publics; à aucune époque, le tribunat ne fut salarié. Institution d'origine populaire, il eût été cho-
quant de voir une rétribution accordée à ses titulaires, et moins
encore que toute autre magistrature elle y avait droit ; aussi, vers
la fin de la République elle dut devenir très onéreuse aux citoyens
qui l'occupèrent, toujours avides des faveurs du peuple et cherchant
à gagner sa confiance par des largesses et des plaisirs sans cesse
renouvelés.

VII. — Inviolabilité attachée à leur personne.

Quand la plèbe, retirée sur le mont Sacré, consentit à revenir
dans la ville sous les garanties que nous avons indiquées plus
haut, elle demanda et obtint que le pacte intervenu entre elle et
les patriciens fût juré solennellement et que les magistrats créés
pour sa défense fussent, comme le pacte lui-même, sacrés, inviolables : « *Agi deinde de concordia cœptum, concessumque in con-
ditiones, ut plebi sui magistratus essent sacrosancti* (1). » Cette
inviolabilité fut garantie par une sanction sévère, les biens de
celui qui avait attenté à la personne des tribuns étaient confisqués,
affectés aux besoins du culte et plus spécialement à l'un des
temples appartenant à la plèbe. Denys nous affirme en outre que
l'attentat à la personne des tribuns était puni du dernier sup-
plice (2).

Ce principe de l'inviolabilité reçut dans la suite des développe-
ments excessifs; c'est ainsi qu'une loi *Icilia* frappait d'une amende
l'interrupteur d'un tribun et l'obligeait à fournir des cautions pour
le paiement de cette amende (3). Les magistrats supérieurs eux-
mêmes, les consuls cédèrent devant les injonctions des tribuns
couverts par l'inviolabilité attachée à leur personne. L'an 585,
deux censeurs furent menacés de la confiscation de leurs biens et

(1) Tite-Live, II, 33.
(2) Denys, VII, 35 ; XI, 6.
(3) Denys, VII, 17.

d'un procès de haute trahison par un tribun, l'un, pour n'avoir pas tenu compte de l'appel d'un citoyen à l'*auxilium tribunicii,* l'autre pour avoir empêché la réunion d'une assemblée convoquée par un tribun. Atinius Labeo menaça le censeur Q. Metellus de le faire précipiter du haut de la roche Tarpéienne, parce qu'il avait été omis par lui sur la liste des sénateurs, ce qui constituait, disait-il, une grave offense en sa personne, à l'institution du tribunat.

Telles furent les applications exagérées de ce principe d'inviolabilité. En sens inverse, mais très rarement, les tribuns furent victimes de la haine des patriciens, malgré leur caractère de magistrats sacrosaints. A l'origine de l'institution, le tribun A. Genucius fut assassiné pour avoir mis en accusation les consuls L. Furius et C. Manlius, qui sortaient de leur charge. Ce qui est plus surprenant et absolument unique dans l'histoire romaine, c'est que les tribuns L. Livius et Q. Melius auraient été livrés aux Samnites victorieux après les Fourches Caudines. Bien qu'ils eussent avant leur tradition abdiqué leurs fonctions de tribuns, le principe de l'inviolabilité n'en reçut pas moins dans leur personne une très grave atteinte (1).

A l'apogée du tribunat, on peut dire que cette garantie a disparu. Pour être sorti de son rôle, le tribun agitateur politique subit les fluctuations politiques et aussi les accidents qui en sont la conséquence ; aujourd'hui proscripteur, demain il fut proscrit. Tibérius Gracchus paya de sa vie son ambition et les tribuns qui vinrent après lui trouvèrent souvent le même sort. A la fin de la République romaine la vie d'un tribun n'était guère plus sacrée que celle d'un autre citoyen ; le meurtre des Gracques avait porté ses fruits.

Il est difficile de savoir ce que devint le principe d'inviolabilité des tribuns sous l'empire ; tout porte à croire qu'il survécut jusqu'à leur disparition, en raison de l'insignifiance de leurs fonctions. L'empereur héritier de leur pouvoir eut bien en droit lui aussi ce privilège ; mais l'histoire des Césars nous apprend qu'en réalité cette inviolabilité n'exista pas.

(1) Tite-Live, **IX**, 1.

VIII. — Organisation intérieure du collège des tribuns

Les tribuns jouissaient entre eux de la plus complète égalité et les auteurs anciens, comme les inscriptions, ne nous révèlent rien indiquant la prééminence d'un tribun sur ses autres collègues. Sans perdre leur initiative personnelle, ils arrêtaient d'un commun accord leurs décisions et leurs déclarations ; du reste, il fallait le consentement de tous pour faire aboutir la proposition de l'un ou de plusieurs d'entre eux. Aussi bien à l'origine de cette institution qu'au moment de sa décadence, cette unanimité d'opinion semble avoir été nécessaire et souvent les adversaires des propositions tribunitiennes trouvèrent dans le collège même des tribuns des partisans dont le veto retarda bien des réformes. Par contre, la sagesse du plus grand nombre empêcha aussi les mesures tyranniques de quelques autres.

Cependant il y eut des cas où l'opposition de plusieurs tribuns ne fut pas suffisante pour annihiler la volonté de leurs autres collègues, quand surtout ceux-ci partagèrent le même avis contraire. Les patriciens auraient eu vraiment la part trop belle dans leurs luttes contre les revendications plébéiennes, si la division qu'ils entretenaient habilement parmi les tribuns avait toujours eu pour effet de faire échouer les propositions de la majorité. Pour citer quelques exemples à l'appui, rappelons que la loi *Publilia* fut votée malgré l'opposition de deux tribuns (1). En l'année 481, le recrutement des légions s'opéra contre l'avis de l'un de ces magistrats (2).

Enfin, et c'est peut-être l'exemple le plus remarquable, les fameuses lois Liciniennes furent votées malgré l'intercession de cinq tribuns (3).

Plus tard, quand le peuple eut conquis l'égalité civile et que ses magistrats furent devenus très puissants dans la République romaine, ce principe d'égalité entre eux fut rigoureusement appliqué et soumis à une sanction certaine. Pour arriver à son but, Tibérius Gracchus dut violer la loi et faire déposer par le peuple son

(1) Denys, IX, 41.
(2) Tite-Live, II, 43.
(3) Tite-Live, VI, 36, 38.

collègue Octavius et il rendit même à ce sujet un édit absolument inconstitutionnel, qui interdisait à un magistrat l'exercice de ses fonctions spéciales.

Dans certains cas, les tribuns devaient agir et agissaient ensemble. Ainsi la loi *Atilia*, sur la *datio tutoris*, donnait au préteur urbain le droit de conférer la tutelle, à la condition qu'il fût assisté du collège des tribuns du peuple (1).

Comme on le pense bien, cette unanimité requise pour les propositions émanées du tribunat ne gênait en rien l'initiative personnelle de chacun de ses membres, mais elle tempérait l'ardeur de certains d'entre eux, elle était conforme aux idées romaines et, disons-le, elle était aussi la meilleure sauvegarde, la meilleure garantie du peuple romain contre des entraînements irréfléchis, elle imprimait plus de valeur aux décisions émanées du collège des tribuns, on peut dire, enfin, qu'elle contribua dans une large part à la puissance et à la grandeur de cette institution.

(1) *Institutes*, liv., I, titre **XX**. D'après M. Mommsen (*Staatsrecht*, III, p. 378), la dédication d'un temple ou d'un autel ne pouvait pas, aux termes d'une loi de 450, être accomplie par le magistrat sans l'autorisation préalable, soit du Sénat, soit de la majorité du collège des tribuns. — Les tribuns participaient en outre à la surveillance des sépultures.

SECTION DEUXIÈME

I. — *Le jus auxilii*

Pour étudier les différentes attributions des tribuns, nous allons suivre l'ordre qui est assigné par l'histoire ; c'est à notre avis le plus rationnel et il permet en outre de suivre le développement incessant du tribunat.

A l'origine, les tribuns étaient seulement des protecteurs du peuple et leur mission consistait à porter secours à des citoyens isolés ou à des groupes de citoyens menacés par l'*imperium* consulaire. Ils arrivaient à ce résultat au moyen de l'*intercessio*, ou plus exactement, du *jus auxilii*. Nous avons placé sous un paragraphe spécial ce *jus auxilii* des tribuns, bien qu'il soit seulement une des formes de l'*intercessio* dont nous aurons bientôt à parler, parce que, à l'origine, le *jus auxilii* était très restreint et composait en réalité le seul attribut attaché à la personne des magistrats de la plèbe, tandis que l'*intercessio* proprement dite comprenait non seulement un droit de secours, mais encore un droit de contrôle des plus étendus sur les actes des autres magistrats.

La loi Sacrée, qui avait institué les tribuns, avait entendu faire d'eux uniquement des protecteurs de la plèbe, investis du droit d'opposer leur veto aux abus de la puissance consulaire. Ce rôle était trop minime, pour satisfaire à la fois les tribuns et la plèbe ; il aurait bien trouvé sa place dans une constitution fortement organisée avec des pouvoirs nettement distincts, mais telle n'était pas la constitution romaine ; la confusion des pouvoirs y était la règle et c'est ce qui explique pourquoi la République fut remplacée par l'Empire, lorsque la guerre civile eut donné naissance à

4

des hommes dont le talent égalait l'ambition, et qui absorbèrent d'autant plus vite tous les pouvoirs que ceux-ci étaient mal organisés pour la défense. Ajoutons que les tribuns contribuèrent dans une large part à l'obtention de ce résultat.

Quoi qu'il en soit, les premiers actes des tribuns furent une application directe du *jus auxilii* qui leur avait été conféré par la loi Sacrée ; à l'*imperium* consulaire ils se contentèrent d'opposer l'*auxilium*, pouvoir égal, sinon supérieur au premier, puisqu'il était consacré par l'inviolabilité de leurs personnes et que l'*imperium* lui-même ne pouvait pas les atteindre.

A quelle époque et par quelles séries de conquêtes, ou d'usurpations, les tribuns de la plèbe transformèrent-ils leur droit de secours, en un droit plus étendu ? Il est impossible de le préciser ; mais ce qu'il y a de certain c'est que cette transformation fut rapide et que le droit de *coercitio*, entre autres, fut exercé de bonne heure par les tribuns.

II. — De l'*intercessio* proprement dite

« L'action des tribuns, dit M. Madvig, se manifeste sous deux formes principales : d'un côté, ils interviennent comme protecteurs des droits du peuple et de la liberté des individus, s'opposant aux abus de pouvoir et interdisant certaines mesures projetées ou en voie d'exécution ; de l'autre côté, ils exercent le droit d'initiative en présentant des propositions ou des projets de loi (1). »

La première de ces formes s'affirme dans le droit d'*intercessio* ; les consuls, à l'origine, exerçant presque seuls le pouvoir, l'*intercessio* tribunitienne fut tout d'abord dirigée contre eux, elle couvrit de sa protection les citoyens qui y avaient recours, puis elle servit à faire triompher les revendications plébéiennes. Ainsi lorsque les consuls prescrivaient des levées de troupes pour soutenir les guerres continuelles de Rome avec ses ennemis, les tribuns s'opposaient fréquemment à ces levées, pour briser la résistance des patriciens refusant toutes concessions et ils ne levaient leur interdiction qu'après le vote de la loi qu'ils avaient

(1) M. Madvig, *l'Etat romain*, II, chap. v, § 13.

proposée. La dictature seule, qui fut presque toujours à l'abri des attaques des tribuns, venait a bout de leur opposition.

L'*intercessio* se transforma rapidement en un droit de contrôle et les consuls sortant de charge furent exposés à être mis en accusation par les tribuns. C. Marius, surnommé Coriolan, fut cité par eux devant le peuple et obligé de s'exiler, pour échapper à une condamnation. Un peu plus tard, les consuls L. Furius et C. Manlius furent également mis en accusation. L'*intercessio* fut aussi appliquée aux actes émanant des autres magistrats, des censeurs, des préteurs, etc., et le tribun P. Sempronius ne craignit pas d'appeler en jugement l'illustre censeur Appius Claudius, qui voulait garder le censure plus longtemps que les usages ne le permettaient. Toutefois cette accusation fut vaine et Appius conserva sa charge (1).

Les tribuns attaquèrent également le premier pouvoir de la République, le Sénat, qui ne fut pas à l'abri de l'intercession (2). Souvent ils s'opposèrent à sa convocation et à ses délibérations. Le Sénat ne pouvait même les écarter et faire cesser leur opposition qu'en menaçant de les déclarer ennemis publics. « Tandis que la décision du Sénat, prise sur la *relatio* d'un tribun, n'est soumise qu'à l'intercession d'un autre tribun et nullement à celle d'un autre magistrat, tout tribun a le droit d'intercéder contre toutes les décisions du Sénat, à l'exception de celles qui sont votées sur la *relatio* du dictateur (3). »

Ce droit de contrôle ne semble pas avoir été attribué aux tribuns dès l'origine de leur institution, mais ils l'obtinrent ou l'usurpèrent très peu de temps après et il est certainement antérieur au droit d'entrée des tribuns au Sénat, autre droit dont nous aurons bientôt à parler et qui semble dater lui-même de 297, moins d'un demi-siècle après la création du tribunat. Au début, l'entrée même de la salle leur était interdite ; pour suivre les délibérations du Sénat, ils s'asseyaient sur leurs *subsellia*, devant les portes ouvertes de la salle; le président avait le droit de les inviter à y entrer pour prendre part à la délibération. Peu à peu, et par une

(1) Tite-Live, IX, 34.
(2) Polybe, VI, 16.
(3) Willems, *le Sénat de la République romaine*, II, liv. 3, § 4.

conséquence naturelle de cette dernière concession, ils conqui-
rent leur [droit d'intercession qui leur fut laissé à peu près intact
par Sylla.

Pour certaines matières déterminées , les sénatus-consultes
échappaient à l'*intercessio*, notamment quand une loi ou un plébiscite déléguait au Sénat la décision sur ces matières ; ainsi le
sénatus-consulte qui ordonnait la nomination d'un dictateur était
soustrait à l'*intercessio*. En 631, le plébiscite Sempronien défendit
aux tribuns d'intercéder contre le sénatus-consulte annuel qui
déterminait les provinces consulaires.

Les tribuns acquirent le droit d'intercession contre la proposition relative à la loi curiate, probablement à l'époque où disparurent les comices par curies, ou plutôt lorsqu'ils furent remplacés
par trente licteurs, autrement il serait difficile de s'expliquer le
droit d'intercession des tribuns en cette matière, puisqu'ils n'a-
vaient pas accès aux assemblées par curies. « *Consulibus legem
curiatam ferentibus a tribunis plebis sæpe est intercessum* (1). »

Le droit d'intercession contre les tribunaux réguliers fut-il encore accordé aux magistrats de la plèbe ? Nous ne le croyons pas ;
l'histoire romaine, féconde en exemples d'intercession de la part
des tribuns, est muette à ce sujet (2) et de ce silence on peut conclure à leur non-immixtion en pareille matière ; mais en général
on peut dire que la sphère de leur droit d'intercession fut illimitée
et que le veto des tribuns fit de leur magistrature une véritable
magistrature supérieure. Il ouvrit aussi la porte à tous les abus
qui précipitèrent la chute du tribunat. Chose remarquable, l'intercession fut presque le monopole des tribuns, les exemples de l'exercice de ce droit, de la part des autres magistrats, sont rares,
bien que très réguliers (3).

L'intercession ne paraît pas avoir été soumise à des formes
spéciales ; le magistrat intercesseur devait toutefois formuler lui-

---

(1) Cicéron, *de Lege agr.*, II, 12 ; — Mispoulet, I, chap. viii, § 50.
(2) Cicéron, *in Vat.*, 14. Toutefois, on a des exemples du veto opposé à
l'exécution d'un jugement, par des tribus qui prennent sous leur protection
la personne du condamné. (Aulu Gelle, VI. VII, 19 ; — Tite-Live, XXXVIII, 52.)
(3) Cicéron cite particulièrement l'intercession d'un préteur contre un
préteur (*In Verrem*, I. 46) ; Tite-Live, d'un consul contre un consul (II, 27).
Les consuls n'avaient pas le droit d'intercession contre les tribuns. (Cicéron,
de Legibus, IV, 7.)

même son veto (1). En matière législative, il devait le faire avant le vote, ou immédiatement après, et le renouveler, si le vote avait lieu par articles, sur chacun de ceux contre lesquels il voulait intercéder (2).

L'*intercessio* avait pour effet d'enlever au vote toute valeur légale, mais cet effet se rapportait seulement à l'acte passé et n'empêchait pas la reprise de la proposition contre laquelle un tribun avait intercédé. Cette reprise pouvait être faite dans la même séance ou les jours suivants. Si la proposition était de nouveau adoptée, le magistrat intercesseur persistant dans son opinion devait formuler encore son veto après le vote.

En général, l'*intercessio* avait lieu sous la forme d'un arrêt rendu par l'unanimité ou la majorité du collège des tribuns, et l'on a peu d'exemples de l'intercession isolée d'un seul d'entre eux. Du reste, elle n'a jamais suffi, à l'origine de l'institution, pour mettre en échec la volonté de ses autres collègues, alors surtout que la décision prise par la majorité était approuvée par le peuple. En matière politique et législative, l'intercession avait lieu après avis de la majorité du collège des tribuns, mais un seul devait signifier à qui de droit l'arrêt de la majorité (3). La minorité n'était pas liée par cet arrêt et elle pouvait en temps voulu combattre utilement pour le triomphe de son opinion.

On peut affirmer que la plus grande union régna entre les membres du collège des tribuns pendant les premiers siècles de leur existence, sans quoi les résultats rapides auxquels ils sont parvenus n'auraient jamais été atteints (4), mais quand le tribunat fut régulièrement organisé et eut atteint son maximum de puissance, cette union fut moins grande et l'intercession d'un seul tribun suffit souvent pour annihiler la volonté de ses collègues, même

(1) Liv. IV, 36 ; — Dion Cassius, XXXIX, 28, § 3 ; —Cicéron, (*Phil.*, III, 9, 23) se demande pourquoi le consul Antoine menaçait de sa colère certains tribuns, s'ils venaient au Sénat, et il répond : « *Cui senatus consulto ne intercederent verebatur.* »

(2) Plutarque, *Mar.*, 4.

(3) Liv., IV, 26.

(4) D'après Tite-Live, toutefois, le vote des lois Liciniennes aurait été acquis malgré l'opposition de cinq tribuns, mais nous croyons qu'au dernier moment, où le vote acquis, les opposants n'usèrent pas de leur droit de veto. (Liv. VI, 36, 38.)

lorsqu'ils déclaraient formellement lui faire opposition. Nous avons déjà indiqué le procédé employé par Tibérius Gracchus pour briser la résistance de son collègue Octavius; les tribuns Saturninus, C. Norbanus et Q. Metellus, après lui, vinrent également à bout de l'opposition de leurs collègues par des mesures absolument inconstitutionnelles.

A côté de ces exemples, on en trouve d'autres dans lesquels un tribun opposant céda par déférence à l'opinion de ses collègues, et un très remarquable en ce genre nous a été conservé par Aulu Gelle (1). Nous allons le citer *in extenso*, parce qu'il met très bien en évidence le fonctionnement de l'intercession et aussi parce qu'il concerne deux des plus illustres personnages de la République romaine, Tibérius Sempronius Gracchus, le père des Gracques, et Scipion l'Asiatique, le frère de Scipion l'Africain.

« Tibérius Sempronius Gracchus nous offre un des exemples « les plus admirables de générosité et de grandeur d'âme; voici « ce trait : le tribun du peuple C. Minucius Augurinus avait fait « condamner à une amende L. Scipion l'Asiatique, frère [de P. « Scipion, le premier Africain. En conséquence, il réclamait de « lui des répondants; Scipion l'Africain fit au nom de son frère « appel au collège des tribuns, les priant de soustraire à la vio- « lence de leur collègue un personnage honoré du consulat et du « triomphe; huit tribuns ayant examiné la cause portèrent le « décret suivant, dont j'emprunte le texte aux Annales : (attendu « que P. Scipion l'Africain réclamant en faveur de son frère, se « plaint de ce que, contrairement aux lois et aux coutumes de nos « ancêtres, un tribun du peuple, dans une assemblée convoquée « par la force et sans le concours des auspices, ait prononcé « contre son frère une condamnation à une amende, par un juge- « ment inouï, exigeant de lui des répondants, faute de quoi il est « menacé de la prison, que, par ces motifs, l'Africain nous prie « de défendre son frère contre la violence de notre collègue; At- « tendu que, d'autre part, notre collègue nous a priés de ne pas « mettre d'entraves à l'exercice de son pouvoir; voici sur ces « causes la décision que nous, tribuns, avons prise à l'unanimité. « Si L. Cornélius Scipion l'Asiatique consent à fournir des répon-

(1) Aulu Gelle, *Nuits attiques*, VII, 19.

« dants selon la décision de notre collègue, nous nous opposons
« à ce qu'il soit jeté en prison, autrement nous laisserons notre
« collègue user librement de son pouvoir). Après ce décret, le
« tribun Augurinus se disposait à faire conduire en prison L. Sci-
« pion qui refusait de fournir des répondants, lorsqu'arriva le
« tribun du peuple, Tib. Sempronius Gracchus, père de Caius et de
« Tibérius, et, bien qu'il existât entre lui et P. Scipion l'Africain
« de graves inimitiés par suite de dissentiments sur presque
« toutes les affaires de la République, après avoir juré qu'il ne
« s'était pas réconcilié avec l'Africain, il lut un décret conçu en
« ces termes : (attendu que Scipion l'Asiatique, après son triom-
« phe, a jeté dans les fers les chefs des ennemis et qu'il me paraît
« indigne de la majesté de la République de renfermer le général
« du peuple Romain dans le même lieu où ont été renfermés les
« chefs des ennemis, pour ces motifs, je m'oppose à toute vio-
« lence de mon collègue contre L. Cornélius Scipion l'Asiatique).
« Toutefois, Valerius Antistius, en opposition avec la tradition de
« ces décrets et avec l'autorité des anciennes annales, prétend que
« cette intervention de T. Gracchus en faveur de Scipion l'Asiati-
« que eut lieu après la mort de l'Africain. Il dit que Scipion ne fut
« pas condamné à une amende, mais qu'ayant été déclaré coupa-
« ble de péculat, au sujet des richesses d'Antiochus, on voulut le
« jeter en prison parce qu'il refusait de fournir des répondants,
« mais que l'intervention de Gracchus le sauva de cette peine. »

La fin du tribunat fut marquée par de tels excès de pouvoir de
la part de ses membres qu'il est impossible de fixer les règles
auxquelles était assujettie, à cette époque, l'intercession ; un fait
certain, c'est que les consuls et les préteurs ne pouvaient rien
contre elle et le Sénat y avait recours en cas de conflit entre lui et
les autres magistrats. Un plébiscite, porté sur la proposition des
tribuns, donnait force légale au sénatus-consulte frappé d'intercession par les consuls ou les préteurs (1) ; mais quand l'opposition venait d'un tribun il était plus difficile d'en annuler les
effets. Il pouvait arriver que l'un d'eux, par caprice ou par
vengeance, intercédât contre un sénatus-consulte quelconque et

(1) Tite-Live, XXX, 43.

arrêtât ainsi la marche régulière du gouvernement (1). Dans ce cas, le Sénat suppliait le tribun de faire cesser son opposition dans l'intérêt supérieur de la République, et le tribun cédait le plus souvent. S'il persistait dans son intercession, le Sénat avait recours à la nomination d'un dictateur, contre lequel les tribuns ne purent jamais intercéder, ou bien encore, il décrétait que cette opposition était contraire aux intérêts de la République et il recourait au *senatus consultum ultimum*, à la suite duquel le Sénat prononçait la suspension du pouvoir du magistrat séditieux et l'obligeait même pour son salut à quitter la ville (2). Enfin, au déclin de la République, le Sénat empêcha même l'entrée des tribuns opposants dans le local du Sénat, et parfois les emprisonna (3).

Sous l'empire, le droit d'intercession fut complètement illusoire; quand les tribuns s'en servirent, ce fut sur les ordres et en conformité de la volonté de l'Empereur.

III. — Du droit de *coercitio*.

Si l'intercession des tribuns s'était bornée à une simple prohibition ou à un veto, elle eût été sans effet, mais elle avait une sanction dans la *coercitio*, ou dans le droit qu'avaient les tribuns de punir ou de faire punir ceux qui avaient enfreint leurs ordres. Le magistrat qui passait outre à l'intercession s'exposait à un procès de haute trahison ; non seulement l'acte accompli par lui au mépris de l'intercession était nul, mais encore il pouvait encourir lui-même une accusation capitale (4). Dès l'origine même de leur institution, les tribuns firent sanctionner leur droit par des mesures très sévères contre les magistrats qui n'avaient pas tenu

(1) Tite-Live, XXXIX, 38.
(2) En 633, le Sénat déclara la République en péril et chargea le consul Opimius de veiller à son salut. A la suite de ce sénatus-consulte, Caius Gracchus fut tué. (App., *Bell. civ.*, I, 26). Le *senatus consultum ultimum* fut voté deux fois pendant les guerres civiles de Marius et de Sylla, en 666, contre le tribun Sulpicius, et en 691, au profit des deux consuls du parti de Marius contre Sylla. Enfin, il fut aussi voté en 691, à la suite de la conjuration de Catilina, contre le tribun Metellus Nepos.
(3) Dion Cassius, XL, 45.
(4) Tite-Live, XLIII, 16.

compte de leur intercession, ou encore qui avaient troublé les assemblées présidées par eux.

En 282, le tribun Lætorius menaça le consul Appius Claudius, qui troublait l'assemblée, de le faire arrêter, et l'orgueilleux consul dut se retirer avec ses licteurs(1). En 602, les tribuns firent jeter en prison les consuls Licinius Lucullus et A. Postumius Albinus, qui avaient trop sévèrement opéré la levée du contingent de l'armée et le même fait fut répété en 616 vis-à-vis des consuls P. Corlius Nasica et D. Junius Brutus, qui n'avaient pas permis que chacun des tribuns libérât dix citoyens du service militaire (2). De même encore le tribun P. Vatinius voulut en 695 faire arrêter le consul Bibulus à cause de l'opposition qu'il faisait à César(3), mais cette tentative échoua en raison de l'intercession des autres tribuns. Enfin, en 694, L. Flavius fit arrêter le sénateur Metellus Celer(4).

Quelle était l'origine de ce droit de coercition? a-t-il été usurpé par les tribuns, ou bien n'était-il qu'une conséquence de leur droit d'intercession? Il est difficile de se prononcer à ce sujet; mais tout porte à croire qu'il fut usurpé par eux, dès les premiers temps de l'institution du tribunat. Il n'a pu venir à l'idée du peuple romain de conférer à ses magistrats un tel pouvoir, lors de leur création. Les concessions qui furent faites à cette époque par le patriciens, ceux-ci s'efforcèrent maintes et maintes fois de les reprendre, et pour les conserver, la plèbe eut recours souvent à des moyens violents. Ce fut peut-être ce qui donna naissance au droit de *coercitio* des tribuns. Il fut ensuite consacré officiellement par le Sénat, qui s'en servit quelquefois pour briser la résistance de quelques magistrats insoumis. C'est ainsi que d'après Tite-Live(5), en l'année 431, le Sénat recourut aux tribuns, pour forcer les consuls à nommer un dictateur. Ceux-ci furent menacés d'arrestation par les premiers, pour le cas où ils n'obéiraient pas.

Malgré certains faits racontés par les historiens anciens, nous ne croyons pas que les tribuns aient eu, à aucune époque, le droit de prononcer la peine de mort contre ceux qui enfreignaient

(1) Tite-Live, II, 56.
(2) Tite-Live, *Epit.*, XLVIII, LV. 5.
(3) Cic., *in Vatin.*, 9.
(4) Appien, *Bell. civ.*, I, 31.
(5) Tite-Live, IV, 26.

leurs ordres. Ils furent tout simplement chargés de faire exécuter
les sentences des comices, sentences qu'ils pouvaient également
provoquer, ainsi que nous le verrons plus loin, en étudiant le
rôle des tribuns en matière criminelle et pénale. L'exemple de
Manlius Capitolinus précipité du haut de la roche Tarpéienne par
es tribuns, n'est pas assez probant pour changer notre opinion.

Un dernier moyen employé par les chefs de la plèbe pour faire
respecter leurs décisions était la *consecratio bonorum*, ou la
confiscation des biens de celui qui n'en tenait pas compte. Ces
biens étaient, ainsi que l'indique l'expression latine, affectés à un
usage religieux. Ce moyen, très rarement usité, fut employé par
C. Atinius contre le censeur Q. Metellus qui l'avait exclu du Sénat.

IV. — Du droit d'amende

Le droit d'amende appartenait à tous les magistrats et Cicéron
le leur reconnaît formellement (1). « *Omnes magistratus auspicium
judiciumque habento.* » En ce qui concerne les tribuns, on ne
voit pas pour quel motif ils auraient été privés du *judicium* et
comment surtout ils y auraient renoncé, eux qui usurpèrent tant
d'autres droits. Cependant, Becker le leur refuse. Il était, du
reste, limité par une loi, la loi Aternia, qui fixait à 3.000 as le taux
maximum d'une amende et au-dessus duquel le condamné pouvait
user du droit de *provocatio*. Certains auteurs croient même que
ce fut cette loi Aternia qui consacra le droit des tribuns de prononcer des amendes (2).

Les condamnations à de fortes amendes étaient prononcées par
les comices, sur la demande des tribuns, cela est hors de conteste, mais il n'est pas moins certain que le droit d'amende fut
exercé directement par ceux-ci et il resta même, pour des cas
très limités, l'un des rares attributs attachés à ces magistrats,
lorsqu'ils furent dépossédés de la presque totalité de leur puissance au profit de l'Empereur.

(1) Cicéron, *de Leg.*, III, 3.
(2) Mispoulet, *Institutions politiques des Romains*, liv. I, § 29.

V. — Du droit d'obnontiation

La réunion des comices convoqués par des magistrats supérieurs, ainsi que nous l'avons déjà dit, ne pouvait pas être dissoute par les tribuns, mais ceux-ci pouvaient cependant arriver à ce résultat par un moyen indirect, qui consistait dans l'exercice d'un droit qu'on appelle le droit d'*obnuntiatio*.

Avant de définir ce droit, il nous faut rappeler que la réunion des comices était assujettie à certaines formalités religieuses qui devaient la précéder ; on sait qu'entre autres choses, la consultation des auspices était nécessaire ; s'ils étaient défavorables, la réunion des comices ne pouvait avoir lieu, elle était renvoyée à un autre jour. Eh bien, l'obnonciation consistait précisément dans le droit qu'avait un magistrat supérieur de notifier à un inférieur un auspice défavorable. Lors donc qu'une assemblée, convoquée par un magistrat quel qu'il soit, n'avait pas été constituée dans les formes et les règles voulues, cette assemblée pouvait être dissoute au moyen de l'obnontiation d'un magistrat supérieur à celui qui l'avait convoquée. Les tribuns spécialement pouvaient user de ce droit vis-à-vis de tous les magistrats.

En cette matière encore, nous devons constater le pouvoir envahisseur du tribunat, dont les membres n'avaient pas le droit d'auspices, qui étaient nommés en dehors de toutes formalités religieuses et qui cependant usèrent d'un droit uniquement basé sur la religion contre tous les autres magistrats inférieurs et supérieurs (1).

L'*obnuntiatio* fut réglementée par les lois *Ælia-Fufia*, vers la fin du sixième siècle (2), mais en fait on s'en servit très rarement. Elle n'avait lieu que pour les comices, et les autres actes de la vie politique y échappaient. De plus, lorsque les comices étaient assemblés, le magistrat qui voulait s'opposer à leur tenue devait le faire lui-même avant le vote. Si le vote était commencé, il n'était plus permis de l'arrêter.

(1) Les tribuns de la plèbe, dit Fustel de Coulanges (*Cité antique*, liv. III, p. 231), étaient les seuls magistrats qui n'eussent à accomplir aucun sacrifice, aussi ne les classait-on pas parmi les vrais magistrats.
(2) Cicér. (*in Pis.*), 5. 10.

En présence de telles restrictions apportées à l'exercice de ce droit, il n'est pas étonnant de trouver les anciens textes à peu près muets sur les cas d'obnontiation. Cicéron nous en cite une faite par un préteur à un tribun (1) et une autre faite par un tribun à un consul. Ajoutons enfin que la décadence rapide des comices, qui n'existèrent plus que de nom sous l'Empire, entraîna par suite la disparition de l'obnontiation.

VI. — Des rapports du Tribunat et du Sénat

Du jus agendi cum patribus

Dans la première partie de cette étude, nous avons montré le tribunat passant du rôle de défenseur de la plèbe à celui d'organe actif du gouvernement; le moment est venu d'étudier l'un des effets les plus remarquables de cette évolution, le *jus agendi cum patribus*, qui fut usurpé par les tribuns, vers le commencement du cinquième siècle (2), et ne leur fut ensuite plus contesté. « C'était, dit M. Willems (3), un principe admis par le peuple « romain que toute mesure importante, soit dans la sphère privée, « soit dans la sphère administrative, devait être discutée avant « l'exécution, dans un conseil de parents, d'amis ou d'hommes « compétents... A Rome même, les magistrats, les tribuns de la « plèbe, les censeurs et spécialement les consuls se choisissent, « de préférence parmi les sénateurs, des conseillers privés *(adesse* « *in consilio)* qu'ils consultent sur les mesures à prendre dans la « sphère de leurs attributions, ou à soumettre ensuite au Sénat.

« Conformément au même principe, il importait que les magis-« trats du peuple romain, chargés de l'administration de l'Etat, « fussent entourés d'un conseil public, auquel ils pussent sou-« mettre, avant l'exécution, les mesures administratives ou poli-« tiques d'intérêt général. Ce conseil, c'était le Sénat. »

Les tribuns, membres du gouvernement, eurent donc parmi leurs pouvoirs le *jus agendi cum patribus,* ils purent convoquer le

(1) Cicéron, *pro Sexto*, 36, 78; — *Phil.*, 2, 38, 99.
(2) Tite-Live, IV, 43.
(3) Willems, II, liv. 3, chap. 1er.

Sénat, le présider, lui faire des rapports, demander l'avis des sénateurs et leur vote, enfin rédiger l'avis de la majorité (1).

Ces droits ont appartenu aux tribuns de la plèbe par une série de conquêtes successives. Tout d'abord, ils se contentèrent de suivre les délibérations du Sénat, assis sur leurs *subsellia*, devant les portes ouvertes de la salle. « *Tribunis plebis intrare curiam* « *non licebat ; ante valvas autem positis subselliis decreta patrum...* « *examinabant* (2). » Peu après le président les invita à y entrer et à participer à la délibération. Ce fut le meilleur moyen de prévenir leur veto contre les décisions du Sénat. Ensuite, ils obtinrent le droit de convoquer cette assemblée et d'y parler, mais le *jus agendi cum patribus*, dernière étape de leurs conquêtes en cette matière, ne fut franchie que longtemps après, probablement, comme nous l'avons indiqué plus haut. au commencement du cinquième siècle (3). Le silence des auteurs anciens, sur ce point, rend impossible la fixation d'une date précise. Certains critiques contemporains pensent que ce furent les lois Liciniennes qui attribuèrent le *jus referendi* aux tribuns, mais leur opinion n'est basée sur aucun texte positif (4). D'autres, au contraire, et parmi eux M. Mommsen, retardent l'origine de ce droit jusqu'à la loi *Hortensia* (5). Un fait certain, c'est que le *jus referendi* devint absolument nécessaire aux tribuns, après la loi *Publilia Philonis*, en 415, qui soumit les plébiscites à la *patrum auctoritas* avant d'être proposés aux comices. Si les tribuns n'avaient pas eu le droit de défendre leurs propres projets devant le Sénat avant de les soumettre au vote de la plèbe, il est probable que ces projets n'auraient presque jamais vu le jour.

En pleine possession de ce droit, les tribuns en usèrent dans les premiers temps avec modération et ils se gardèrent bien de soumettre au Sénat des affaires qui n'étaient pas de leur ressort, leur action se borna souvent à réclamer des magistrats compé-

---

(1) Cic., *de Leg.*, III, 4, § 10 ; —Tite-Live, III, 9 ; VIII, 33 ; XXVI, 1. 8. XXXVI, 39 ; — Gell., XIV, 7, § 2, § 4, § 9.
(2) Val. Max., II, 2. § 7.
(3) En ce sens, Willems, II, liv. 3, chap. i ; — Lange, I, 1.
(4) Hofmann, *Die Tribunen im Senat Römische zur Zeit der Republik.* Leipzig, 1847, 142.
(5) Mommsen, *Staastr.*, I, 1,314 (2° édit.).

tents la présentation de certaines lois. Aussi jusqu'aux Gracques trouve-t-on fort peu de relations tribunitiennes.

Au surplus, le droit de convoquer et de présider le Sénat appartenait à plusieurs catégories de magistrats, aux consuls et aux préteurs, parmi les magistrats ordinaires, et aux décemvirs, au dictateur, au maître de la cavalerie, aux tribuns militaires investis de la puissance consulaire et à l'interroi, parmi les magistrats extraordinaires; et pour qu'il n'y eût pas de conflits entre toutes les personnes investies de ce droit, il existait un ordre de priorité entre elles. Cet ordre était le suivant : le dictateur, le maître de la cavalerie, les consuls, les préteurs, les tribuns de la plèbe, l'interroi et le préfet de la ville.

A partir des Gracques, les *relationes* tribunitiennes devinrent beaucoup plus fréquentes sans pour cela qu'elles aient été faites en dehors des règles de priorité que nous venons d'établir, mais elles empiétèrent sur les attributions des autres magistrats et furent la conséquence de l'immixtion de plus en plus grande des tribuns dans le domaine administratif et politique. Ainsi, pendant les interrègnes , à la fin de la République, ils étaient devenus les véritables chefs du pouvoir exécutif, et c'est ce qui explique pourquoi les dépêches communiquées au Sénat portaient en tête l'adresse des tribuns, aussi bien que celle des consuls et des préteurs, et pourquoi encore le Sénat, chargeant par un sénatus-consulte spécial les magistrats de veiller au salut de la République, s'adressait également aux consuls, aux préteurs et aux tribuns (1).

La *relatio* tribunitienne se faisait, soit au nom d'un seul tribun (2), soit au nom de plusieurs (3), soit enfin au nom du collège tout entier. Dans ces deux derniers cas, ils chargeaient l'un d'entre eux de les représenter à la délibération et au besoin de la présider (4). Si les tribuns voulaient séparément soumettre en leur nom personnel des propositions à l'assemblée dans la même séance, ils devaient s'entendre entre eux sur la question de priorité, car l'*intercessio* d'un seul avait pour effet d'interdire toute

(1) Cic., *ad Fam.*, X, 8 ; XV, 1. 2. → Plut., *Cic.*, 15 ; — Sall., *Cat.*, 29.
(2) Tite-Live, XXII, 61 ; XXVII, 5.
(3) Cic., *ad Fam.*, X, 16, § 1.
(4) Cic., *ad Fam.*, X 28, § 2.

relatio (1). Aucun autre magistrat ne pouvait intercéder contre la proposition d'un tribun, tandis que celui-ci pouvait, non seulement empêcher la *relatio* de qui que ce soit d'aboutir, mais encore interdire la séance du Sénat (2). Le dictateur seul n'était pas soumis à l'*intercessio* tribunitienne.

Ajoutons enfin que le collège tout entier des tribuns avait le droit d'assister aux séances du Sénat, sur le banc tribunitien « *longum subsellium* » (3), et chacun d'eux pouvait y prendre la parole quand bon lui semblait.

VII. — Étendue du pouvoir des tribuns. Sphère de leur pouvoir. Leur irresponsabilité

D'après tout ce que nous venons de dire, il est facile de se faire une idée de l'étendue de la puissance tribunitienne. En réalité, elle s'appliquait à chaque instant et pour chaque chose de la vie politique des Romains. Limitée d'abord à la plèbe, elle s'étendit rapidement aux patriciens, brisant les limites étroites qui lui avaient été imposées à l'origine. La loi *Hortensia*, en 467, fit d'eux des magistrats du peuple romain et, depuis lors, leur puissance ne fit que s'accroître.

Sans entrer dans le détail de toutes les conquêtes faites par les tribuns, ce que nous avons déjà fait dans la première partie de cette étude, nous nous contenterons de rappeler que la puissance tribunitienne arriva à son apogée avec les Grecques; un instant brisée par Sylla, elle finit misérablement avec les premiers triumvirs, dont les tribuns ne furent le plus souvent que les fidèles instruments.

Il nous reste à voir quelle était la sphère d'action de ces magistrats et l'irresponsabilité qui était attachée à leur personne.

Tout d'abord, en ce qui concerne le premier point, nous avons à constater l'unanimité d'opinion des historiens qui limitent à la ville de Rome la sphère d'action du tribunat. Pendant les luttes que cette ville eut à soutenir pour sa propre existence contre les autres

(1) Dion Cassius, XXXVIII, 16, 30; XL, 64.
(2) Tite-Live, XXXIII, 22; — Polyb., VI, 16.
(3) Cic., *ad Fam.*, III, 9, § 2.

peuples de l'Italie, on comprend parfaitement que les tribuns aient exercé leur pouvoir sur un terrain aussi restreint ; mais, quand l'Empire Romain eut été créé et se fut étendu à la presque totalité du monde connu, on s'explique mal à première idée que la puissance tribunitienne ait toujours gardé le même champ d'application et ne se soit pas fait sentir dans tous les pays soumis à la puissance du peuple romain. Cependant , cette restriction est la conséquence logique de certains faits. Rome laissait aux pays conquis leur organisation intérieure, leur autonomie administrative, et ce n'est que peu à peu, très lentement, que la civilisation romaine remplaçait les traditions barbares ; d'autre part, la capitale du monde alors connu gardait jalousement pour ses citoyens de nombreux privilèges : elle fut longtemps inaccessible aux étrangers et en l'an 664 de Rome seulement, ses alliés italiens obtinrent le droit de cité, encore sous certaines conditions.

Enfin, le tribunat était devenu rapidement un des organes du gouvernement ; il paraît donc tout naturel qu'il ait fait sentir sa puissance là seulement où était le siège du gouvernement.

Pour toutes ces raisons, l'action des tribuns fut restreinte à la capitale et à sa banlieue ; mille pas au delà elle n'existait plus (1) ; mais ce champ d'application, si borné qu'il semble être, était en réalité immense, il suffisait largement aux dix tribuns en fonctions et l'histoire est là pour prouver surabondamment notre assertion.

Parfois, ils furent envoyés en mission hors de Rome, mais dans des cas très rares. Ainsi, lors d'une guerre avec les Étrusques, deux tribuns accompagnèrent en Étrurie cinq députés du peuple romain, pour signifier au consul Q. Fabius de ne pas s'engager dans la forêt Ciminia. Cette mission envoyée par les Romains, encore sous la terreur causée par les Fourches Caudines, fut du reste sans résultat ; Fabius, consul habile et audacieux, avait déjà vaincu les Étrusques et les députés n'eurent qu'à rapporter à Rome la nouvelle d'une victoire (2).

Dans l'intérieur de la ville, les tribuns devaient être à la disposition constante de toute personne qui demandait leur concours ; il leur était interdit d'en sortir, même pour une nuit et, chose plus

(1) Tite-Live, III, 20 ; — Denys, VIII, 87.
(2) Tite-Live, IX, 36.

remarquable encore, leur maison devait être ouverte de jour et de nuit, pour que les citoyens n'eussent pas à attendre vainement leur secours. Leur charge n'était donc pas une sinécure et, en dehors du temps qu'ils consacraient aux particuliers, ils trouvaient encore, soit au forum, soit au Sénat, une matière inépuisable à leur activité débordante.

Cette activité avait une garantie des plus sérieuses : l'irresponsabilité attachée à la personne des tribuns (1). Cette irresponsabilité découlait naturellement de la loi qui les avait institués. Ils étaient, avons-nous dit plus haut, en relatant un passage de Tite-Live, « *magistratus sacrosancti, quibus auxilii latio adversus consules erat* ». L'inviolabilité dont ils étaient revêtus n'eût été qu'un vain mot, si, à la sortie de leur charge, les tribuns avaient pu être mis en accusation pour des faits accomplis pendant leur magistrature.

Les tribuns bénéficièrent de ce privilège pendant tout le temps que vécut leur institution, et quels que fussent les écarts de langage auxquels ils se livrèrent, quelle que fût l'audace de leurs actions, jamais ils ne furent poursuivis pour rendre compte de leurs fonctions. Les rares exemples du contraire confirment la règle que nous indiquons. Clodius, poursuivi par Milon pour des actes délictueux accomplis en sa qualité de tribun, vit tomber l'accusation dirigée contre lui ; et pourtant il faut considérer qu'à cette époque les excès tribunitiens avaient atteint leur extrême limite et que Clodius, en particulier, méritait certainement l'accusation portée contre lui. Le tribun C. Norbanus fut également l'objet de poursuites qui restèrent sans effet (2).

Quel était donc, quel pouvait donc être le contrepoids de ce pouvoir excessif ? A notre avis, il y en avait un, c'était le veto formulé par la majorité du collège des tribuns, ou même par l'un d'eux seulement. Les passions de quelques-uns d'entre eux devaient certainement être apaisées par leurs collègues, et quand le tribunat, jouet des factions politiques, ne trouva plus dans son sein les éléments nécessaires pour contenir les violences de ses membres, il fut condamné. Plus encore, la vie des tribuns fut en

(1) Gell., XIII, 12.
(2) Cic., *de Orator.*, II, 47.

5

péril, à la sortie de leur charge, et ils succombèrent victimes des luttes intestines et des guerres civiles de Rome. Redevenus simples citoyens, leur tête fut aussitôt menacée, et Clodius, entre autres, qui avait échappé à l'accusation de Milon, n'échappa pas pour cela à la mort. Milon se fit justice lui-même.

VIII. — Rang du Tribunat parmi les autres magistratures

Nous en avons terminé avec les attributions des tribuns, il nous reste toutefois à déterminer la place qu'ils occupaient parmi les magistrats romains. Les quelques notions qui précèdent devraient nous aider à cela et cependant il n'en est rien. Le pouvoir tribunitien s'étant accru la plupart du temps par une série d'usurpations, d'autre part, ayant été toujours exclusivement réservé aux seuls plébéiens et n'étant soumis à aucune cérémonie religieuse, il est très difficile d'indiquer son rang parmi les autres pouvoirs. Les trois particularités que nous venons de signaler suffisent pour faire de l'institution du tribunat une institution à part, en dehors de la hiérarchie des magistratures romaines, bien qu'au viie siècle, ainsi que nous allons le voir, il ait fait partie officiellement de cette hiérarchie.

On peut diviser en deux périodes l'histoire du tribunat à ce sujet, la première allant depuis sa création jusqu'à la loi *Villia,* ou aux *leges annales,* et la seconde des *leges annales* à la fin de la République Romaine. Depuis cette époque jusqu'à la disparition complète du tribunat, il est impossible de fixer, même approximativement, le rang occupé par lui dans la hiérarchie des magistratures.

Dans la première période, le tribunat est complètement isolé, et cela s'explique aisément. C'était alors une magistrature concédée à regret et par force à la plèbe, ainsi que l'édilité ; les patriciens occupaient toutes les autres magistratures d'où étaient exclus légalement les plébéiens ; aussi le tribunat n'aurait pu former qu'une hiérarchie spéciale avec l'édilité créée en même temps que lui comme premier échelon. C'était insuffisant et il fallait forcer l'entrée des autres magistratures. Les tribuns y parvinrent après des conquêtes longues et difficiles, mais la barrière qui séparait les deux classes n'existait plus depuis longtemps, que le tribunat était encore isolé, alors que c'était précisément à cette institution qu'était due l'égalité civile.

Quel caractère avaient donc ces magistratures plébéiennes ? Étaient-ce des magistratures inférieures ? En ce qui concerne l'édilité, l'affirmative s'impose, mais pour le tribunat, le doute est permis ; toutefois, si l'on examine les attributions des magistrats supérieurs et celles des tribuns, ce doute disparaît pour faire place à une certitude contraire. Les tribuns, magistrats inférieurs de nom, étaient en fait des magistrats supérieurs. Ceux-ci avaient l'*impérium*, pouvoir distinct de la *potestas*, qui était inhérente à toute autorité dans la sphère de ses attributions spéciales ; l'*imperium* n'appartenait pas aux tribuns, car c'était un démembrement de l'ancienne puissance accordé aux successeurs des rois, il était conféré par une loi curiate, et les consuls, les préteurs et les magistrats ordinaires, tels que le dictateur, y avaient seuls droit. Mais ce fut précisément pour protéger les faibles contre les excès de l'*imperium* que fut institué le tribunat ; il fallait donc que cette magistrature fût au moins l'égale des magistratures les plus élevées. Elle leur fut même supérieure. Si les consuls avaient les licteurs, les tribuns avaient les *viatores*, la sentence du consul pouvait être annihilée par l'*intercessio* du tribun, le droit de *prehensio*, qui n'est guère contesté à ce dernier, contrebalançait le droit de *coercitio* attaché à l'*imperium* ; enfin, d'après Tite-Live, les tribuns avaient la *major potestas* sur tous les autres magistrats, sauf sur le dictateur (1).

Toutefois, il manquait au tribunat certains droits, attachés aux magistratures supérieures. Les tribuns n'avaient pas le *jus vocationis*, non plus que le droit de prendre les auspices. Aussi nous n'hésitons pas à regarder le tribunat comme une institution à part, ayant une place marquée entre les magistratures supérieures et les magistratures inférieures, participant des unes comme des autres avec des caractères spéciaux qui en font un pouvoir remarquable resté particulier à la constitution romaine.

Les auteurs anciens ne sont pas d'accord pour fixer la ligne de

(1) Tite-Live, V, 9.

démarcation exacte entre les magistrats inférieurs et les magistrats supérieurs, à l'époque dont nous nous occupons. Aulu Gelle, se base sur les auspices, range parmi les premiers les consuls, les préteurs et les censeurs et rejette dans la seconde catégorie tous les autres magistrats. D'après Cicéron, les édiles curules auraient été des magistrats supérieurs et le même auteur place encore les magistratures patriciennes et plébéiennes dans des catégories spéciales.

En fait cette classification fut très lente et rien, dans les textes ni dans la tradition romaine, ne nous permet de conclure à ce sujet d'une façon précise. Le véritable classement des magistratures eut lieu seulement à l'époque des *leges annales*, vers le septième siècle de la fondation de Rome.

Comme nous l'avons indiqué déjà, les *leges annales* ne nous sont point parvenues et nous connaissons seulement le nom de l'une d'entre elles, la loi *Villia*, de 574. A cette époque, le tribunat était entré dans la hiérarchie des magistratures et comme celles-ci étaient toutes accessibles aux plébéiens, l'ancienne distinction entre les magistratures patriciennes et plébéiennes avait disparu ; géré après la questure, le tribunat était considéré comme une magistrature inférieure et, jusque-là supérieur à l'édilité plébéienne, il fut placé après elle. La hiérarchie officielle était la suivante : Dictateur, consul, *interrex*, préteur, maître de la cavalerie, censeur, édile, tribun du peuple, questeur, *vigintisexvir* et tribun des soldats (1). On voit que le tribunat n'avait pas gagné à faire partie de cette hiérarchie officielle. Il conserva malgré tout les attributions qui en faisaient une véritable magistrature supérieure et il y gagna pour ses membres certains avantages précieux, notamment le *jus sententiæ dicendæ*, ou le droit d'exercer les droits sénatoriaux à la sortie de leur charge jusqu'à la lection suivante des censeurs. Longtemps auparavant, en 442, le plébiscite Ovinien leur avait donné le droit d'être choisis parmi les sénateurs, à l'expiration de leurs fonctions, et ils s'étaient depuis longtemps trouvés désignés pour le Sénat, en raison même de leurs fonctions de tribuns. Mais le *jus sententiæ dicendæ* qui était une extension

(1) « Dans cette classification, la censure paraît mal placée, puisqu'elle ne « pouvait être gérée à cette époque que par des consulaires. »

considérable du premier droit, ne leur fut reconnu que par le plébiscite Atinien (1), porté probablement vers l'année 623. Suivant M. Willems, ce plébiscite daterait seulement de l'année 635 (2).
Enfin d'autres auteurs l'attribuent à Sylla, ce qui, même en dehors
de toute autre preuve, ne paraîtrait pas vraisemblable, si l'on considère les déchéances que subit le tribunat sous la dictature de Sylla.

Quelle est la vraie date du plébiscite Atinien? Lange (3) affirme
qu'il fut porté avant **545** et il donne comme preuve que le
tribun L. Cæcilius Metellus, tribun en **545**, fut *præteritus* (omis)
dans la *lectio* de **545**, et qu'il ne pourrait être question de *præte-
rition*, si la qualité de tribunicius n'eût donné à Metellus un titre légal pour être admis au Sénat. Lange, dit avec raison M. Willems (4), confond deux choses différentes : le titre qu'avaient les
tribuns à être choisis sénateurs à la lection suivante, droit qui a
été attaché au tribunat par le plébiscite Ovinien, et le droit d'exercer les pouvoirs sénatoriaux jusqu'à cette lection, droit qui fut attribué aux tribuns par le plébiscite Atinien.

Nous ne partageons pas cependant l'opinion de M. Willems (5),
qui place ce dernier plébiscite vers l'an 635, et se base sur ce fait
qu'en l'année 638 les censeurs exclurent du sénat 32 sénateurs,
chiffre deux fois supérieur au maximum d'exclusions opérées
jusqu'alors par les censeurs, ce qui, dit M. Willems, ne peut s'expliquer que par l'introduction dans le Sénat d'éléments nouveaux,
de *tribunicii*. Une autre preuve donnée par le savant auteur et
tirée d'un texte de la loi *Acilia repetundarum* de 632, n'est pas
plus concluante. Cette loi excluait les sénateurs du jury de la
quæstio et notamment les tribuns, les questeurs, etc..., et tous
ceux « *queive in senatu siet fueritve* ». M. Willems en conclut
que tous les citoyens qui ont géré les magistratures curules et
l'édilité plébéienne, dont la mention est omise, sont compris dans
ces mots « *queive in senatu siet fueritve* » et que ces mêmes termes n'embrassaient pas à cette époque la totalité des *tribunicii*

(1) Varron cité par Aulu Gelle. *Nam et tribunis plebis senatus habendi
jus erat quanquam senatores non essent ante Atinium plebiscitum.* N. A.,
XIV, 8.
(2) Willems, chap. vii, § 3.
(3) Lange, II, 162, 338, 339.
(4) Willems, *loc. cit.*
(5) Willems, *loc. cit.*

et des *quæstorii*. Or ,on peut très bien expliquer la distinction faite par la loi *Acilia*, par la division des magistratures en magistratures supérieures et magistratures inférieures.

Nous préférons donc la première date, celle 623, qui est fondée sur le fait suivant. C. Attinius Labeo, tribun en cette année, n'avait pas été inscrit sur la liste sénatoriale par les censeurs Pour se venger de celui des censeurs auquel il imputait son échec il voulut le faire précipiter du haut de la Roche Tarpéienne et ses collègues durent intervenir pour sauver ce dernier (1). En outre, afin d'annuler l'effet de son exclusion, il fit porter un plébiscite qui a gardé son nom, lui permettant d'exercer les droits sénatoriaux jusqu'à la *lectio* suivante.

Quand le tribunat fit partie de la hiérarchie des magistratures romaines, il fut astreint à certaines règles établies par les lois annales et nous avons vu ailleurs que ces lois fixèrent des conditions l'entrée toutes nouvelles dans la carrière des magistratures, sur la hiérarchie obligatoire et sur l'intervalle nécessaire qui devait s'écouler entre la gestion de deux d'entre elles.

Sylla relégua le tribunat au second plan, il retira à ses titulaires le droit de diriger les assemblées du peuple délibérantes et anéantit presque totalement leur droit de coercition, mais le coup le plus rude qu'il lui porta fut certainement celui par lequel il l'exclut de la hiérarchie officielle des magistratures. Ce fut la réaction violente des optimates, un instant dominés par les Gracques et leurs successeurs, mais cette réaction ne dura guère, et, dès l'année 678, une loi du consul Cotta rendit aux tribuns l'accès des autres fonctions publiques. Cinq ans après, Pompée, alors consul, rétablit à leur profit toutes leurs anciennes prérogatives.

A la fin de la République Romaine la place du tribunat ne fut pas changée ; toujours classé avant la questure, il fut géré après celle-ci jusqu'à l'époque où son importance fut si minime qu'on ne trouva même plus de titulaires pour en remplir les fonctions.

(1) Tite-Live, *Epit.*, LIX.

TROISIÈME PARTIE

DU ROLE DU TRIBUNAT DANS LE DROIT PRIVÉ

I. – Son rôle en matière civile.

Les tribuns dirigeant les assemblées du peuple délibérantes, conseils du Sénat, eurent un rôle considérable en matière législative, intimement lié à l'histoire de la République romaine. Sans entrer dans le détail des lois intéressant le droit public qui leur sont dues, nous nous bornerons simplement à étudier l'influence qu'ils exercèrent sur le droit privé, d'abord en matière civile et ensuite en matière criminelle et pénale.

Dans le droit privé comme dans le droit public, cette influence se traduisit par le vote des plébiscites. Les plébiscites, comme on sait, étaient des résolutions que les plébéiens, assemblés dans les comices par tribus, votaient sur la proposition d'un magistrat de leur ordre. A l'origine, œuvre exclusive des plébéiens, ces résolutions ne liaient pas les patriciens, qui, étrangers à leur confection, refusaient de s'y soumettre. Elles devaient être ratifiées par le Sénat et sanctionnées par les patriciens assemblés dans les comices par curies. Ce ne fut qu'à la suite des lois *Valeria Horatia, Publilia et Hortensia* que les plébiscites devinrent obligatoires pour tout le peuple romain, pour les patriciens comme pour les plébéiens, et eurent par conséquent même force que les *leges*. L'approbation du Sénat et la ratification des curies disparurent probablement à cette époque.

Il est incontestable que les tribuns furent les agents les plus actifs de cette évolution qui aboutit à donner à tous les citoyens l'égalité devant la loi. Dès l'origine, ils ne cessèrent de réclamer des lois qui obligeraient les patriciens comme les plébéiens et ceci nous amène à rappeler que l'œuvre législative des décemvirs, la loi des Douze Tables, fut provoquée par les tribuns. Une grande injustice avait été consacrée par cette loi : la prohibition du mariage entre les deux classes ; elle fut abolie par un plébiscite dû à l'initiative du tribun Canuléius, rendu en l'an 309 de Rome.

L'exclusion des plébéiens du *connubium* avec les patriciens a été attribuée par Denys, Tite-Live et Cicéron aux décemvirs (1) et d'après eux elle aurait été en vigueur quelques années seulement. Malgré l'autorité qui s'attache à ces auteurs, il ne nous paraît pas possible d'admettre que cette entrave apportée à la liberté du mariage ait été l'œuvre des décemvirs. D'abord ceux-ci, d'après la tradition, auraient été pris et choisis dans les deux classes ; d'autre part, cette entrave, conforme aux idées anciennes, en harmonie surtout avec l'État romain primitif, devait avoir certainement une autre origine et remonter au premier siècle de la République. Si les décemvirs ont été chargés par les anciens auteurs de cette iniquité, c'est que ceux-ci, en ignorant l'origine, n'ont rien trouvé de mieux que de l'attribuer aux décemvirs qui avaient eu le tort de la consacrer et avaient laissé en outre de forts mauvais souvenirs.

Nous retiendrons seulement deux autres lois intéressant le droit civil, qui sont dues aux tribuns du peuple, la loi *Cincia* et la loi *Voconia*. Toutes les deux célèbres, elles nous dispenseront de pousser plus loin nos investigations et suffiront largement à établir la vérité de ce que nous avons affirmé plus haut, l'influence considérable du tribunat sur le droit privé.

La loi *Cincia* est un plébiscite rendu en l'an 549 ou 550, sur la proposition du tribun Cincius Alimentus et sur les instances de Caton l'Ancien ; il eut pour but de restreindre la liberté des donations qui prenaient alors un développement trop considérable. Dans une première disposition, cette loi défendit aux avocats de recevoir des honoraires pour les causes qu'ils plaidaient (2) et dans une seconde, elle fixa un taux *certum modum* que les donations ne devaient point dépasser. Certaines personnes toutefois furent exemptées de la limitation imposée par la loi *Cincia*, notamment les proches parents, les personnes *in potestate* et *in man-*

(1) Denys, X, 60 ; — Tite-Live, IV, 4, 6 ; — Cicéron, *de Rep.*, II, 37.
(2) Tacite, *Ann.*, XI, § 5.

cipio et *in manu* (1). Elle disparut vers le troisième siècle de notre ère.

La loi *Voconia* fut votée vers l'an 585, sur la proposition du tribun Voconius, avec l'appui de Caton l'Ancien (2). Entre autres prohibitions, elle décida que les femmes ne pourraient pas être instituées héritières par un citoyen romain porté dans la première classe du cens et elle interdit également de faire un legs ou une donation pour cause de mort dépassant en valeur ce qui était laissé à l'héritier lui-même.

Nous n'avons pas à juger ces lois votées sur les propositions des tribuns, mais il importe de faire remarquer que les plébiscites rendus sur leur initiative par les comices par tribus se substituèrent souvent aux *leges* de la même façon que les sénatus-consultes se substituèrent d'eux-mêmes plus tard aux plébiscites.

II. — Son rôle en matière criminelle et pénale

Le rôle du tribunat en matière criminelle et pénale est bien plus considérable encore que celui qu'il remplit en matière civile. Il peut être envisagé à un triple point de vue : le premier nous montrant les tribuns remplissant le rôle d'accusateurs publics, le second nous les montrant comme juges et le troisième enfin, comme législateurs faisant ratifier leurs propositions par le peuple. Dans les constitutions modernes, un tel rôle ne pourrait exister, mais la République romaine ne connut jamais le principe de la séparation des pouvoirs et plus que tous les autres magistrats, les tribuns cumulèrent des fonctions qui aujourd'hui nous paraissent absolument incompatibles entre elles dans une constitution bien faite. Il est suprenant que cette confusion des pouvoirs n'ait pas amené beaucoup plus tôt la chute de la République romaine.

Le premier rôle rempli par les tribuns fut celui d'accusateur public ou de ministère public, bien qu'en droit le ministère public

(1) *Frag. Vatic.*, § 298 à 312.
(2) Cic., *de Senectute*, § 5. Dans un dialogue de cet ouvrage, Cicéron met en scène Caton l'Ancien discourant sur la vieillesse et se vantant d'avoir, malgré ses 45 ans, soutenu d'une voix puissante et avec de bons poumons la proposition de cette loi.

n'ait jamais existé à Rome ; mais ce rôle paraît avoir été restreint au domaine purement politique. Il était la conséquence nécessaire de l'institution du tribunat. Chargé de la protection des faibles contre les excès de l'*imperium* consulaire, il fut amené tout naturellement à dénoncer ces excès et à en poursuivre la répression. Aussi deux années à peine s'étaient écoulées depuis la nomination des premiers tribuns, que Coriolan fut cité par eux devenant l'assemblée des tribus et condamné (1).

Peu de temps après, l'assemblée plébéienne condamna à mort Ménénius qui avait laissé périr à Crémère l'illustre famille des Fabius, mais les tribuns se contentèrent d'une amende de 20.000 as (2). Spurius Cassius, l'auteur de la première loi agraire, accusé d'aspirer à la royauté, fut condamné et mis à mort. Les consuls L. Furius et Cn. Manlius, mis en accusation par le tribun Genucius, n'échappèrent à une condamnation capitale qu'en faisant assassiner leur adversaire (3).

Toutes ces condamnations furent portées par les comices tribu-tes, et on a traité, à juste titre, d'usurpation, ce droit des tribus d'exercer la justice criminelle qui appartenait aux centuries; mais ainsi que nous l'avons déjà fait remarquer, leur juridiction criminelle fut surtout politique. La plèbe victorieuse des patriciens lui imposa ses conditions bien souvent et poussa jusqu'aux dernières limites les conséquences de sa victoire, mais peu à peu les prétentions des assemblées plébéiennes baissèrent et la loi des XII tables, régularisant définitivement la juridiction des comices par centuries, leur donna le droit de prononcer seules des condamnations capitales, en laissant aux tribus celui de prononcer des amendes. Cette dernière juridiction devint ainsi, suivant l'expression de M. Laboulaye, un des rouages ordinaires de gouvernement et un des moyens habituels de retenir les magistrats dans le devoir (4).

Quand les pouvoirs des deux assemblées furent ainsi nettement définis, l'accord ne fut plus troublé et les tribuns virent leur rôle s'accroître, ils conservèrent le droit de poursuivre devant les tribus

(1) Tite-Live, II, 35.
(2) Tite-Live, II, 52.
(3) Tite-Live, II, 41.
(4) Laboulaye, *les Lois criminelles des Romains concernant la responsabilité des magistrats.*

les consuls ou autres magistrats qui, à leur sortie de charge, étaient accusés d'avoir commis des actes illégaux et ils obtinrent celui de poursuivre ces mêmes magistrats devant les centuries, lorsqu'il s'agit de crimes de haute trahison.

C'est peut-être la loi des XII Tables qui donna aux tribuns le droit de poursuivre les citoyens devant l'assemblée centuriate. Auparavant ils ne semblent pas avoir eu la prérogative de convoquer cette assemblée et ils durent s'adresser aux comices tributes ; ce fut même probablement la cause des usurpations de ces dernières assemblées en matière criminelle et pénale, usurpations que nous avons signalées plus haut et qui cessèrent à l'époque et par le fait de la loi des XII Tables. Les patriciens trouvaient une sauvegarde dans cette disposition qui faisait juger l'accusation tribunitienne par les centuries plutôt que par les tribus. Aussi il est certain que les magistrats plébéiens eurent de bonne heure le droit de convoquer les comices par centuries avec l'autorisation des magistrats *cum imperio* soit des consuls, soit des préteurs. Enfin, si l'on en croit Tite-Live, les tribuns auraient eu la présidence des comices (1).

Nous ne pensons pas nous écarter de notre sujet en mentionnant rapidement la procédure suivie par le tribun devant les comices. Le procès débutait par l'*accusatio* et le premier acte de cette accusation consistait dans la *diei dictio* par laquelle l'accusateur déclarait au magistrat qui devait convoquer les comices, l'accusation qu'il portait et lui demandait de fixer un jour (*dicere diem*) pour la comparution de l'inculpé. Celui-ci était ensuite cité devant le magistrat et dès lors il devait se constituer prisonnier ou fournir des cautions (*vades*).

Le magistrat devait ensuite publier trois fois l'accusation à intervalles fixes, en présence de l'accusateur et sur sa demande.

Ces publications devaient être faites les jours de marché (*nundinæ*) qui avaient lieu tous les neuf jours. Puis venait la *quarta accusatio* ou l'*anquisitio*, dans laquelle on formulait l'accusation définitive avec des conclusions sur la peine, et il ne restait plus qu'à fixer le jour du jugement.

Dès lors il n'était plus possible de rien changer à l'accusation et on ne pouvait la faire tomber que par un désistement de l'accu-

(1) Tite-Live, XLIII, 16.

sateur ou par l'exil de l'accusé. Une loi d'amnistie aurait pu également produire le même résultat.

Le jour du jugement arrivé, les centuries étaient convoquées et le magistrat qui les présidait appelait l'accusé. Si celui-ci était absent et que son absence fût légitime, l'assemblée était renvoyée à une date ultérieure, sinon il était jugé séance tenante et quelquefois condamné sous condition. Quand il était présent, l'accusateur exposait son accusation, l'accusé prenait ensuite la parole et cherchait à détruire les motifs employés par l'accusateur (plus tard au cinquième siècle vinrent les défenseurs), puis venait l'administration des preuves, dans un sens ou dans l'autre, et l'audition des témoins. Le président, pour empêcher la longueur des débats, limitait le temps réservé à chacun et à chaque chose, enfin le peuple allait au vote. Ce vote, dans les premiers siècles, fait à haute voix, plus tard, au moyen de cailloux déposés dans des urnes, fut établi, au VIIe siècle, sur des tablettes données à chaque électeur. Jusqu'à la fin du vote, qui avait lieu au milieu des sollicitations de toute sorte, l'assemblée pouvait être dissoute, si les auspices n'étaient pas favorables.

Enfin le magistrat prononçait le verdict, qui était nécessairement avec les comices un acquittement ou une condamnation. S'il n'y avait pas intercession d'un tribun ou d'un autre magistrat, le président prenait aussitôt des mesures pour l'exécution de la sentence qui était sans appel.

Les procès les plus célèbres portés devant les comices furent celui de Scipion l'Asiatique, accusé de concussion (1), et celui de C. Rabirius, en l'an 691, qui fut défendu par Cicéron (2) et condamné à une amende.

Lors de la création des *questiones perpetuæ* au VIIe siècle, le rôle des tribuns en matière criminelle prit fin, le peuple qui avait exercé lui-même le pouvoir judiciaire pendant plus de dix générations, délégua l'exercice de ce pouvoir à des tribunaux permanents qui absorbèrent peu après les *judicia publica*.

Le second rôle rempli par les tribuns fut celui de juges. Les droits d'*intercessio* et de *coercitio* se rattachaient par leur nature

(1) Tite-Live, XXXVIII, 55.
(2) Dion Cassius, XXXVII, 27 et suiv.

à la juridiction criminelle et, en présence de la confusion des pouvoirs qui existait sous la République romaine, les tribuns, en vertu de ces droits d'*intercessio* et de *coercitio*, devinrent rapidement des juges.

L'*intercessio* était une sorte d'appel personnel qui donnait lieu souvent à une procédure contradictoire ressemblant sous bien des points à un procès véritable. Le tribun à l'*intercessio* duquel on avait recours statuait à l'origine immédiatement sur le cas qui lui était soumis, après avoir entendu et le magistrat qui avait rendu la sentence, et le citoyen qui faisait appel de cette sentence. Plus tard, il y eut un délai pendant lequel le tribun put examiner la nécessité ou l'opportunité de son *intercessio*. Il pouvait ou bien défendre au magistrat d'accomplir l'acte frappé d'*intercessio*, ou bien annuler les conséquences de l'acte accompli. N'y a-t-il pas là les éléments d'un véritable jugement ?

La *coercitio*, nous dit M. Mommsen « est le moyen par lequel un magistrat qui a émis un ordre, dans les limites de ses attributions, se fait légalement justice à lui-même contre le citoyen qui refuse d'obéir (1) ». La *coercitio* s'exerçait sans débat, ni défense ; c'était un acte du pouvoir exécutif et elle pouvait aller jusqu'à frapper de mort un citoyen, ce qui, remarquons-le, n'a presque jamais eu lieu.

Evidemment, entre l'*intercessio* et la *coercitio*, d'une part, et la juridiction criminelle, d'autre part, il y a des différences considérables, mais la parenté entre ces droits et cette juridiction est évidente et on conçoit aisément comment les tribuns armés de l'*intercessio* et de la *coercitio* furent amenés à jouer un si grand rôle dans la juridiction criminelle.

Mais les tribuns furent de vrais juges et nous avons vu, dans une autre partie de cette étude, que la loi *Aternia Tarpeia* étendit à tous les magistrats le droit de prononcer l'amende. Mieux encore, comme leur sentence était sujette à l'appel devant les comices, ils eurent aussi le pouvoir de rendre compétents, soit les comices par centuries, soit les comices par tribus, en concluant soit à une amende, soit à la peine capitale, suivant les cas.

Les tribuns ne jugèrent jamais en matière capitale ; il résulte

(1) *Antiq. Rom.*, I, 149, trad. Girard.

bien de certains récits des historiens qu'ils se seraient parfois arrogé ce droit. On connaît l'exemple de Manlius Capitolinus précipité du haut de la Roche Tarpéienne par les tribuns (1). Horace, en outre, indique parmi les attributions des magistrats de la plèbe, celle de « *dejicere de saxo cives, aut tradere cadmo* » ; mais les exemples ou les récits des historiens sont peu clairs, il faut y voir seulement des abus de pouvoir de la part des tribuns et non l'exercice d'un véritable droit, ou encore considérer ces derniers comme chargés de surveiller des exécutions rendues par les juridictions compétentes.

Le troisième rôle des tribuns fut celui de législateurs en matière criminelle et pénale, comme ils le furent en matière civile.

Jusqu'à l'établissement des *quæstiones perpetuæ* les tribuns s'abstinrent, ou à peu près, de proposer des lois intéressant la juridiction criminelle et cela s'explique facilement, puisque le peuple, dont ils étaient les principaux chefs, exerçait lui-même cette juridiction ; mais, quand furent créées les premières *quæstiones perpetuæ*, l'initiative des tribuns en cette matière fut considérable et on leur doit une très grande partie des lois pénales de la fin de la République romaine.

La première *quæstio perpetua*, qui date de 605, est due au tribun du peuple Calpurnius Piso et Cicéron nous dit que la loi qui l'institua valut à son auteur le surnom de Frugi (honnête homme) (2). Elle fut faite en faveur des provinciaux, qui purent dès lors s'adresser directement à la *quæstio* par le *prætor peregrinus*, au lieu d'aller demander au Sénat une justice incertaine contre les concussions des magistrats chargés d'administrer les provinces romaines.

Quelque temps après, les Gracques entreprirent en matière criminelle et pénale une véritable refonte des lois existantes, mais ce fut surtout Caius Gracchus qui essaya de mener à bonne fin cette œuvre considérable. Par la loi *de capite civium*, il rappela les magistrats à l'observation des lois *Valeriæ* et *Porciæ*, sur l'appel ; par la loi *judiciaria*, il abattit le pouvoir du Sénat en matière judiciaire et confia ce pouvoir à l'ordre des chevaliers.

(1) Cic., *Brutus*, 27.
(2) Cic., *de Legibus*, III, 8.

Les tribuns successeurs des Gracques firent voter une foule de lois sur le sujet qui nous occupe, mais ce n'est pas ici le lieu de les examiner et nous nous contenterons de mentionner les plus célèbres ; la loi *Mamilia* (644) qui institue une *quæstio extraordinaria* pour juger les faits de haute trahison commis par les généraux romains dans la guerre de la République contre Jugurtha ; la loi *Servilia Glaucia,* ou *lex de repetundis,* de 653 ou 654, qui est un vrai code d'organisation des *quæstiónes ;* la loi *Apuleia de majestate minuta,* portée par le tribun Apuleius Saturninus en 653, qui établit une *quæstio pepetua* pour juger les personnes coupables d'avoir porté atteinte à la majesté de la République; la loi de Drusus (*lex Livia*), qui rendait en partie aux sénateurs le pouvoir judiciaire; les lois de Sulpicius, qui, entre autres choses, prononçaient l'exclusion du Sénat des sénateurs ayant plus de 2000 deniers de dettes.

Sous Sylla, le tribunat, victime de la réaction aristocratique, ne proposa aucune loi et, jusqu'à la fin de la République, nous ne trouvons guère à signaler comme lois importantes, intéressant la juridiction criminelle, que les lois *Cornelia,* sur la brigue, et sur es dispenses légales, en 687. La plupart des autres proposées par les tribuns furent des lois purement politiques, qui hâtèrent la chute de la République.

CONCLUSION

Pour en avoir terminé avec le tribunat, il nous reste à porter un jugement d'ensemble sur son œuvre. Certains auteurs anciens comme Cicéron se sont montrés sévères à son égard, même injustes. Ce dernier tient la puissance tribunitienne pour détestable, née de la sédition et pour la sédition ; « son berceau, dit-il, se trouve au milieu des guerres civiles... Ensuite cet enfant difforme, étouffé à sa naissance comme ces monstres dont parle la loi des XII Tables, reparut bientôt plus hideux et plus horrible (1). » Parmi les savants modernes, Montesquieu et Mommsen ont aussi adressé de vifs reproches au tribunat. Ce dernier surtout le juge ainsi : « Le tribunat était une institution bien moins conquise sur un ordre privilégié dans l'ordre politique, que sur la classe des riches propriétaires et des capitalistes ; elle devait assurer une justice équitable à l'homme du commun peuple et procurer la gestion et l'emploi meilleur des finances ; mais ce but, elle ne l'a pas atteint : elle ne pouvait pas l'atteindre. En vain les tribuns purent-ils parer à quelques iniquités, à quelques sévices criants, le mal était dans le droit lui-même qui était tout injustice... L'institution du tribunat ne fut qu'un pauvre compromis entre la noblesse opulente et la multitude sans guide et sans appui (2). » Il y a certainement une grande part de vérité dans cette appréciation, mais aussi il faut rendre au tribunat la justice qui lui est due, il servit souvent, ainsi que Cicéron lui-même est obligé de l'avouer, d'utile contrepoids et de trait d'union entre les deux classes de la société romaine ; ce fut lui qui assura à la plèbe la conquête de l'égalité civile et il dota la législation romaine de lois qui ne furent point toutes inutiles. Telle est la part de louanges auxquelles il a droit, mais il faut reconnaître aussi que les excès auxquels il se livra amenèrent dans une large part la chute de la République romaine, en même temps que sa chute personnelle. Il fut victime de l'organisation défectueuse des pouvoirs publics et, comme eux, il disparut après avoir jeté un vif éclat.

(1) Cicéron, *de Legibus*, III, 8.
(2) Mommsen, *Histoire romaine*, II, 139, traduct. Alexandre.

TABLE DES MATIÈRES

6

SECTION II

ATTRIBUTIONS DES TRIBUNS

TROISIÈME PARTIE

DU RÔLE DU TRIBUNAT DANS LE DROIT PRIVÉ

DES DROITS DU CONJOINT SURVIVANT

DANS L'ANCIEN DROIT, DANS LE CODE CIVIL

Et d'après la loi du 9 mars 1891

INTRODUCTION

APERÇU RAPIDE DES DROITS DE L'ÉPOUX SURVIVANT DANS LES PRIN-
CIPALES LÉGISLATIONS ANTIQUES — NÉCESSITÉ ET LÉGITIMITÉ
DE CES DROITS

« Le mari ne fait qu'une même personne avec l'épouse. » Telles
sont les paroles attribuées au grand législateur Manou (1) ; mais,
bien avant lui, la même idée avait été énoncée sous d'autres formes et, dans la plus haute antiquité, on avait considéré le lien
du mariage comme un lien aussi étroit, aussi naturel et aussi légal que le lien du sang, parce que le mariage est la base même de
la famille, la source de toute parenté et de toute consanguinité. Sous l'empire de cette idée, les législations hébraïque,
hindoue, grecque et romaine contenaient quelques sages dispositions pour la femme, qui, beaucoup plus que le mari, est exposée
à des privations, à des difficultés matérielles causées par la dissolution du mariage, souvent à un âge où il lui est presque impossible de se créer des ressources. Mais il appartenait au christianisme, la religion de la charité, de relever définitivement la condition de la femme, d'en faire l'égale de l'homme et de lui accor-

(1) Mānou, liv. IX, *Sloca*, 45.

der dans le mariage une situation que les législations païennes, imbues de l'idée de son infériorité, ne pouvaient pas lui donner. Quant au mari, la situation prédominante qu'il occupait dans le mariage avait pour corollaire une quantité de droits qui le mettaient toujours à l'abri du besoin. Jetons un rapide coup d'œil sur ces législations.

Chez les Hébreux, avant comme après Moïse, il ne paraît pas avoir existé au profit de l'époux survivant un droit de succession réciproque, le mari seul devait y avoir droit, encore n'est-ce qu'une simple conjecture, les époux ne figurant pas dans l'ordre des successions légitimes réglé par Moïse (1); mais le testament fut permis de bonne heure entre le mari et la femme. C'est du moins ce qui semble résulter du texte suivant : « Quand Tobie épousa la fille de Raguel, il reçut de celui-ci la moitié de tous ses biens et l'autre moitié lui fut promise *par écrit*, pour l'époque ou le père et la mère de l'époux seraient morts (2). » Cette disposition nous révèle-t-elle une sorte de douaire légal au profit de la femme, ou bien faut-il y voir un testament? La question est bien difficile à résoudre, cependant nous inclinons à adopter l'hypothèse du testament, parce que ce mode de disposer de ses biens nous paraît plus conforme aux idées et aux mœurs du peuple dont nous nous occupons, ainsi qu'à celles de tous les autres peuples de l'antiquité.

A l'époque rabbinique, les veuves eurent ce douaire légal qui vint ainsi combler la lacune que le défaut de dispositions testamentaires de la part du mari pouvait leur rendre très préjudiciable (3).

La législation hindoue, dont on a longtemps exagéré la haute antiquité et qui certainement est de beaucoup postérieure à celle de Moïse (4), s'est montrée plus favorable aux droits réciproques de succession entre époux; elle accordait aux veuves, concurremment

---

(1) *Nombres*, XXVII, 8, 11.
(2) Tobie, VIII, 24.
(3) Mischnah, trad. de Surenhusius, t. I, p. 48.
(4) V. *Études sur le droit civil des Hindous*, par M. Gibelin (Pondichéry, 1846).

avec les fils, une part virile de la succession du mari, si elles n'avaient rien reçu de lui ou de leur beau-père et une demi-part dans le cas contraire. A défaut de fils, la veuve excluait ses filles et avait droit à tous les biens. Si le mari avait fait de son vivant le partage de ses biens entre ses héritiers, les veuves avaient les mêmes droits et prenaient une part d'enfant, concurremment avec les fils. Enfin, dans tous les cas, ce droit de la femme était une véritable réserve sanctionnée par les lois (1). Quand le mariage était dissous par la mort de l'épouse, les droits de succession étaient intervertis, ses biens étaient déférés à ses filles ou aux fils de celles-ci ; à leur défaut, aux fils nés du mariage de la décédée avec le mari survivant. Enfin, en l'absence de toute postérité, le mari en devenait propriétaire, à l'exception de ceux qui avaient été donnés en mariage à la défunte, lesquels retournaient aux père et mère donateurs (2).

Le testament fut toujours prohibé dans l'Inde et même de nos jours, il y est à peine toléré (3).

En Grèce, on sait que la législation de Lacédémone, due à Lycurgue, proscrivit impitoyablement toutes les donations et toute espèce de testament, par application de cette idée, érigée en principe, que l'État devait tout absorber, même la famille ; mais à la longue et près de cinq siècles après Lycurgue, une loi portée par l'éphore Epitadès vint rompre avec ces rigoureuses traditions, en permettant formellement de disposer de ses biens, par acte testamentaire, comme par acte entre vifs (4).

Il en fut de même de la législation d'Athènes, due à Dracon, dont le nom a traversé les siècles pour symboliser les lois attentatoires à la liberté, mais la législation de Solon, qui vint ensuite, fut au contraire beaucoup plus douce, beaucoup plus équitable, et de nombreux passages d'Aristote, de Démosthène et de Plutarque établissent notamment que la faculté de tester se développa

---

(1) Yâjnavalkya, II. 123 ; II, 117 ; — Mitâksharâ, liv. VII, 1.2 ; — L. II, I, 5-6 ; — I, chap. II, p. 8-9.
(2) Yâjnavalkya, II, 117 ; — Mitâksharâ, I, III, 8-12.
(3) M. Gibelin, op. citat., II, 24, 25.
(4) Plutarque, Agis, chap. VII ; — Claudio Jannet, les Institutions sociales et le droit civil à Sparte. Paris, 1873, 132 et suiv.

beaucoup chez les Grecs, à partir de ce grand législateur. Ainsi un certain Parion aurait fait, d'après Démosthène, des legs énormes à sa femme Archippe et ils auraient été maintenus en présence d'enfants (1).

Quant à la succession ab intestat entre époux, rien ne permet de croire qu'elle ait jamais existé (2). La femme survivante avait droit seulement à la reprise de sa dot, qu'il y eût ou non des enfants du mariage. Cependant, s'il en existait, elle avait en outre le droit de rester dans la maison commune, jusqu'à ce que cette dot eût été payée, après quoi elle la quittait et rentrait sous la garde de son κυριος, sorte d'agnat qui exerçait la puissance de la famille sur la femme. A défaut d'enfants, ce droit d'habitation n'existait pas (3).

Quand la femme prédécédait, sa dot était transmise aux enfants du mariage sous la réserve de la jouissance au profit du mari, pour lui permettre de subvenir à leur entretien. En l'absence d'enfants elle retournait libre de toutes charges au constituant ou aux héritiers de la femme (4).

Si les droits de succession ab intestat n'existaient pas en Grèce, les époux pouvaient, en revanche, pour obvier aux inconvénients d'un décès prématuré, se faire des donations, soit anté-nuptiales, ἀνακαλυπτήρια, soit post-nuptiales, ἐπαύλαια ou ἐπαύλια (5).

A mesure que la civilisation grandit et se développe, que le progrès des peuples s'affirme, les droits des époux deviennent plus nombreux et plus variés, il semble aussi que la sagesse des législations est en rapport direct avec le degré de protection qu'elle accorde au mariage. Ainsi les Romains, les plus civilisés

(1) Démosthène, *Disc. cont. Stéph.*, § 28.
(2) Bunsen, *De jure hered. apud Athen.*, 38. Voir aussi H. Schelling, *De Solonis legibus;* — C. Giraud, *du Droit de succession chez les Athéniens* (Revue de législation, XVI, 97 et suiv.) — Grasshoff, *Symbolæ ad doctrinam juris attici de hereditatibus.* Berlin, 1877. Enfin Caillemer, *le Droit de succession légitime à Athènes* (Paris, 1879). Ce dernier ouvrage, basé sur les sources, notamment sur les plaidoyers d'Isée et de Démosthène, est des plus intéressants à consulter et fait autorité sur la matière. Il ne dit rien sur la succession *ab intestat* entre époux.
(3) Van den Es. *De jure famil.*, 59, 60.; — Isée, *de Pyrrhi hered.*), § 8.
(4) Isée, *de Pyrrhi hered.*, § 36 et 33; — Démosthène, *adv. Bœot.*, § 50.
(5) Harpocration, v° ἀνακαλυπτήρια.

des peuples du vieux monde, multiplièrent les gains de survie. La dot, dans beaucoup de cas gain nuptial du mari (1), avait pour contre-partie la donation anté-nuptiale, ou pour cause de noces, gain nuptial de la femme (2). Celle-ci, en puissance paternelle, *in manu*, était, par une fiction singulière, assimilée à la fille de son mari, ou à la sœur de ses enfants et, de ce chef, considérée comme une *hæres sua* et appelée concurremment avec ses enfants à succéder à son mari (3). Par contre, si elle venait à mourir la première, ses biens devenaient la propriété de ce dernier.

Quand l'introduction du divorce à Rome eut relâché les liens du mariage et que la *manus* ne fut plus qu'un souvenir, le préteur intervint en faveur de la femme en créant la *bonorum possessio unde cognati* qui établit une vocation héréditaire entre la mère et ses enfants, mais il fit davantage encore en créant plus tard la *bonorum possessio unde vir et uxor*, qui appela la femme à la succession de son mari, à défaut des six classes de *bonorum possessores* qui la précédaient dans l'ordre successoral (4).

Les libéralités testamentaires furent également permises entre époux sous certaines conditions (5), mais, en revanche, les donations entre vifs furent sévèrement prohibées, sauf les donations à cause de mort (6). Toutefois Septime Sévère admit que si l'époux donateur mourait sans avoir changé de volonté, le mariage ayant d'ailleurs subsisté jusqu'au décès, le prédécès du donateur confirmait la donation (7).

Enfin, la législation du Bas-Empire créa au profit du conjoint survivant, dans le besoin, un droit successoral particulier connu sous le nom de « quarte du conjoint pauvre ». Nous en parlerons plus longuement au cours de notre étude.

Les législations les plus remarquables de l'antiquité ont donc

(1) L. 12 pr. D., *De pactis dotal.* (XXIII, 4); L. VI, Cod., *De pact. convent.* (v. 14).
(2) L. 5, pr. D., *De donat. int. virum et ux.* (XXIV, 1); L. 16, C., *De donat. ante nupt.* (V, 3).
(3) Gaius, 1, § 111 et 114; — II, § 139 et 159.
(4) L. 1, pr. et § 1. *Unde vir et uxor* (XXXVIII, II).
(5) L. 10. D., *De donat. int. vir. et ux.* (XXIV, I)
(6) L. 9, § 2, et l. 10, Dig., *De donat. int. vir. et uxor.* (XXIV, I.)
(7) Dig. XXIV, 1, 32.

été unanimes à proclamer les droits des époux et, comme nous le faisions remarquer plus haut, ces droits furent d'autant plus étendus que les peuples qui les consacrèrent furent eux-mêmes plus civilisés. Basés sur l'équité naturelle, sur l'idée de l'affection mutuelle des époux, contribuant dans une très large part à la prospérité de la famille, ils ont également reçu un développement considérable dans notre ancien droit, ainsi que nous allons le voir bientôt; mais le législateur du Code civil, méconnaissant volontairement ou involontairement les traditions du passé, les a restreints contre toute justice et, pendant près d'un siècle, on a suivi son erreur. Elle a été réparée en grande partie par une loi récente qui, sans être la perfection même, n'en a pas moins accompli un progrès considérable, dont on ne saurait trop louer les auteurs.

Au lendemain du vote de cette loi, qui porte la date du 9 mars 1891, il nous a paru intéressant d'étudier l'histoire des droits du conjoint survivant dans notre ancien droit, dans notre Code civil, enfin dans la législation actuelle, d'examiner les phases successives par lesquelles ces droits sont passés et les progrès qu'ils ont réalisés. Le plan de notre étude sera très simple; basé sur l'histoire, il la reproduira le plus fidèlement possible et se terminera par un court examen des législations étrangères, qui permettra au lecteur de se faire une idée générale de la matière. C'est cette division qui nous a paru la plus rationnelle et la plus claire, pour la lourde tâche que nous allons entreprendre.

PREMIÈRE PARTIE

ANCIEN DROIT

Les faibles successeurs de Charlemagne furent impuissants à maintenir l'unité de l'empire colossal créé par son génie; les peuples qui lui étaient soumis reprirent rapidement leur indépendance, leurs mœurs et leurs coutumes, et la féodalité, dont le germe était dans les races germaniques, naquit de ce démembrement. Elle se fit sentir, sans aucun doute, dans tous les pays que Charlemagne avait réunis un instant sous sa main puissante, mais c'est surtout en France qu'elle poussa ses plus profondes racines. Nous n'avons pas ici à juger son rôle, qui a soulevé les plus violentes polémiques entre ses détracteurs et ses défenseurs, mais nous avons à dire qu'elle a rendu de très grands services au droit privé, en contribuant dans une large part à la fusion des races gauloise, romaine et germanique, qui avaient successivement occupé notre territoire et qui jusque-là s'étaient mêlées sans se confondre. Une grande division subsista cependant, au point de vue juridique, entre les populations définitivement implantées dans notre pays ; le nord de la France accepta les lois et les usages germaniques, tandis que le midi resta fidèle au droit romain et sut même faire accepter à ses vainqueurs les mœurs et les lois romaines. Cette division s'impose à notre étude et nous allons nous occuper successivement du droit coutumier et du droit écrit.

CHAPITRE PREMIER

DROIT COUTUMIER

« La coutume, dit M. Laferrière (1), fut le droit civil de la féodalité. » Malheureusement les coutumes du xᵉ au xvᵉ siècle n'ont pas été officiellement rédigées, ce qui rend les investigations très difficiles. Remarquons toutefois qu'elles présentent toutes l'observation d'un principe jusqu'alors complètement ou presque complètement inconnu, le principe de la territorialité des lois qui a remplacé celui de la personnalité ; c'est la possession du sol qui détermine l'autorité compétente et non plus l'origine de l'habitant ; du grand seigneur féodal, haut justicier, relèvent tous ceux qui habitent ses domaines.

Ce point établi, nous allons aborder maintenant l'étude des différents droits de survie en usage dans les pays coutumiers.

SECTION PREMIÈRE

I. — Du douaire en général

1° A l'époque féodale

Le plus remarquable et le plus ancien des gains de survie est certainement le douaire de la veuve, d'origine germanique. Pothier, dans son *Traité du douaire* (1), remarque avec raison qu'il ne faut pas chercher la trace de cette institution dans le droit romain ; il y a bien, dit-il, des ressemblances entre le douaire et la donation

---

(1) *Histoire du droit français*, VI, 4 et 6.
(1) Pothier, *Traité du Douaire*, n° 4.

ante nuptias ou *propter nuptias*, mais les différences considérables qu'ils présentent sont de nature à empêcher toute comparaison entre eux. Il n'est pas douteux, au contraire, que le douaire ne soit qu'une transformation du *pretium nuptiale*, de *la dot du mari* et *du morgengab.*

Le pretium nuptiale, en Germanie, était un présent fait par le futur époux au père ou aux parents de la femme qu'il épousait. Ce présent représentait le prix moyennant lequel il achetait le *mundium*, ou la puissance sur sa femme (1). Avec l'adoucissement des mœurs, le *pretium nuptiale* devint la propriété de celle-ci et constitua à son profit une véritable libéralité, ce qui a fait dire à Tacite « que ce n'était pas la femme qui apportait une dot à son mari mais bien le mari qui en offrait une à sa femme ». Cette libéralité consistait en objets mobiliers (2).

La dot du mari remplaça le *pretium nuptiale* peu à peu et lentement, à partir de l'époque où le mari cessa d'acheter sérieusement la fille et le *mundium* (3). Elle pouvait consister aussi bien en meubles qu'en immeubles (4). Quand la femme la reçut en totalité, elle ne tarda pas à se confondre avec le *morgengab* dont nous allons parler, mais depuis longtemps déjà cette dot du mari avait été fixée par les lois barbares, soit à un chiffre maximum, soit à un chiffre minimum, quand elle n'avait pas fait l'objet d'une convention (5). Enfin elle en devint également propriétaire à compter du jour du mariage et même dans le cas de survie de son mari (6).

Le *morgengab* (don du lendemain des noces), ainsi que son nom l'indique, était un don fait par le mari à sa femme le lendemain

---

(1) Tacite, *de moribus Germanorum*, XVIII; — Grégoire de Tours, liv. VI, § 18. Voir M. Ginoulhiac, *Histoire du régime dotal*, 202 et suiv.; — M. Glasson, *Histoire du droit et des institutions de la France*, III, chap. VI, § 20.
(2) Tacite, *loc. cit.*
(3) Glasson, *loc. citat.*
(4) Glasson, *loc. citat.*
(5) *Loi des Alamans*, titre LV. — *Loi Ripuaire*, tit. XXXVII, § 1 et 2; — *Loi des Wisigoths*, lib. III, tit. I, cap. V.
(6) M. Ginoulhiac, *loc. cit.*, 192, 194; — M. Glasson, *loc. cit. Contra:* — M. Humbert, *Régime nuptial des Germains* (extr. des mém. de l'Acad. imp. à Metz 1859, n° 20). — Cfr. *Loi des Ripuaires*, tit. XXXVII, § 2.

du mariage. A la différence du *pretium nuptiale*, qui représentait le prix du *mundium*, le *morgengab*, fréquemment mentionné par les documents juridiques et même par les chroniques (1), était considéré comme le *pretium virginitatis*. Aussi la veuve n'y avait-elle pas droit (2).

Il paraît avoir été usité chez presque tous les peuples germaniques et comprenait souvent des biens considérables. D'abord facultatif pour le mari, il devint bientôt légal et les lois barbares le réglementèrent comme elles avaient réglementé la dot. Il fut limité à la moitié des biens du mari par la loi saxonne (3), et la loi lombarde de Luitprand le réduisit au quart des biens laissés par lui à son décès (4). Chose remarquable, la loi Salique n'en parle même pas, et il en est seulement question dans la loi des Ripuaires.

« On a beaucoup discuté, dit M. Glasson (5), sur le point de savoir si le *morgengab* était un droit en propriété ou en usufruit. Nous pensons qu'à l'origine et pendant un certain temps le *morgengab* transférait purement et simplement la propriété à la femme; le transfert n'était même pas subordonné à la condition de sa survie. » Avec le savant professeur nous croyons également que le *morgengab* était acquis définitivement à la femme et les raisons qu'il en donne nous paraissent absolument concluantes.

Le *morgengab* en effet n'était pas une convention matrimoniale, c'était une donation. Le titre XXXVII, § 2, de la loi des Ripuaires dit qu'il se faisait par tradition et il n'ajoute pas que cette tradition produisait des effets propres, d'où il faut conclure qu'il transférait purement et simplement la propriété.

Enfin la notion d'usufruit était inconnue des Barbares et ils l'ont

(1) Grégoire de Tours, liv. IX, § 20. — *Loi des Ripuaires*, tit. XXXIX, § 2; — *Loi des Alamans*, tit. LVI, dans Pertz, *Leges*, III, 63).
(2) A défaut du *morgengab*, il existait à son profit un *abendgab*, don du soir (Voir Ginoulhiac, *op. cit.*, 202).
(3) Voir M. Laboulaye, *Hist. de la cond. des femmes*, 113.
(4) Liv. II, chap. vii ; liv. VI, chap. cii.
(5) Glasson, *op. cit.*, liv. III, chap. vi, 204. Voir Klimrath, *Œuvres*, I, 373 : — Laferrière, *Histoire du Droit français*, III, 160; — Humbert, extrait cité n° 18. — *Contra* : Ginoulhiac, *op. cit.*, 204, 206.

empruntée au droit romain ; il paraît donc certain que de droit commun le *morgengab* est resté une libéralité pure et simple. N'était-ce pas enfin, dit encore M. Glasson, le *pretium virginitatis ?*

Le *pretium nuptiale*, la dot du mari et le *morgengab*, profitant ou ayant fini par profiter tous à la femme, devaient se fondre entre eux. C'est ce qui arriva et ils furent remplacés par le douaire. Cette transformation s'accomplit sous l'influence de l'Église, toujours favorable à la femme, et qui ne pouvait accepter le *morgengab*, dont le caractère portait atteinte à la dignité du mariage. Pour faire aboutir sa réforme, l'Église se basa sur un texte du droit romain (*nullum conjugium sine dote*) et elle le transporta dans le droit français sous cette forme : « Pas de mariage sans douaire. » L'avenir de la femme fut enfin assuré quand l'Église eut fait décider au concile d'Arles, de 524, que les enfants nés d'un mariage sans douaire seraient réputés illégitimes et rendu par suite le douaire obligatoire.

Le douaire ainsi établi conserva un des anciens caractères distinctifs du *morgengab*, il ne fut acquis à la femme que par la cohabitation avec son mari. Cette obligation a été mentionnée par les anciens coutumiers sous une forme pittoresque : « au coucher femme gagne son douaire (1). »

Un premier mode de constitution du douaire consistait dans la cérémonie du serrement de mains, le futur époux serrait la main de sa femme et lui jetait un fétu de paille sur la poitrine. Un écrit fut ensuite dressé ,qui porta le nom de *cartula dotis*, et d'*instrumentum dotis*. D'après Beaumanoir (2), il était aussi constitué à la porte de l'église, en présence du prêtre, et par ces mots : « Du doëre qui est devisé entre mes parents et les tiens, je te doue. » D'abord mobilier, le douaire comprit bientôt des immeubles, mais il perdit son caractère de don en pleine propriété pour devenir un droit viager ; le mari en constituant le douaire stipula le retour des biens au profit de ses enfants, après la mort de sa femme, et

---

(1) Loysel, *Instit. Cout.*, livre I, titre III, règle 5 ; — Beaumanoir, XIII, 25 ; — Cout. de Normandie, art. 352 ; — Cout. de Bretagne, art. 450.
(2) Beaumanoir, *Coutume du Beauvoisis*, xiii, 12.

transition entre le douaire en pleine propriété et le douaire en usufruit ou douaire viager.

De conventionnel et exprès, le douaire devint tacite et légal, mais l'époque à laquelle eut lieu cette transformation a soulevé bien des controverses. D'après Beaumanoir, le douaire légal serait l'œuvre de Philippe-Auguste, au commencement du treizième siècle (1). D'après Pothier, il daterait également de cette époque (2). Sans entrer dans le détail de toutes les opinions émises à ce sujet, nous croyons que le douaire légal existait bien longtemps avant Philippe-Auguste ; on en trouve des traces dans les lois germaniques, notamment dans la loi des Francs ripuaires, dans la loi des Wisigoths, des Bavarois et des Burgondes (3), plus tard dans les Assises de Jérusalem (4); aussi nous pensons qu'il fut la constatation d'usages acquis, plutôt qu'une œuvre législative.

Quoi qu'il en soit, l'apparition du douaire légal ne fit pas disparaître le douaire conventionnel, mais l'importance de ce dernier diminua beaucoup. Ajoutons qu'à l'époque monarchique que nous allons étudier, certaines coutumes l'admettaient encore, à l'exclusion du douaire légal. Telles étaient les coutumes de la Rochelle (art. 45) et de la Marche (art. 288) (5).

2° A l'époque monarchique

A l'époque monarchique, le douaire a subi très peu de modifications; il est toujours légal ou conventionnel, mais sa nature est mieux établie. C'est ainsi qu'on admet parfaitement que la femme pouvait y renoncer expressément avant son mariage. La renonciation pos-

---

(1) Cout. du Beauvoisis, XIII, 12.

(2) Pothier, *du Douaire*, n° 2.

(3) La loi Ripuaire, à défaut de convention, fixait la dot à 50 *solidi*, tit. XXXVII, § 1. 2. Celle des Alamans à 40 *solidi*, titre LV. — Celle des Wisigoths en fixait le maximum au dixième des biens du mari, liv. III, tit I, chap. v. — La loi des Bavarois à un taux inconnu, tit VII, chap. xiv, § 2. N'y a-t-il pas dans ces dispositions un gain légal de survie pour la femme ?

(4) Les assises de Jérusalem, dès la fin du xıᵉ siècle, admettent l'existence d'un douaire coutumier. Haute Cour ; *livre de Geoffroy le Tort*, art. 16.

(5) Nos citations des coutumes sont faites d'après l'édition de Richebourg, 4 vol. in-fol. Paris, 1724.

térieure ne paraît pas avoir été possible, d'abord parce qu'elle aurait pu être le résultat d'une pression exercée par le mari sur sa femme, ensuite parce que cette renonciation eût pu être assimilée à une donation par la femme à son mari, donation qui était alors prohibée (1).

Le douaire n'était pas une donation, c'était un moyen pour le mari d'assurer à sa femme une existence honorable dans le cas où il serait venu à mourir avant elle. C'est en conformité de cette idée que le douaire n'était pas une donation, que le cumul du douaire conventionnel et du douaire légal fut interdit à la femme. Non seulement ce cumul lui était interdit, mais encore elle ne pouvait pas exercer son droit d'option entre les deux, à la dissolution du mariage ; la coutume de Paris entre autres le lui défendait formellement (art. 261), à moins qu'elle ne se fût réservé ce droit dans son contrat de mariage, et elle devait se contenter du douaire conventionnel (2). D'autres coutumes statuaient en sens inverse ; la femme avait l'option du douaire, si le contrat de mariage ne lui avait pas retiré ce droit. (Coutumes de Meaux, chap. ii, art. 8, et Troyes, art. 87.)

Le douaire légal appartenait aussi bien à la femme roturière qu'à la femme noble dans la grande majorité des coutumes (3). Par exception, la coutume de Saintonge ne l'accordait qu'à la femme noble ; celles du Maine et de l'Anjou l'enlevaient au contraire à cette dernière quand, au moment de son mariage, elle avait déjà hérité de ses père et mère ou autres lignagers (4).

Le douaire conventionnel, bien que peu usité, était toujours permis et pour toutes les quotités, dans la presque totalité des coutumes, et on s'en servait pour corriger les injustices de quelques-unes envers certaines personnes.

---

(1) Boissonnade, *Droits de l'époux survivant*, liv. II, chap. v, 208.
(2) V. Viollet, *Hist. du droit civil français*, 2ᵉ édit. 1893, p. 779.
(3) Cout. de Paris, art. 247.
(4) Cout. de Saintonge (art. 75) ; — Cout. du Maine (art. 314) et cout. d'Anjou (art. 300).

II. — Des biens soumis au douaire et de sa quotité

1° A l'époque féodale.

Chez les Germains, à l'origine, le douaire comprenait seulement des objets mobiliers et la raison en est bien simple, la propriété territoriale individuelle n'existait pas chez eux, mais quand ils se furent établis en Gaule, cette propriété individuelle prit naissance avec la conquête et se développa rapidement. Au xi° siècle il est certain que le douaire porta sur des immeubles et l'époque où il devint viager est probablement corrélative de celle où il put s'exercer sur des immeubles. A cette époque aussi, beaucoup de coutumes très rigoureuses prohibèrent la constitution du douaire en argent(1).

Il portait en général sur les biens du mari qui ne faisaient pas partie des acquêts (2). Les femmes nobles comme les roturières y avaient droit (excepté la reine de France et les veuves des hauts barons (3), parce que la Couronne pas plus que les grands fiefs ne pouvaient subir de démembrements), mais il y a lieu de faire quelques remarques au sujet du douaire des femmes nobles.

Le fief principal échappa longtemps au douaire, de même que les bénéfices et autres biens donnés à charge de services féodaux. Ces biens représentaient en effet, la plupart du temps, la récompense de services militaires, ils étaient une compensation de l'impôt du sang, et il paraissait impossible d'en faire bénéficier la femme noble, mais, en revanche, cette exclusion rigoureuse laissait parfois la femme aux prises avec la misère, quand les biens de la nature de ceux que nous venons d'indiquer composaient seuls la fortune de son mari ; aussi elle finit par disparaître. On admit d'abord que la femme pourrait exercer son douaire sur le fief, quand il n'y aurait pas d'au-

---

(1) Cfr. M. Ginoulhiac, *op. cit.*, 332, 335.
(2) Le douaire normand portait même sur les immeubles du père ou de l'aïeul du mari ayant consenti au mariage et décédé après le mari. Il en était de même en Touraine, en Anjou et dans le Maine. Viollet, *loc. citat.*
(3) *Etablissements* de Saint Louis, liv. I, chap. cxiii.

tre bien dans la succession de son mari, puis les femmes finirent par succéder aux fiefs en pleine propriété et la difficulté disparut complètement.

Le douaire *légal* ne portait que sur les immeubles, tandis que le douaire conventionnel pouvait être exercé sur les meubles comme sur les immeubles et la femme avait le droit d'option entre les deux.

Pour la détermination des biens propres du mari, sur lesquels devait porter le douaire, il y avait une assez grande divergence entre les coutumes : les unes adoptaient le moment du mariage (1), les autres la date de la mort du mari (2), ce qui ne présente guère d'intérêt, étant donné qu'en fait elles arrivaient au même résultat. Ainsi les premières comprenaient dans les biens propres du mari toutes les successions qui lui adviendraient en ligne ascendante directe et excluaient les successions collatérales, et les secondes étaient également d'accord avec les premières pour exclure des biens propres du mari les successions collatérales qui lui étaient échues depuis le mariage.

Certaines coutumes, comme celle de Champagne (3), permettaient à la femme de choisir les immeubles sur lesquels porterait son douaire ; d'autres le lui défendaient, comme la coutume de Bretagne. La majorité laissait à la veuve et aux héritiers du mari le soin de s'entendre à ce sujet.

Le régime matrimonial des pays coutumiers procurait un certain nombre d'avantages aux époux, notamment à la femme roturière qui aurait pu à la rigueur se passer de son douaire. Cependant, dans certaines coutumes, la quotité du douaire de la veuve noble était inférieure à celle de la femme roturière ; les *Établissements de Saint Louis*, par exemple, n'accordaient qu'un tiers à la première tandis qu'ils donnaient moitié à la seconde (4). En fait, il y avait une tendance à l'unité et la plupart des coutumes fixèrent le douaire à la moitié des biens du mari. Ainsi firent la coutume

(1) *Etablissements* de Saint Louis, liv. I, tit. XX, *Grand Coutumier* de France, liv. II, chap. xxxii ; — *Grand Coutumier* de Normandie, chap. xi.
(2) *Li droits et coust. de Champaigne*, art. 12 (édit. Richebourg).
(3) *Li droits et coust. de Champaigne*, chap. xxxi-xxxiii.
(4) *Etablissements*, liv. I, chap. xiii et chap. cxxxiii.

7

de Paris et la coutume d'Orléans, aussi bien pour les nobles que pour les roturières (1).

2° *A l'époque monarchique.*

Le douaire légal porte toujours sur les biens du mari mais les coutumes ne sont pas d'avantage d'accord sur le point de savoir à quelle époque il faut se placer pour déterminer les biens propres de ce dernier (2). Certaines, comme la coutume du Bourbonnais (art. 256), accordent en outre à la femme un douaire subsidiaire comprenant l'usufruit de la moitié de la portion des meubles et conquêts échus aux héritiers du mari, pour le cas où celui-ci n'avait aucun héritage propre. D'autres limitent ce douaire subsidiaire au quart en usufruit des conquêts, appartenant auxdits héritiers ; à défaut de conquêts, ce droit s'exerce pour la même quotité sur les meubles.

Le douaire conventionnel a toujours pour champ d'application les meubles comme les immeubles et peut consister en pleine propriété, aussi bien qu'en usufruit, à charge de supporter les droits dont les dits biens peuvent être grevés au profit des tiers.

Notons également une particularité. Lorsque le mari devenu veuf, mais ayant des enfants de son mariage, prenait une nouvelle épouse, celle-ci ne pouvait recevoir en douaire que la moitié des biens libres de son mari, ce que Loysel exprime de la façon suivante : « Douaire sur douaire n'a lieu (3). » Cette règle fut instituée pour sauvegarder le douaire des enfants dont nous n'avons pas à nous occuper ici.

La quotité du douaire n'a guère changé, la majorité des coutumes l'a fixée à la moitié des biens du mari, mais les pays soumis à la domination anglaise font toujours exception, la Normandie, l'Anjou, le Maine, le Poitou et la Bretagne ont conservé la quotité

---

(1) Cfr. Anc. cout. de Paris (137); Nouv. cout. de Paris (249). *Grand Coutumier*, liv. II, chap. xxxii ; — J. Desmares, *Décisions*, 217 et 283.

(2) Cfr. Cout. de Paris (art. 248), d'Orléans (art. 218), du Berry, tit. VIII, art. 2, et du Bourbonnais (art. 250).

(3) I, 3, 33. Règle (168).

du tiers. La Bourgogne accordait à la veuve roturière un douaire en usufruit, égal au tiers de la valeur de sa dot (1).

Le taux du douaire conventionnel est toujours libre, sauf dans certaines contrées, dans le Maine, l'Anjou, le Poitou et la Normandie où il ne peut excéder le douaire légal.

III. — De l'ouverture du douaire et de ses effets

1°. — A l'époque féodale.

Le droit au douaire dans la période féodale naissait, avons-nous dit, lors de la consommation du mariage, par le fait de la *compaignie carnele*, comme dit Beaumanoir (2), mais il ne se réalisait que par le prédécès du mari. « Tant que la femme vit, écrit « Loysel, son douaire est égaré (3), » et encore : « jamais mari ne « paya douaire (4). »

Dans la plupart des coutumes, la femme, après la mort de son mari, était saisie de plein droit de son douaire (5), elle n'avait pas à en demander la délivrance aux héritiers de son mari et elle pouvait s'emparer, dans les limites de son droit, de tous les fruits, tant naturels que civils, produits par les biens de son époux. Si celui-ci avait, au préjudice des droits de sa femme, aliéné les objets qui composaient le douaire, la femme, en vertu de son droit né au jour du mariage, pouvait poursuivre la résolution des aliénations faites par son mari et les tiers n'avaient d'autre ressource, pour se garantir contre une éviction probable, que d'appeler la femme au contrat d'aliénation, pour lui faire renoncer à son droit de suite sur le bien aliéné. Cette renonciation, faite sous la foi du serment, devait être renouvelée devant un juge ecclésiastique et on donnait à la femme renonçante des compensations sur d'autres immeubles.

---

(1) Normandie (art. 367), Anjou (art. 299), Maine (art. 313), Poitou (art. 256), Bretagne (art. 455), Bourgogne (art. 26).
(2) XIII, 25.
(3) I, 37. Règle (172).
(4) *Ibid.*, 3.
(5) *Ibid.*, 3, 10; — Desmares, *Décisions*, 216.

Le douaire conventionnel ne saisissait pas la veuve de plein droit ; au décès de son mari, elle devait demander l'envoi en possession aux héritiers.

2°. — A l'époque monarchique.

Le douaire est acquis au jour de la célébration du mariage et l'ancienne formule « au coucher femme gagne son douaire » a perdu sa rigueur (coutume de Paris, art. 248 coutume d'Orléans, art. 218). Toutefois, les coutumes de Normandie (art. 352) et de Bretagne (art. 450) ont conservé la vieille tradition et exigent la consommation du mariage. Comme sous la féodalité, le douaire acquis au jour de la célébration du mariage ne se réalise qu'au décès du mari ; ni l'absence, ni la mort civile n'y donnent ouverture et les coutumes n'ont même pas prévu ces cas (1). Quand ils se présentaient, il devait y avoir des règlements amiables entre la veuve et les héritiers de son mari.

La différence qui existait entre le douaire légal et le douaire conventionnel a presque complètement disparu, et ils confèrent tous les deux la saisine à la veuve survivante. La coutume de Paris (art. 236) à ce sujet, est ainsi conçue : « Douaire, soit coutumier ou préfix saisit... du jour du douaire. » Parmi les coutumes qui faisaient exception à cette règle, il y a lieu de citer en première ligne la Normandie, qui refusait la saisine au douaire légal comme au douaire coutumier, la coutume de Blois (art. 190) qui l'accordait à ce dernier et la refusait au premier. Enfin certaines autres, comme celles du Berry et de Montargis, décidaient que la femme qui ne s'était point mise immédiatement en possession de son douaire ne pouvait réclamer aux héritiers de son mari que cinq années de jouissance au plus, quand même elle avait laissé écouler un délai

(1) La coutume de Nevers, cependant, avait prévu cette seconde cause et elle décidait formellement que la mort civile ne donnait pas ouverture à l'exercice du douaire. Voir M. Viollet, *op. cit.*, 790. D'après cet auteur, la femme séparée de biens aurait pu, au xiiᵉ siècle, obtenir la délivrance du douaire du vivant de son mari, en raison de la mauvaise administration de ce dernier. Cette opinion s'appuie sur les Assises de Jérusalem, Assises de la cour des bourgeois, chap. 171, 172 (dans Beugnot, assises, II, 116).

plus long entre le décès de son mari et la prise de possession.

Avec la saisine ou sans la saisine, la femme pouvait toujours exercer la revendication, dont nous avons parlé, contre les tiers acquéreurs, mais ce droit exorbitant avait été limité dans plusieurs cas. D'abord, si le mari avait laissé des biens en quantité et valeur suffisantes pour lui fournir son douaire, elle était tenue de s'en contenter; si elle avait accepté la communauté, elle perdait également son recours; enfin, si elle avait consenti des aliénations, elle était tenue de les respecter, même quand elle n'avait pas renoncé à son droit, sous la foi du serment, et reçu une compensation sur trois autres immeubles; seulement elle avait droit à une indemnité de la part des héritiers de son mari.

L'ouverture du douaire donnait naissance à l'action en partage au profit de la douairière, pour lui permettre d'exercer librement son droit d'usufruit. On faisait masse de tous les biens soumis au douaire, cette masse était partagée en deux lots, dont l'un était attribué à la femme et l'autre aux héritiers du mari. Dans certaines coutumes, comme celles de l'Artois et de la Picardie, c'était la femme qui composait les lots et les héritiers qui choisissaient. Cette manière de faire, qui remontait à l'époque féodale, et n'avait pas été conservée par les autres coutumes, a été ainsi exprimée dans un vieil adage : « la douairière lotit et l'héritier choisit. »

La femme pouvait, tout au moins dans la doctrine et la jurisprudence des deux derniers siècles, renoncer à son douaire par contrat de mariage et il paraît que cet usage était assez fréquent dans les mariages entre roturiers; après le mariage il semble que cette faculté lui ait été refusée.

Enfin, la femme pouvait perdre son douaire pour divers motifs que Pothier (1) nous fait connaître : d'abord pour cause d'adultère, judiciairement constaté ; pour abandon de son mari, sans raison légitime ; pour cause de débauche pendant son veuvage, à la suite d'une décision des tribunaux; enfin, en cas de second mariage, quand il en avait été convenu par contrat de mariage.

(1) Pothier, Coutumes des duchés, bailliages et prévôté d'Orléans et ressort d'iceux. Introduction au titre XII, *des Douaires*, sect. III.
Nota. — Ce qui précède dans ce paragraphe est également tiré du même ouvrage.

La coutume de Bretagne (art. 354) décidait en outre que la veuve qui se remariait avec son domestique perdait son douaire, et la coutume d'Anjou l'enlevait aussi à la femme qui mésusait des biens y compris.

IV. — De l'usufruit de la douairière

A toutes les époques (1)

La douairière était tenue, comme tout usufruitier, de jouir des biens compris dans son douaire, en bon père de famille; elle devait, en conséquence, veiller à la conservation des héritages, sous peine de dommages et intérêts envers le nu-propriétaire, et faire faire toutes les réparations d'entretien; toutefois, celles qui auraient dû être faites avant l'ouverture du douaire n'étaient pas à sa charge et elle pouvait faire condamner les héritiers de son mari à les faire exécuter.

La douairière devait acquitter toutes les charges et contributions foncières, ordinaires ou extraordinaires, auxquelles les biens dont elle jouissait étaient tenus. En sa qualité d'usufruitière à titre universel, elle devait acquitter aussi, pour sa part et portion, les arrérages des rentes grevant les biens soumis à son usufruit, exception faite de celles créées depuis le mariage ou le contrat de mariage, car, dit Pothier, le douaire ne pouvait pas être diminué par le fait du mari.

Elle n'était pas obligée de supporter les dettes mobilières contractées par son mari, par la raison, dit encore Pothier, que son usufruit ne s'étendait qu'aux immeubles et que les dettes mobilières étaient charge des biens mobiliers.

Enfin, la douairière était obligée de fournir caution. Certaines coutumes, comme celles d'Auxerre et de Châteauneuf, exigeaient d'elle une caution fidéjussoire, mais la plupart des autres, comme celles de Paris et d'Orléans, se contentaient d'une caution juratoire.

Son droit prenait fin par la mort naturelle, par la mort civile qui

(1) Cfr. Pothier, *loc. cit.*

résultait, soit de sa condamnation à une peine capitale, soit de son entrée en religion ; il finissait encore par toutes les manières dont l'usufruit finit, notamment par la consolidation sur la tête de la douairière de la quotité de nue propriétaire et d'usufruitière, par la prescription, si elle était restée trente ans sans jouir de son douaire, enfin par la remise qu'elle faisait de ce droit.

SECTION DEUXIÈME

DU DROIT DES ÉPOUX SUR LES ACQUÊTS

Sous la période féodale, nous trouvons un droit des époux complètement organisé, le droit aux acquêts. Et à ce sujet nous sommes appelés à nous prononcer sur une question délicate qui a fait l'objet de bien des controverses : celle de l'origine de la communauté. Les uns, avec la Thaumassière (1) et Grosley (2) parmi les vieux auteurs, et M. de Courson (3), parmi les nouveaux, ont soutenu qu'il fallait aller chercher chez les Gaulois l'origine de notre système matrimonial et ils ont basé leur opinion sur un passage des Commentaires de César ; les autres, avec le président Bouhier et M. Giraud (4), ont voulu rattacher la communauté au droit romain, à l'aide d'un texte de Modestin et d'un autre du jurisconsulte Scévola. Dans une troisième opinion, la communauté aurait été introduite dans notre droit français à une date précise, par une ordonnance de Philippe-Auguste, la fameuse ordonnance de Pont-de-l'Arche de 1219. (Laurière, *Commentaire de la coutume de Paris*, sur l'art. 220). Une quatrième opinion a été soutenue par MM. Troplong et Laferrière (5). D'après eux, l'origine de la communauté se trouve dans les institutions féodales; on la trouve dans

(1) *Anciennes et nouvelles coutumes du Berry* (Bourges, 1679 ; in-fol.), 5, 552 et alib.
(2) Grosley, *Recherches pour servir à l'histoire du droit français* (Paris, 1752, in-8), 6 et suiv.
(3) *Hist. des orig. de la Gaule armoric.*, chap. XII.
(4) Bouhier, *Commentaire de la coutume de Bourgogne*, I, 175 ; — Giraud, *Essai sur l'histoire du droit français au moyen-âge*, 1, chap. II, 16, 35 et 56.
(5) Troplong, *Préface du contrat de mariage*, 116 à 152.

les *Établissements de saint Louis*, dans la coutume de Beaumanoir, etc... Elle est née chez les serfs, dans leurs sociétés tai-
sibles, sociétés qui se formaient par le seul fait de la cohabitation
d'an et jour, « par solement manoir ensanlle à un painet à un pot,
un an et un jour, » dit Beaumanoir (1). De là, elle est passée chez
les époux, chez les serfs d'abord, chez les roturiers ensuite, enfin
dans la noblesse, avec une particularité remarquable chez les roturiers, la continuation de la communauté entre le survivant des
époux et les enfants communs, tant que ceux-ci étaient mineurs et
demeuraient dans la maison (2).

Nous n'examinerons pas en détail tous ces systèmes, cela nous
entraînerait en dehors de notre sujet, nous nous contenterons d'indiquer un peu longuement, après avoir rejeté tous ceux que nous
venons de mentionner, l'opinion que nous avons adoptée.

Cette opinion, généralement admise aujourd'hui, fait remonter
l'origine de la communauté aux traditions germaniques, en tenant
compte, dans une large part, des influences postérieures, notamment des influences féodales.

Les Germains considéraient la femme comme l'associée du mari
et cette association ne comprenait pas seulement les travaux,
mais aussi selon l'expression de Tacite, la vie et les sentiments,
et elle aboutit, elle devait aboutir à une association de biens. Aussi
la loi Ripuaire et la loi Saxonne (3) reconnaissent-elles le droit de
la femme à la pleine propriété d'une portion des biens acquis
dans le mariage. Plus tard, un Capitulaire de Louis le Débonnaire
semble fixer au tiers le droit de la femme dans le partage des
bénéfices et à la moitié, dans le partage des autres acquêts : « *Volumus ut uxores defunctorum, post obitum maritorum, tertiam
partem collaborationis, quam simul in beneficio collaboraverunt,
accipiant et de his rebus, quas is qui illud beneficium habuit
aliunde adduxit vel comparavit, has volumus tom ad orphanos
defunctorum quam ad uxores eorum pervenirent* (4). » Au formulaire de Marculf, il est question d'une donation qu'une femme

(1) *De Compaignie*, chap. xxi, n° 5.
(2) Laferrière, *Histoire du droit français*, VI, 362 à 371.
(3) Loi Ripuaire, tit. XXXVII, § 2 ; — Loi saxonne, tit. IX.
(4) Collection d'Anségise, liv. IV, chap. ix.

mariée fait de sa part de biens communs à son mari, en cas de survie de celui-ci (1). Cette disposition prouve le droit de la femme à cette part dont elle dispose au profit de son mari, et la communauté y paraît bien établie. Plus tard, les Assises de Jérusalem déclarent que la femme mariée, au moins la femme roturière, a droit à la moitié des biens acquis en commun (2). Dans les *Etablissements de saint Louis*, qui datent de la fin du XIIIᵉ siècle, il n'est pas douteux que le régime de la communauté se soit introduit entre gens de noblesse (3). A partir de cette époque, les textes abondent et se multiplient. Citons la Coutume de Beauvoisis, de Beaumanoir (1283)(4), les *Olim*, le grand Coutumier de France (5), les coutumes notoires du Châtelet (6) et les Décisions de Jean Desmares.

Le droit aux acquêts s'est donc, d'après ce que nous venons de dire, rapidement transformé en communauté et à l'époque féodale l'évolution était presque terminée, mais il est rare que la communauté apparaisse sous sa forme la plus simple et des conventions variées en modifient les effets. Ainsi, les femmes nobles n'ont pas les mêmes droits que les femmes roturières ; les premières peuvent renoncer plus facilement à la communauté que les les secondes, car c'est bien une véritable renonciation à communauté qu'il faut voir dans cette cérémonie symbolique qui consistait, pour la femme noble devenue veuve, à détacher sa ceinture sur la tombe de son mari et à abandonner les clefs et la bourse, signes de la communauté (7). La renonciation ne fut permise que fort tard aux veuves roturières et à l'époque féodale, un grand nombre de coutumes leur interdisaient ce droit, notamment l'ancienne coutume de Paris (art. 115).

Certaines coutumes attribuaient au survivant l'usufruit de tous les biens communs, quand il y avait des enfants et le partage

---

(1) Formulaire de Marculf, liv. II, n° 17.
(2) *Ass. de Jérusalem*, cour des Bourgeois, chap. CLXII.
(3) *Etablissements de saint Louis*, chap. CXXXIV.
(4) Chap. XXI.
(5) Liv. II, chap. XXXX.
(6) Cout. notoires du Châtelet (art. 163).
(7) *Grand-Coutumier de France*. p. 376. Très anciennes coutumes de Bretagne (art. 36).

était retardé jusqu'au décès du survivant (1). La Normandie au contraire refusa toujours le régime de la communauté et n'admit pour la veuve ni part, ni douaire, ni conquêts. Ce ne fut qu'à l'époque de la rédaction définitive des coutumes qu'elle accorda à celle-ci, en outre du douaire légal sur les propres (art. 367), l'usufruit du tiers des acquêts du mari, quelquefois de la moitié (art. 392).

Un droit curieux était celui de la coutume de Lille, appelé droit de vivelote ou de vivenote et d'après lequel la femme roturière ou coutumière commune en biens avait, en cas de survie, la jouissance entière des biens de son mari, mais seulement quand il y avait des enfants issus de leur mariage. Il était perdu par la femme en cas de convol et n'existait pas au profit du mari survivant (2).

Mentionnons enfin que la femme avait, après son veuvage, le droit d'habitation dans une des maisons du mari (3). Ce droit était un droit réel affectant les immeubles de celui-ci et il ne cessait qu'à la mort de la femme. La dissolution de la communauté arrivée, la veuve pouvait encore exercer la reprise de tous les objets à son usage personnel.

SECTION TROISIÈME

DU PRÉCIPUT LÉGAL DES NOBLES

Les articles 116 et 131 de l'ancienne coutume de Paris et l'article 238 de la nouvelle nous font connaître l'existence d'un nouveau gain de survie. Cet article 238 est ainsi conçu : « *Quand l'un des deux conjoints nobles demeurant tant en la ville de Paris que dehors et vivant noblement va de vie à trépas, il est en la faculté du survivant de prendre et accepter les meubles étant hors la ville et faubourgs de Paris, sans fraude ; auquel cas il est tenu de payer les dettes mobilières et les obsèques et funérailles d'icelui trépassé, pourvu qu'il n'y ait d'enfants et s'il y a enfants, partissent pour moitié.* »

(1) *Etablissements*, l. I, chap. cxxxvi.
(2) Cfr. Ginoulhiac, pp. 303-305 ; — Merlin, *Rép.*, voir *Vivenote*.
(3) *Etablissements*, 1. 16 ; — Beaumanoir, XIII, 21.

Ainsi donc, quand deux époux nobles voyaient leur union brisée par la mort de l'un d'eux, le survivant avait un certain avantage sur les biens meubles communs, mais il fallait pour cela
qu'ils fussent tous les deux nobles. Cette condition se trouvait accomplie quand le mari seul l'était, parce qu'il conférait la noblesse à sa femme par le mariage; mais, en sens inverse, elle ne
l'était pas, quand la femme noble se mariait avec un roturier. Il
fallait de plus qu'ils vécussent noblement, c'est-à-dire qu'ils ne
fussent adonnés à aucun commerce et à aucune profession faisant
déroger.

Bien que le texte ne le dise pas, il était nécessaire aussi que les
deux époux fussent communs en biens, et la question ne saurait
faire de doute, attendu que l'article est placé sous la rubrique de la
communauté; d'autre part, il est certain que la renonciation par
la femme à la communauté lui faisait perdre ce droit de préciput;
Pothier (1) pensait même que les contrats de mariage qui limi-
taient les droits de la femme dans la communauté lui enlevaient
par le fait même le préciput légal.

Enfin, l'absence d'enfant était également nécessaire pour conférer ce droit à l'époux survivant, sinon le partage des biens communs se faisait par moitié.

Le préciput légal ne s'exerçait que sur les meubles qui, au décès,
se trouvaient hors de Paris et de ses faubourgs, et, nous dit l'article 238, ces meubles devaient avoir été transportés en dehors de
la ville, sans fraude, sans quoi le droit du survivant aurait été an-
nulé. L'interprétation rigoureuse du texte nous porte aussi à
croire que les créances, meubles sans assiette déterminée, et l'argent n'étaient pas compris dans les biens soumis au préciput
légal.

Enfin, l'époux qui bénéficiait de ce droit devait payer les dettes
mobilières, les obsèques et les funérailles du défunt. A ce sujet,
une vive controverse s'est élevée entre les vieux jurisconsultes.
Lebrun prétendait que dans ces dettes mobilières étaient comprises les dettes de l'époux lui-même. Lemaître était d'avis contraire. Pothier semble avoir admis cette dernière opinion, qui, à
notre avis, est plus juste et plus rationnelle que la première. En

(1) *Traité du préciput légal*, n° 9 (VI, édit. Bugnet).

effet, si les dettes de la communauté et de l'époux prédécédé eussent été à la charge du survivant, celui-ci aurait presque toujours renoncé, comme il en avait le droit, au préciput légal qui ne lui aurait conféré aucun avantage, étant donné son peu d'importance, et cette institution serait rapidement tombée en désuétude (1).

SECTION QUATRIÈME

DE LA DÉVOLUTION

Après le préciput légal, appliqué non seulement dans la coutume de Paris, mais encore dans un certain nombre de coutumes, avec des variétés nombreuses, nous dirons quelques mots d'un autre gain de survie légal, de la dévolution (2).

La dévolution consistait dans l'affectation des biens propres du survivant des époux, au profit des enfants issus de leur mariage, à l'exclusion de ceux pouvant lui naître d'une autre union.

Cette coutume étrange avait pour effet d'immobiliser les biens entre les mains de l'époux survivant, qui se trouvait ainsi réduit à l'usufruit de ses propres, et elle ne trouverait pas sa place dans notre étude, si, par une juste compensation du droit qu'on lui enlevait, l'époux survivant n'avait eu, dans la plupart des coutumes, un droit d'usufruit universel sur les immeubles de l'époux prédécédé et la pleine propriété des biens et immeubles qui composaient la communauté.

Ce droit de dévolution est célèbre dans l'histoire, en raison de l'application qui en fut faite en matière politique, lors de la succession au trône d'Espagne, en 1665, et qui mit toute l'Europe en feu.

Originaire d'Allemagne, il s'était étendu au Limbourg, à l'Alsace, à la Lorraine, au Brabant, au Hainaut, à la Flandre et à l'Artois, qui du reste ne l'appliquaient pas tous de la même façon; c'est ainsi que les uns faisaient rentrer dans les biens soumis à la dévolution ceux acquis pendant le mariage seulement, tandis que les autres, et c'étaient les plus nombreux, y faisaient rentrer

(1) Cfr. Boissonnade, *op. cit.*, liv. II, chap. v, sect. II, § 3.
(2) Voir Merlin, *Rép., Dévolution*, n° 13.

en outre les biens advenus à l'époux survivant avant son mariage et même ceux acquis par lui pendant son veuvage.

Les conventions particulières des époux pouvaient au surplus modifier ce droit.

Bien qu'ils ne fussent pas pays de dévolution, nous devons signaler les pays d'Orbey et de Ferrette (1), dont les coutumiers présentaient des dispositions remarquables en cette matière. La coutume d'Orbey donnait à l'époux survivant qui avait des enfants issus du mariage la jouissance viagère de tous les biens du prédécédé, à la charge d'entretenir les enfants. Cet usufruit était perdu par un convol. Si les enfants venaient à mourir eux-mêmes avant le survivant des époux, il était fait deux parts des biens de l'époux prédécédé : les propres immobiliers, seuls grevés de l'usufruit du survivant, allaient aux héritiers légitimes, le surplus appartenait à ce dernier. En cas d'inexistence d'enfants, les biens de chacun retournaient à ses plus proches héritiers.

La coutume de Ferrette établissait la communauté universelle entre époux pour les meubles et les immeubles présents et futurs. En cas d'existence d'enfants du mariage, ceux-ci prenaient les deux tiers des biens compris dans la masse. Quand il n'y en avait pas, les biens immobiliers apportés par l'époux prédécédé retournaient à ses héritiers légitimes, il était ensuite fait masse du surplus, comprenant les apports mobiliers de chaque époux, les conquêts faits en commun, les biens advenus aux époux par succession, donation, legs ou autrement, et cette masse était partagée de la manière suivante : deux tiers étaient pris par le mari, ou ses héritiers, et l'autre tiers par la femme ou ses héritiers.

Comme dans les autres coutumes, la convention des époux pouvait modifier la loi.

SECTION CINQUIÈME

DE L'ENTRAVESTISSEMENT

L'entravestissement était une vieille coutume appliquée dans les villes de la Flandre française, à Lille, Douai, Valenciennes, Cam-

(1) Coutumes de la Haute-Alsace, dites de Ferrette, publiées par M. Bonvalot, conseiller à la cour de Colmar (Paris, 1870, in-8).

brai et Arras. S'entravestir, dit Merlin (1), c'est se revêtir l'un l'autre de ses biens. C'était donc une coutume qui donnait au survivant des époux, mariés en communauté, la pleine propriété de la part du conjoint dans ladite communauté. Selon que ce droit était l'effet de la loi ou de la convention des parties, il prenait le nom d'entravestissement de sang ou d'entravestissement par lettres.

L'entravestissement de sang était comme une récompense donnée par les coutumes précitées aux époux qui avaient des enfants de leur mariage ; il excluait la légitime de ces derniers et était subordonné à la condition que le survivant ne se remarierait pas. Quand celui-ci venait à se remarier, l'entravestissement était réduit à la propriété des meubles.

Il n'était accordé qu'en premières noces et en cas d'existence d'enfants.

L'entravestissement par lettres, ou conventionnel, permettait aux époux de se faire des avantages, tant en pleine propriété qu'en usufruit, aussi bien en présence d'enfants qu'en cas de mariage stérile. C'était une véritable donation assujettie seulement à la mutualité et dont le bénéfice n'était pas perdu par le survivant convolant à un nouveau mariage, sauf convention contraire des époux.

Il devait être tenu compte seulement dans ces dons mutuels du contrat de mariage des époux et quand cet acte attribuait à l'un d'eux une part plus grande que celle de l'autre, l'entravestissement par lettres devait faire entrer en ligne de compte cette différence et ne porter sur les parts respectives que jusqu'à concurrence de la plus faible, sans quoi l'égalité requise dans la donation eût été violée.

SECTION SIXIÈME

DES CONVENTIONS MATRIMONIALES

Le régime de communauté des pays coutumiers permettait encore aux époux d'avantager plus ou moins le survivant et de lui

(1) Merlin, *Rép.*; v° *Entravestissement.*

donner en dehors du préciput légal), dont nous avons parlé et qui ne s'appliquait qu'aux nobles, soit un préciput conventionnel, soit une part supérieure à la moitié, soit toute la communauté. On sait que notre Code civil actuel, dans les articles 1515 et suivants, permet aux époux de stipuler, en faveur du survivant d'eux, les mêmes conventions.

Le préciput conventionnel se distinguait du préciput légal des nobles, en ce sens qu'il était, ou plutôt qu'il pouvait être beaucoup plus étendu, s'appliquer aux roturiers comme aux nobles, aux biens immeubles comme aux biens meubles, à la femme renonçante comme à la femme acceptant la communauté (1).

L'attribution d'une part inférieure ou supérieure à la moitié de la communauté, ou encore l'attribution de toute la communauté permettaient de remédier à l'insuffisance de la moitié des biens communs à faire vivre convenablement le survivant des époux (2).

Comme dans notre Code civil, ces modifications au régime de la communauté ne pouvaient être faites que par contrat de mariage.

SECTION SEPTIÈME

DE L'INSTITUTION CONTRACTUELLE (3)

L'institution contractuelle prohibée par le droit romain a trouvé sa place dans nos pays coutumiers, mais elle n'y fut guère pratiquée. Toujours conventionnelle et jamais légale, elle faisait acquérir à l'époux institué et survivant tous les biens du prédécédé, sauf les restrictions causées par la légitime des enfants. L'institution contractuelle semble avoir été commune à toutes les classes, aussi bien aux nobles qu'aux roturiers et aux bourgeois, et sa légitimité n'a jamais été contestée, mais elle n'a pas passé dans notre Code civil sous sa véritable forme et elle est connue aujourd'hui sous le nom de donation de biens à venir entre époux.

---

(1) V. Pothier, *Communauté*, nos 440 et suiv.
(2) V. Pothier, *Traité des donations*, no 224.
(3) V. Pothier, *Communauté*, no 2.

SECTION HUITIÈME

DES DISPOSITIONS GRATUITES ENTRE ÉPOUX

1° A l'époque féodale.

En cette matière, plus peut-être qu'en toute autre, l'ancien droit est plein de contradictions qui nous obligent à ne rien affirmer et surtout à ne pas conclure de l'existence d'un droit dans un pays à son existence dans un autre. Quoi qu'il en soit, nous croyons que les époux, sous certaines restrictions, pouvaient se faire des donations entre vifs pendant le mariage. D'après les *Etablissements de saint Louis* (1), la femme ne pouvait pas donner à son mari ; les *Assises* (2), au contraire, défendaient à ce dernier de faire donation à sa femme, mais cette rigueur s'adoucit à la longue et le don mutuel d'usufruit fut bientôt permis par les coutumiers. Ce gain de survie est admis formellement par Jean Desmares, Bouteiller et le Grand Coutumier de Charles VI (3). Il est contesté en revanche par Pierre de Fontaine et Beaumanoir (4), qui permettent à chacun des époux le testament interdit par les premiers.

Le don mutuel qui, primitivement, n'était pas subordonné à l'absence d'enfants fut soumis à cette condition en 1510. Son caractère absolu à l'époque féodale, c'est l'égalité entre les époux et, d'après Dumoulin (5), il ne pouvait porter que sur la part de chaque conjoint dans les biens communs. Il fut proscrit en Normandie.

La donation à cause de mort semble avoir été permise dans toutes les coutumes qui permettaient le testament, notamment dans celle du Poitou (6) ; elle fut plus tard prohibée par l'ordonnance de 1731 (art. 3).

---

(1) **Liv. I, chap. cxiv.**
(2) *Cour des bourgeois*, chap. clxxiii.
(3) *Décisions* 233. — *Somme rurale*, I, 78. 99 ; — *Grand Coutumier*, liv. II, chap. xxxii.
(4) *Conseils à un ami*, chap. xxxiii, n° 14 ; — Cout. de Beauv., chap. xii, n° 4.
(5) Sur l'art. 155 de l'anc. coutume de Paris. — Cfr. Laferrière, VI, 381.
(6) V. Laferrière, VI, 382.

2° *A l'époque monarchique.*

Le don mutuel finit par être admis par toutes les coutumes, mais avec des variétés nombreuses, et Pothier en compte jusqu'à huit; elles sont réductibles à quatre, selon la classification de M. Boissonnade (1).

La première consiste dans ce fait, que le plus grand nombre des coutumes admettaient le don mutuel sous certaines conditions, tandis que d'autres l'admettaient presque sans conditions. Parmi les premières, celles de Paris (art. 280) et d'Orléans (art. 281) sont à citer, et parmi les autres, celles de Reims (art. 234) et d'Auvergne (chap. xiv, art. 9 et 39). Celle de Poitou (art. 213) n'autorisait qu'un don révocable du vivant du donateur.

La seconde variété venait de ce que certaines coutumes, comme Paris et Orléans, ne permettaient le don mutuel entre époux qu'en cas d'absence d'enfants, tandis que d'autres exigeaient en outre qu'il n'y eût pas entre eux une différence d'âge supérieure à 15 ans (Auxerre, art. 232), ou même dix ans (Nivernais, ch. xxiii, art. 27). D'autres, comme celle de Bretagne (art. 213), exigeaient que le survivant ne se remariât pas.

La troisième variété était la suivante : Paris, Orléans et le plus grand nombre des coutumes restreignaient le don mutuel aux biens de communauté; plusieurs permettaient de donner les meubles, propres ou conquêts; d'autres, les propres immeubles, d'autres les conquêts meubles ou immeubles, enfin quelques-unes les meubles seulement, et les dernières distinguaient, s'il y avait ou non des enfants.

Le droit commun réduisait le droit mutuel à un droit d'usufruit sur les biens de communauté, mais il permettait la donation en pleine propriété des propres mobiliers et immobiliers.

Enfin la quatrième et dernière variété s'appliquait à la prise de possession du don mutuel. A Paris et à Orléans, il fallait une délivrance de ce don par les héritiers; dans le Bourbonnais (art. 227), le donataire avait la saisine au décès du donateur; dans d'autres pays, il l'avait du jour où il avait présenté caution; enfin, Paris et

(1) V° Boissonnade, liv. II, chap. v, sect. vii.

Orléans exigeaient toujours une caution ; d'autres se contentaient d'un serment.

§ Ier. — Du don mutuel proprement dit

Le don mutuel, étant le seul gain de survie autorisé par la plupart des coutumes, va nous occuper quelques instants et nous l'étudierons dans celle de Paris, toujours la plus usitée.

Dans cette coutume, le don mutuel figure sous l'article 280, ainsi conçu : « *Homme et femme conjoints par mariage, étant en santé, peuvent faire donation mutuelle l'un à l'autre également, de tous leurs meubles et conquêts faits durant et constant leur mariage et qui sont trouvés à eux appartenir et être communs entre eux à l'heure du trépas du premier mourant desdits conjoints pour en jouir par le survivant, sa vie durant, en baillant caution suffisante de restituer les biens après son trépas ; pourvu qu'il n'y ait enfants, soit des deux conjoints ou de l'un d'eux, lors du décès du premier mourant.* »

Deux choses frappent dans cet article : la condition d'égalité et de mutualité de don entre époux, et celle d'absence d'enfants. Une autre condition, non moins essentielle, a été visée dans l'art. 284 : c'est l'irrévocabilité attachée à ce don mutuel.

La première condition visée dans l'article 280 est la mutualité ; Les deux époux devaient avoir les mêmes espérances et un grand nombre de coutumes, poussant jusqu'au bout cette idée, exigeaient en outre que l'inégalité d'âge entre les époux ne détruisît pas dans une certaine mesure l'égalité d'espérance qui était à la base du don mutuel. L'inégalité d'âge permise variait de dix à quinze ans. La coutume de Paris était muette sur ce point, mais elle exigeait que les époux fussent tous deux en bonne santé et si le don mutuel avait été fait pendant la maladie de l'un d'eux, il était nul. Toutefois, la question de savoir si le don mutuel fait par un époux malade, qui revenait plus tard à la santé, était valable avait soulevé de vives controverses et quelques jurisconsultes, comme Ricard (1), croyaient que le silence de l'époux revenu à la santé valait confirmation du don. Pothier était d'avis contraire et

(1) *Don mutuel*, n° 127.

nous croyons avec lui que la validation d'une disposition, nulle à l'origine, ne pouvait pas dépendre du silence du donateur (1).

La seconde condition est l'égalité absolue qui devait régner entre les époux au point de vue des choses données. Si l'une des parties donnait à l'autre quelque chose de plus, le don mutuel était nul. Cette rigueur de la coutume empêchait parfois des donations ; ainsi, par exemple, quand, par contrat de mariage, un mari avait donné à sa femme une partie de ses biens à venir, il ne pouvait plus lui donner par don mutuel ce qui restait disponible et recevoir la part entière des biens de sa femme, parce que ce dernier don lui aurait procuré plus qu'il ne donnait.

Lorsque le contrat de mariage des époux contenait un forfait de communauté et réduisait, par exemple, l'un d'eux à une somme fixe, pour tout droit de communauté, Ricard (n° 164) prétendait que le don mutuel était impossible, parce qu'il n'y avait pas égalité, quand même il aurait été stipulé dans la donation que le don mutuel ne pourrait excéder le forfait de communauté. Cette solution ne nous paraît pas justifiée et nous pensons qu'on pouvait donner jusqu'à concurrence de la somme la plus faible, le forfait de communauté représentant toujours une part dans les biens communs.

Enfin, nous avons ajouté qu'un troisième caractère de don mutuel consistait dans l'irrévocabilité qui y était attachée. Cette irrévocabilité, comme la mutualité et l'égalité, était de l'essence même du contrat, mais il faut l'entendre en ce sens que l'un des époux ne pouvait seul anéantir la donation. Ce droit appartenait au contraire aux deux conjoints qui pouvaient remettre les choses dans l'état où elles se trouvaient avant le don mutuel, sauf quand celui-ci se trouvait contenu dans le contrat de mariage.

Une des conséquences de cette irrévocabilité, c'était que les époux ne pouvaient plus disposer entre vifs, si ce n'est en fraude, des biens qu'ils avaient soumis au don mutuel, mais ils pouvaient éviter cette contrainte fort gênante en se réservant la faculté de disposer, par testament ou autrement, de certains de leurs biens. Par contre, ceux-ci exceptés du don mutuel ne pou-

(1) Pothier, *Traité des donat. entre mari et femme*, n° 151.

Nota. — Toutes nos citations de Pothier et de Ricard sur le don mutuel se rapportent à ces deux ouvrages, nous ne les mentionnerons plus.

vaient plus y rentrer, quand bien même ils existaient en nature au jour du décès.

La condition de l'absence d'enfants nés du mariage, ou de l'un des époux, lors du décès du prémourant, pour la validité du don mutuel, nous paraît être aussi une conséquence de l'irrévocabilité de cette disposition. En effet, la présence d'enfants réclamant leur légitime eût nui à l'irrévocabilité du don mutuel, ou détruit l'égalité qui devait exister entre les époux.

D'autres conditions étaient également nécessaires : Pour se faire un don mutuel, les époux devaient être unis par un mariage légitime et être communs en biens. Sur la première de ces conditions, les anciens auteurs étaient déjà d'accord pour accorder au mariage putatif les mêmes effets qu'au mariage régulier. En ce qui concerne la seconde, il y avait aussi unanimité pour reconnaître que la dissolution de la communauté, arrivant par une séparation judiciaire de biens, mettait obstacle au don mutuel, mais il y avait controverse sur le point de savoir si la femme, renonçant à la communauté, avait droit à l'usufruit des biens qui cessaient d'être communs. Toutefois, la majorité des auteurs admettait l'affirmative.

Le don mutuel qui ne pouvait avoir pour objet que l'usufruit de biens communs devait aussi être fait dans un seul acte authentique, devant notaire. On sait que le Code civil exige des actes séparés. D'après Bicard, cependant (nos 135-136), les époux auraient pu également recourir à ce dernier mode de faire, sous la condition que les actes se seraient référés l'un à l'autre. Pothier (n° 78) croyait en outre que, dans ce cas, l'autorisation du mari était nécessaire pour valider le don mutuel fait par la femme, mais son opinion est restée isolée.

Dans les quatre mois de sa date, l'acte de donation devait être insinué au greffe du domicile des époux ; on voulait ainsi, dit Ricard (n° 71), éviter une fraude du mari qui aurait pu faire recevoir l'acte par un notaire inconnu de sa femme, afin qu'en cas de survie celle-ci n'en pût retrouver la trace. Après l'insinuation, le don mutuel était irrévocable ; on en a conclu qu'avant l'accomplissement de cette formalité il pouvait être révoqué, même au gré d'un seul conjoint, puisque le défaut d'insinuation entraînait la caducité du don. Ricard et Pothier étaient cependant d'un avis contraire.

Le délai de quatre mois accordé pour faire insinuer le don mutuel n'était pas requis à peine de nullité. Tant que la femme vivait, le mari pouvait faire accomplir cette formalité ; si même celle-ci venait à mourir dans les quatre mois qui suivaient le don, il pouvait se servir du surplus du délai et les héritiers de la femme n'étaient pas fondés à lui contester son bénéfice de survie.

Nous ajouterons que le droit du donataire s'ouvrait au moment du décès du prémourant, mais le donataire n'avait pas la saisine et il devait demander la délivrance de son don, aux termes de l'article 285 de la coutume de Paris, ainsi conçu : « *Un don mutuel de soi ne saisit, ainsi est sujet à délivrance.* » Régulièrement mis en possession des biens soumis à son usufruit, le survivant était assujetti aux mêmes obligations que l'usufruitier ; il devait notamment fournir caution et ce n'était qu'à partir de ce moment qu'il gagnait les fruits. Enfin son droit s'éteignait par toutes les causes d'extinction d'un usufruit ordinaire.

§ II. — Du don mutuel dans le contrat de mariage des enfants

Les époux pouvaient également se faire un don mutuel des biens communs dans le contrat de mariage de leurs enfants : « *Père et mère mariant leurs enfants, dit l'article 281 de la coutume de Paris, peuvent convenir que leursdits enfants laisseront jouir le survivant desdits père et mère des meubles et conquêts du prédécédé, la vie durant du survivant, pourvu qu'il ne se remarie, et n'est réputé tel accord, avantage entre lesdits conjoints.*

Ce don mutuel, autorisé pour encourager les parents à doter leurs enfants, présentait avec celui que nous venons d'étudier des différences remarquables.

Le première et la plus saillante était certainement celle-ci : le don mutuel ordinaire ne pouvait avoir lieu qu'entre personnes sans enfants, tandis que celui qui nous occupe était subordonné à l'existence d'un ou de plusieurs enfants communs. La coutume était appliquée dans son sens le plus large ; ainsi le don mutuel était permis à des ascendants mariant leur petit-fils représentant son père prédécédé, il l'était même, mais la question était plus douteuse, quand les ascendants, le fils, et le petit-fils doté vivaient simultanément. En récompense de la dot qui lui était constituée l'enfant doté renonçait au partage des biens communs entre les donateurs et laissait ainsi le survivant d'eux, dans les termes de la coutume, jouir jusqu'à son décès de l'usufruit desdits biens.

Les époux pouvaient se faire un don mutuel à n'importe quelle époque de leur mariage, tandis que le don mutuel permis dans le mariage des enfants était limité par le nombre des enfants des époux; c'est là une autre différence entre les deux dons. Une troisième était la suivante: le don mutuel ordinaire n'était pas soumis à la condition que le survivant ne se remarierait pas, il en était autrement de celui fait dans le contrat de mariage de l'enfant doté. L'époux convolant en secondes noces perdait son droit d'usufruit, mais, d'après l'opinion généralement admise, il conservait les fruits et intérêts reçus entre le moment de son veuvage et celui de sa nouvelle union (1).

Le caractère fondamental attaché au don mutuel ordinaire persistait dans le don fait dans le contrat de mariage des enfants; il devait y avoir égalité absolue de choses données et d'espérances de recueillir; cependant cette égalité pouvait être indirectement détruite dans le cas où l'enfant doté provoquait au partage le survivant de ses père et mère. Celui-ci reprenait alors la dot qui n'avait été donnée que sous la condition que l'enfant bénéficiaire respecterait le don mutuel.

Remarquons en terminant que les coutumes variaient entre elles sur un très grand nombre de points et que des conventions insérées dans le contrat de mariage des enfants suppléaient aussi bien souvent au silence gardé par les dispositions coutumières.

§ III. — Du testament et de la donation à cause de mort

A l'époque monarchique comme à l'époque féodale, le testament ainsi que la donation à cause de mort ne furent pas vus favorablement et la grande majorité des coutumes, comme celles de Paris et d'Orléans, les prohibèrent. On jugeait que les avantages

(1) Pothier (n° 278).

légaux et les conventions matrimoniales permises étaient largement suffisants pour répondre aux besoins du conjoint survivant;
mais, à notre avis, ce n'est pas une raison pour la prohibition du
testament et de la donation à cause de mort; la facilité de révocation attachée à ces derniers laissait peu de place à la captation
et à l'entraînement, aussi nous nous expliquons mal la prohibition
dont ils furent l'objet.

Quelques coutumes, comme celles de l'Angoumois (art. 52-53)
et de l'Auvergne (chap. xiv, art. 9 et 39), se séparant de la majorité, permettaient toutes espèces de libéralités entre époux, même
irrévocables, et tombaient ainsi dans l'excès inverse. Le Poitou
permettait seulement la donation à cause de mort et la donation
entre vifs confirmée par le prédécès du donateur, sans révocation
(art. 213).

Nous en aurons terminé avec les pays coutumiers, en faisant
quelques courtes observations; une première sur le droit de succession ab intestat entre époux, une deuxième sur l'absence de
gains de survie propres au mari et enfin une troisième et dernière
sur certains droits reconnus à la veuve tels que le droit d'habitation, le deuil, etc.

Voici en quoi consiste la première : à l'époque féodale, à défaut de parent légitime, le conjoint n'a jamais été appelé à succéder à son conjoint prédécédé, de préférence au seigneur haut justicier. Cette exclusion injustifiable cessa à l'époque monarchique
et dans la généralité des coutumes l'édit *unde vir et uxor* fut
appliqué (1); l'époux survivant eut même la saisine et prima les
enfants naturels. On ne cite guère que l'Anjou, le Maine et la
Normandie, qui aient fait passer le fisc avant le conjoint survivant.

Notre deuxième observation porte sur l'absence de gains de ser-
vie propres au mari survivant; cependant il est à peu près certain
qu'il jouissait de la dot de sa femme. Les *Etablissements de saint
Louis* (2) et les *Assises de Jérusalem* (3) sont formels à cet égard.

Enfin nous avons à faire remarquer que dans un très grand

(1) Pothier, introduct. à la cout. d'Orléans, tit. XVII. n° 35.
(2) Liv. I, chap. xi.
(3) *Cour des bourgeois*, chap. clxxxviii.

nombre de coutumes la femme survivante avait le droit d'habiter sa vie durant dans l'une des maisons de son mari (1), seulement les uns accordaient ce droit à la veuve noble (Anjou, art. 309 ; Maine, art. 322) d'autres à toute veuve (Sedan, art. 213). Paris et Orléans le refusaient aussi bien à l'une qu'à l'autre, mais la coutume de Paris laissait à la femme le droit d'habitation dans la maison du mari pendant les délais impartis pour faire inventaire et délibérer, ainsi que le droit de prendre sa nourriture et celle de ses domestiques pendant le même délai sur les provisions de la communauté. On sait que cette disposition est reproduite dans l'article 1465 de notre Code civil.

Ce droit d'habitation viager accordé à la veuve était un droit réel qui cessait par la perte de la propriété ; il était aussi légal ou conventionnel et la femme pouvait y renoncer expressément par son contrat de mariage.

Suivant l'importance de la succession du mari, la veuve survivante avait droit à un deuil payé par cette succesion (2), elle pouvait aussi reprendre les effets et objets à son usage personnel (3). Notre Code civil a également reproduit ces deux dispositions.

APPENDICE
Des secondes noces.

La femme qui se remariait ne perdait pas son douaire, mais dans le contrat de mariage, il était permis aux époux de stipuler qui le convol en secondes noces ferait perdre à l'époux les autres gains de survie. D'autre part nous avons vu plus haut que, par suite de la transmissibilité du douaire aux enfants, la seconde femme ne pouvait pas être douée de plus de la moitié de ce qui restait disponible entre les mains du veuf qui se remariait.

La coutume de Rohan, en Bretagne (art. 25), présentait la particularité suivante : elle faisait perdre à la femme remariée son douaire sur les domaines congéables du mari. Celle de la Flandre française enlevait le droit de vivelote en cas de convol, ainsi que celui d'entravestissement.

(1) Voir Pothier, *Append. au Traité du douaire* (VI, 485 et suiv.).
(2) Pothier, *Communauté*, n° 678.
(3) Pothier, *Communauté*, n° 569.

DROIT ÉCRIT

L'expression pays de droit écrit, que l'on trouve pour la première fois dans des lettres patentes de saint Louis en 1250, fut appliquée aux provinces de la France qui suivaient le droit romain. C'est la Loire qui semble avoir été la limite nord et la ligne séparative des pays de coutumes et des pays de droit écrit. Dans ceux-ci, soumis plus spécialement à la domination romaine, les vainqueurs avaient fait pénétrer leurs mœurs, leurs lois et leurs usages, et l'on a pu dire que la Gaule était la plus romaine des provinces de l'Empire. Aussi n'est-il pas étonnant de voir que l'invasion germanique n'a pu défaire ce que les Romains avaient mis des siècles à édifier. D'autre part les Wisigoths, les Ostrogoths et les Bourguignons, qui occupèrent le midi de la France, se plièrent rapidement à une civilisation bien supérieure à la leur. Plus modérés que les autres barbares envahisseurs de notre territoire, ils subirent l'influence du droit romain, tandis que que les Francs qui s'établirent dans l'est et dans le nord de la France gardèrent presque intacts leurs lois et leurs usages.

La féodalité a marqué d'une empreinte profonde les pays coutumiers, mais le midi lui échappa. Toutefois, elle y apporta certains principes qui se développèrent rapidement sous son influence. C'est ainsi que les roturiers connurent la distinction entre les propres et les conquêts ou acquêts, et la règle *paterna paternis, materna maternis* fut commune aux pays de droit écrit et aux pays coutumiers. Plus encore, pour le sujet qui nous occupe, les gains de survie d'origine féodale remédièrent bien souvent à l'insuffisance du droit romain en pareille matière.

SECTION PREMIÈRE

DES GAINS DE SURVIE PENDANT LA PÉRIODE FÉODALE

Nous avons à dire quelques mots des gains de survie pendant la période féodale. Tout d'abord, les leges *romanæ barbarorum*, qui renferment un certain nombre de fragments du Code Théodosien et de quelques jurisconsultes classiques, avaient consacré l'usage de la dot apportée par la femme au mari et de la donation *ante nuptias* du mari à la femme. Celle-ci, connue sous le nom de *sponsalitium*, était acquise à la femme par le seul fait de la célébration du mariage. La donation entre vifs révocable à volonté était également permise, mais elle devait être confirmée par le prédécès du donateur, conformément au sénatus-consulte de Caracalla. Les règles de Justinien sur la quarte du conjoint pauvre étaient aussi en usage à l'époque de la féodalité.

Les renseignements les plus importants et les plus précieux que nous trouvons sur cette époque sont contenus dans les *Exceptiones Petri*, collection de droit romain née dans le Dauphiné. Cette collection, qui porte évidemment la trace du droit de Justinien, traite en général du régime dotal au onzième siècle et nous allons en extraire rapidement les principales dispositions qui intéressent notre sujet.

D'après le *Petrus*, la dot, contrairement à la novelle de Majorien, n'était plus nécessaire pour la validité du mariage, si ce n'est pour les personnes de qualité (1) (les rois, ducs et comtes). Le mari avait droit d'aliéner sans le consentement de sa femme la dot mobilière à la charge d'en restituer la valeur et il était libre également d'aliéner les immeubles dotaux, avec ou sans le consentement de sa femme, lorsqu'ils avaient été estimés. S'ils ne l'avaient pas été il lui fallait alors le concours de sa femme, qui devait en outre confirmer son consentement, deux ans après l'aliénation faite. Dans tous les cas, la femme devait recevoir une compensation pour les biens aliénés.

S'il n'y avait pas eu de conventions contraires dans le contrat de mariage, le mari survivant gardait la pleine propriété de la dot (*usufructum et dominium*). Toutefois, quand il y avait des enfants issus du mariage, le droit du mari était réduit à une part d'enfant en pleine propriété et à l'usufruit du surplus. Il le perdait en cas de second mariage (2).

En retour de la dot apportée par la femme, le mari faisait à celle-ci une donation *propter nuptias*, mais cette donation n'était pas obligatoire et elle ne devait pas excéder la dot (3). Quand

(1) Petr., liv. I, tit. XXX.
(2) Petr., liv. I, tit. XXXIII.
(3) Petr., liv. I, tit. XXXXII.

elle était fixée à un chiffre supérieur l'excédent était réduit; inversement, si le chiffre de la dot dépassait celui de la donation, il y avait réduction de la dot.

La femme qui se remariait était déclarée infâme et perdait la donation *propter nuptias* (1). Elle jouissait, pour la restitution de sa dot, d'une hypothèque tacite datant du jour du mariage et portant sur tous les biens du mari; mais à l'encontre de la législation de Justinien, cette hypothèque légale de la femme ne primait pas les créanciers antérieurs au mariage.

En cas de second mariage, le montant de la dot ou de la donation *propter nuptias* ne pouvait pas excéder une part d'enfant légitime; si ce taux était dépassé, la réduction s'opérait au moment du décès du conjoint donateur.

SECTION DEUXIÈME

DES GAINS DE SURVIE A L'ÉPOQUE MONARCHIQUE

I. — De la dot

Quand et comment l'influence sur la loi romaine par la féodalité s'est-elle fait sentir? Il n'est guère facile de le préciser, mais un fait certain c'est que, sous la période monarchique, les changements dans le droit romain sont considérables.

On considérait toujours à cette époque, dans les pays de droit écrit, comme une obligation pour le père et la mère de constituer une dot à leur fille. Cette obligation est la conséquence de celle de nourrir et d'élever les enfants, et si le père et la mère négligeaient ou refusaient l'accomplissement de ce devoir, ils pouvaient y être contraints judiciairement, même dans les cas où une fille se mariait contre le gré de son père (2). Il en était autrement quand le père avait de justes motifs de s'opposer au mariage de sa fille, par exemple en cas de mésalliance.

La femme pouvait se constituer en dot tous ses biens présents et à venir. A défaut d'une clause expresse de dotalité, tous ses

(1) Petr., **I**, 38.
(2) Roussilhe, *Traité de la dot*, chap. I, 4 et 5.

biens étaient paraphernaux, leur administration échappait au mari qui n'en avait même pas la jouissance.

Le mari avait seulement sur la dot mobilière de sa femme un droit d'administration et de jouissance et la propriété et l'exercice des actions nécessaires pour les faire valoir. En ce qui concerne les immeubles, les droits du mari variaient, suivant que le fonds dotal avait ou non fait l'objet d'une estimation. Dans le premier cas, la propriété lui en était immédiatement et de plein droit transférée, et il devenait seulement débiteur du prix de l'estimation envers la femme ou ses héritiers. Dans le cas contraire, la femme restait propriétaire de sa dot et le mari n'en avait que la jouissance. La dot elle-même était inaliénable et imprescriptible. Cette évolution se fit probablement au xiime ou au xiiime siècle.

A la dissolution du mariage, la dot, dont les revenus avaient servi à subvenir aux frais du ménage, devait être remise à la femme ou à ses héritiers. Suivant la distinction établie par Justinien, le mari jouissait d'un délai d'une année pour la restitution de la dot mobilière, tandis que la dot immobilière devait être rendue aussitôt, mais on avait considéré que dans l'hypothèse où la femme n'avait pas d'autres biens que la dot mobilière, elle était exposée, pendant l'année du décès de son mari, à manquer des choses les plus nécessaires à son existence, aussi avait-on imaginé pour cette hypothèse de donner à la femme une pension viduelle. Elle pouvait se nourrir et s'entretenir, pendant sa première année de viduité, sur les biens de son mari, en renonçant aux intérêts de sa dot.

II. — De l'augment de dot

L'augment de dot était, dans les pays de droit écrit. à peu près ce qu'était le douaire dans les pays coutumiers. Ce gain de survie était une transformation de la donation *propter nuptias* (1). Certains auteurs ont cru cependant que le mot augment n'était que la traduction d'un mot latin comme *agentiamentum* ou *adjancamentum*, signifiant agencement, arrangement (2), mais nous préférons l'o-

(1) V. Viollet, *op. cit.*, 809.
(2) V. Boissonnade, liv. II, chap. vi, § 1.

pinion qui traduit le mot augment par augmentation de reprises dotales, réunissant ainsi sous cette définition et l'augment conventionnel et l'augment légal.

Les coutumes locales variaient beaucoup sur la quotité de l'augment et elles ne présentaient guère entre elles qu'une ressemblance, la proportionnalité entre l'augment et la dot.

A Toulouse, à Montauban et dans la majorité des coutumes, l'augment était de la moitié de la dot et consistait en une pleine propriété quand il n'y avait pas d'enfants du mariage ; il était seulement de la moitié de la dot en usufruit avec une part d'enfant en pleine propriété, dans le cas contraire. A Bordeaux, par exception, l'augment était du double de la dot (1). Lorsque l'époux n'avait pas disposé de la part en pleine propriété qui lui était attribuée, en cas d'existence d'enfants, cette part retournait, après son décès, à ceux qui étaient issus du mariage, à l'exclusion de tous autres qui avaient pu naître d'une nouvelle union.

A l'exemple du douaire, l'augment était légal ou conventionnel ; légal à Toulouse et à Bordeaux, et conventionnel à Grenoble, dans le Mâconnais et dans certaines parties de la Provence (2). L'augment conventionnel devait être établi dans le contrat de mariage des époux et la quotité en était laissée à leur libre disposition, même en l'absence d'une dot apportée par la femme (3).

Dans les cas où l'augment reposait sur la dot, dont il était alors une portion ou un multiple, suivant les pays, il était acquis à la femme, même si la dot n'avait pas été payée.

III. — Du contre-augment

En compensation du gain de survie accordé à la femme, le mari avait le contre-augment, qui consistait dans le gain de la dot, lorsqu'il survivait à son épouse. En pleine propriété quand il n'y

---

(1) Voir Boucher d'Argis, *Traité des gains nuptiaux et de survie qui sont en usage dans les pays de droit écrit*, pp. 26 et 31.

(2) Cfr. Roussilhe, *De la dot*, 428; — Ginoulhiac, *op. cit.*, 147.

(3) L'augment de dot conventionnel était aussi parfois désigné sous le nom *d'oscle* quand il consistait dans une donation de survie faite par le mari à sa femme par contrat de mariage. L'oscle ou osclage était usité dans le Limousin, à la Rochelle et dans l'Angoumois. Voir à ce sujet Esmein, *Nouvelle Revue hist.*, 1884, pp. 23-24; — Deloche, *Cartulaire de l'abbaye de Beaulieu*, 62; — Guibert, *la Famille limousine d'autrefois*, 42.

avait pas d'enfants, ce droit était réduit à l'usufruit, avec une part virile en pleine propriété, lorsqu'il existait un ou plusieurs enfants nés du mariage. Ainsi décidaient les coutumes de Toulouse et de Bordeaux.

Les coutumes du Languedoc, de l'Albigeois et de la Guyenne n'accordaient au mari qu'un droit de jouissance sur la dot, même à défaut d'enfants. Enfin, d'autres, comme celles de Comminges, refusaient dans tous les cas le contre-augment au mari.

Dans les pays comme la Provence, la Bresse, le Mâconnais où l'augment était conventionnel, les époux pouvaient, par contrat de mariage, se faire des donations en pleine propriété ou en usufruit. Ces donations étaient irrévocables, absolument indépendantes de l'existence ou de l'inexistence d'enfants, de toute constitution de dot et la réciprocité de ces donations entre époux n'était même pas obligatoire.

IV. — Des bagues et joyaux (1)

A côté de l'augment de dot et du contre-augment, nous trouvons un autre gain de survie, spécial à la personne, le gain des bagues et joyaux. Il consistait dans la reprise par celle-ci d'une somme représentative des bijoux que le mari devait lui donner en proportion de sa fortune et de sa situation. Si donc la femme avait reçu ces parures, elle en précomptait la valeur sur la quotité du gain de survie dont nous nous occupons.

Comme l'augment, le gain des bagues et joyaux était légal ou conventionnel ; légal dans le Beaujolais, le Forez et le Lyonnais, et conventionnel à Bordeaux, à Toulouse, dans la Bresse et le Mâconnais.

Comme l'augment encore, il variait selon la condition et la fortune des personnes. Ainsi, dans le Lyonnais et le Beaujolais, les bagues et joyaux dus à la femme atteignaient la dixième partie de la dot, si le mari était noble ou vivait noblement, et ils étaient réduits au vingtième, dans le cas contraire. On pouvait stipuler dans le contrat de mariage qu'il n'y en aurait point, ou qu'ils seraient inférieurs à la quotité légale, stipuler encore qu'ils seraient

(1) V°. Boucher d'Argis, 67.

reversibles sur la tête des enfants, ou que la femme en aurait la libre disposition, même en cas de second mariage. Plus encore ce droit dû à la femme, survivante pouvait être, par l'effet d'une convention expresse, concédé à ses héritiers lorsqu'elle prédécédait avant son mari. Dans ce cas, la femme en avait la libre disposition par testament.

En général, le gain des bagues et joyaux consistait tant en une pleine propriété qu'en un usufruit, en une pleine propriété pour une part virile, en un usufruit pour le surplus.

V. — Des droits de viduité.

Nous réunissons sous ce seul titre, à la fois les droits de trousseau, de deuil et d'habitation, parce qu'ils étaient tous applicables à la veuve seule et venaient de l'observance d'une vieille maxime romaine, « *mulier non debet sumptibus suis virum lugere* ».

En premier lieu, la veuve avait droit à la reprise de son trousseau, consistant, nous dit Boucher d'Argis (1), « dans les robes, habits, linges, hardes, bijoux, joyaux et autres nipes que la femme apporte avec elle en se mariant ». Ce droit variait à l'infini dans les pays de droit écrit, mais un caractère à peu près commun à tous était le suivant : la femme n'avait sur les objets qui lui étaient ainsi accordés qu'un droit de propriété sujet à révocation, quand elle venait à se remarier.

Le droit de deuil était dû à la veuve par la succession du mari et consistait uniquement dans le versement entre les mains de la femme d'une somme d'argent, pour lui permettre d'acheter les effets qui lui étaient indispensables pour porter le deuil de son mari ; aussi certains auteurs ont-ils refusé de voir dans ce droit un gain de survie, à tort selon nous, puisque, toutes autres raisons mises de côté, la femme pouvait bénéficier de l'excédent de la somme qu'elle avait employée à acheter les effets de deuil.

Ce droit de deuil s'étendait à la nourriture, qui était également dûe à la femme par les héritiers de son mari pendant l'année qu suivait le décès de ce dernier.

Enfin, un dernier droit de viduité était le droit d'habitation qui

(1) Boucher d'Argis, 42 et suiv.

permettait à la femme, pendant son veuvage, d'occuper l'une des maisons de son mari. Il devait être convenu dans le contrat de mariage des époux, et le mari pouvait en profiter en l'exerçant sur une des maisons de sa femme. Toutefois, certaines coutumes l'accordaient de plein droit à la veuve. Dû indépendamment de l'existence d'une dot, il était perdu par un convol en secondes noces.

Le droit d'habitation nous amène à dire quelques mots des droits d'insistance et de tenute qui se confondaient du reste presque entièrement avec le premier. Le droit d'insistance usité à Toulouse permettait à la veuve d'habiter une des maisons de son mari et de jouir de tous ses biens jusqu'au paiement de sa dot, paiement que les héritiers du mari avaient ainsi intérêt à ne pas différer trop longtemps. Le droit de tenute, usité dans le Roussillon, avait le même but et le même caractère (1).

SECTION TROISIÈME

DE LA DONATION A CAUSE DE MORT ET DU TESTAMENT

Conformément au droit romain, la donation à cause de mort était permise et pratiquée dans les pays de droit écrit, mais elle n'avait d'effet que par le prédécès du donateur, mort sans avoir révoqué sa donation. Cette solution fut hors de doute jusqu'à l'ordonnance de 1731 sur les donations, ordonnance qui, d'après certains auteurs, aurait alors abrogé la jurisprudence jusqu'alors suivie en pareille matière.

Le testament était également permis et pratiqué pendant le mariage des époux (2).

SECTION QUATRIÈME

DES DROITS DE SUCCESSION AB INTESTAT

L'influence du droit romain fut encore très profonde sur les droits de succession ab intestat. En ce qui concerne notre sujet, nous avons seulement à mentionner deux d'entre eux : la virile et la quarte du conjoint pauvre, dont nous allons nous occuper successivement.

(1) V. Boucher d'Argis, p. 95.
(2) V. Roussilhe, p. 385.

La virile était le droit accordé par la loi au conjoint survivant de prendre en pleine propriété une portion des gains nuptiaux ou de survie, égale à une part d'enfant. La quotité de ce droit dépendait donc du nombre des enfants vivants du mariage. Le conjoint avait le droit d'en disposer, comme bon lui semblait, à titre gratuit, ou à titre onéreux, mais il perdait ce gain de survie en cas de convol en secondes noces.

Nous arrivons à la quarte du conjoint pauvre qui nécessite quelques explications sur son origine.

Le droit romain du Bas-Empire avait beaucoup varié au sujet du droit de succession ab intestat entre époux. Une constitution de Théodose II et de Valentinien III (1) avait placé l'époux survivant après tous les cognats du défunt, en ne lui laissant primer que le fisc. Justinien lui rendit plus tard un rang meilleur en supprimant les « possessiones bonorum, unde decem personæ, unde patronus patronaque, tum quem ex familia et unde cognati manumissoris (2) ». Ce n'était pas assez. Par la novelle III, chap. VI, de 537, il décida que la femme prendrait dans la succession de son mari un quart de tous ses biens, même en face d'enfants communs, ou nés du mari seul. Pour cela, il fallait cependant que le prédécédé fût riche et le survivant pauvre. Cette novelle est célèbre sous le nom d'Authentique *Præterea*. La novelle CXVII, de 542 (ch. 5), complétant la première un peu obscure, décida que la quarte du conjoint pauvre ne pourrait jamais excéder cent livres d'or, elle restreignit à une part d'enfant en usufruit le droit de survie accordé au conjoint quand il y avait plus de trois enfants nés du mariage, et enfin, par une bizarrerie singulière, exclut le mari du bénéfice de cette disposition. Par suite celui-ci se trouva replacé sous le régime des constitutions antérieures.

Léon le Philosophe rétablit en faveur du conjoint pauvre le droit de propriété à une part virile, en présence de trois enfants (novelle CVI) et à une quarte au-dessous de ce nombre.

La législation romaine ne passa pas tout à fait dans cet état, dans les pays de droit écrit. Ceux-ci limitèrent le droit du conjoint survivant à un quart en usufruit des biens du conjoint prédécédé

(1) C. Théod., L. 9., *De legit. hered.* (V, 1).
(2) Instit. III, 9, §§ 4-6; — L. 4, § 11. c. (VII 4).

en présence d'enfants et quel que fût le nombre de ceux-ci, et au quart en pleine propriété de ces mêmes biens, en présence de tous autres parents. Enfin, aucune distinction ne fut établie entre le mari et la femme, qui bénéficièrent tous les deux des mêmes droits.

A la longue, certains parlements résistèrent à l'application de la quarte du conjoint pauvre, notamment ceux d'Aix, de Bordeaux, de Grenoble et de Toulouse. Et, à ce sujet, Boucher d'Argis (1) nous raconte le procès suivant :

« Joseph Laugier, natif de la ville d'Arles, entra en qualité de clerc chez Sébastien Raillon, procureur de la sénéchaussée, qui jouissait alors d'une fortune assez considérable, à proportion de son état. Ce procureur avait une fille qu'il ne destinait pas pour être l'épouse de son jeune clerc qui n'avait aucun bien, mais celui-ci s'immisça si bien dans l'esprit de la demoiselle Raillon qu'il séduisit cette jeune fille et la mauvaise conduite de ces amants étant déclarée par les effets, Laugier sortit de la maison du sieur Raillon. Il fallut employer l'autorité de justice pour l'obliger à un mariage qu'au fond il souhaitait avec ardeur. Ce mariage fut célébré le 28 février 1689, avec les solennités prescrites par les canons et les ordonnances.

« La cérémonie faite, le sieur Raillon, outré de cet événement, ne laissa pas de garder la fille chez lui, mais le gendre fut contraint d'aller chercher fortune ailleurs ; il y réussit si heureusement qu'en moins de trois ou quatre ans il devint beaucoup plus riche que son beau-père. Le sieur Raillon voulut alors l'obliger de recevoir son épouse ; le sieur Laugier, par ressentiment du mépris que la famille de son épouse avait eu pour lui, peut-être aussi par dégoût ou par refroidissement causé par l'absence, ou par quelque nouvelle inclination, ne voulut pas recevoir chez lui la demoiselle Raillon ; elle lui demanda une provision ; il la lui refusa, il attaqua même le mariage et mit en usage tant de subterfuges qu'il éluda l'effet de tous les jugements qu'on obtint contre lui, ce qui, après plus de sept années de poursuites, entraîna la ruine totale du sieur Raillon et le fit mourir de chagrin.

« La demoiselle Raillon se trouva, après la mort de son père,

(1) Boucher d'Argis, *loc. citat.*, 115.

réduite à la plus affreuse nécessité, elle passa dans cet état mi-
sérable depuis 1702 jusqu'à 1731.

« Au mois de janvier 1731, le sieur Laugier, son mari, mourut
riche de plus de 500.000 livres de biens. Par son testament du
12 juillet 1730, il fit pour 20.000 livres de legs, tant pieux qu'autres,
et institua son héritier Jacques Meyfren.

« La demoiselle Raillon, ayant appris la mort de son mari et le
testament qu'il avait fait, se pourvut contre l'héritier institué ; elle
demanda le quart de la succession, ce qui lui fut accordé par un
arrêt du 21 février 1732. »

D'après Merlin (1), une requête civile aurait tout remis en question et, en 1737, un dernier arrêt aurait enlevé à la veuve Laugier
tout ce que le précédent lui avait accordé.

Si la jurisprudence ne fut pas définitivement fixée par l'arrêt de
1737, on peut du moins affirmer qu'à cette époque la quarte du
conjoint pauvre n'était pas une réserve et que les dispositions testamentaires du conjoint prédécédé pouvaient enlever au survivant
tout droit dans sa succession.

Les conjoints se succédaient en pleine propriété, conformément
au droit romain, quand le prédécédé ne laissait aucun parent légitime habile à lui succéder.

SECTION CINQUIÈME

RÈGLES GÉNÉRALES DES GAINS DE SURVIE DANS LES PAYS DE DROIT ÉCRIT

*De leur ouverture. — Des conditions auxquelles ils
étaient assujettis et de leur extinction.*

Les gains de survie des pays de droit écrit n'avaient pas le
même caractère que ceux des pays coutumiers. Ils consistaient
juridiquement en de simples droits de créance sur la succession du
conjoint prédécédé. Ces droits, nés au jour du mariage, n'étaient
payables qu'à sa dissolution, et la femme, qui en était principalement la bénéficiaire, avait, pour en assurer la réalisation, une hypo-

(1) *Répertoire*, v° *Quarte du conjoint pauvre.*

thèque légale sur les biens de son mari. Cette hypothèque légale
avait son origine dans la célèbre loi romaine *Assiduis*, qui régle-
mentait les conditions de restitution de la dot de la femme par le
mari, mais elle n'avait pas l'étendue de l'hypothèque du droit
romain et les tiers détenteurs des biens du mari, tenus seulement
hypothécairement, avaient des moyens multiples d'éviter l'éviction
dont ils étaient menacés par cette hypothèque légale.

S'il y avait eu un contrat de mariage entre les époux, c'était ce
contrat qui réglait leurs droits respectifs. Quand il n'y en avait pas
eu, on suivait la loi du domicile du mari, pour éviter toutes difficultés qui auraient pu naître de la situation des biens, ou de toute
autre cause. Les droits établis, soit par le contrat de mariage,
soit par la loi du domicile du mari, étaient irrévocablement fixés et
la convention des parties ne pouvait les changer; ils s'exécutaient
sur toutes sortes de biens, en quelques lieux qu'ils fussent situés.

Considérés comme faits à titre purement gratuit et non à titre
onéreux ainsi que dans les pays coutumiers, les gains de survie,
en pays de droit écrit, étaient réductibles par suite de l'existence
d'enfants dont on devait conserver la légitime. Ainsi, pour citer un
exemple, l'augment conventionnel, pour la portion excédant le
coutumier, était sujet à la réduction par la légitime des enfants.
Si ceux-ci était quatre ou moins de quatre, ils avaient droit de
retenir un tiers de la portion réductible; au-dessus de quatre, ils
avaient droit à la moitié de cette même portion.

Lorsque la dot de la femme n'avait point été payée au mari, les
auteurs nous apprennent que, dans le dernier état du droit, la femme
avait cependant droit à l'augment coutumier ou à l'augment conventionnel, ainsi qu'aux autres gains de survie, sans retranchement. Si la femme n'avait pas apporté de dot, on distinguait entre
les gains de survie conventionnels et les gains de survie coutumiers: les premiers étaient dus sans contestation à la femme, mais
les autres lui étaient refusés.

Le mari avait toujours, et dans tous les cas, droit aux rares
gains de survie établis à son profit.

Malgré leur nom, ils étaient accordés quelquefois avant la mort
du conjoint qui les devait. Ainsi, la femme y avait droit quand son
mari tombait en faillite; dans le cas de séparation de corps et de

biens ordonnée en justice pour mauvaises mœurs ou sévices, l'époux au profit duquel la séparation était prononcée pouvait ré_ clamer ses gains de survie ; l'absence prolongée de l'un des conjoints, sans qu'il eût fait savoir de ses nouvelles, donnait aussi ouverture aux droits de survie de l'autre époux, à la charge par lui de donner caution ; enfin la mort civile de l'un ou l'autre d'entre eux produisait encore les mêmes effets.

Il semble, dans le silence des textes, que les gains de survie étaient traités de la même façon que la dot et qu'ils étaient exigibles seulement, quand ils consistaient en sommes d'argent, après l'année révolue qui suivait le décès du prémourant des conjoints ; à partir de cette époque, ils devaient porter des intérêts de plein droit jusqu'au jour de leur paiement. Toutefois, dans le Beaujolais, le Forez et le Lyonnais, les gains de survie ne portaient intérêt qu'à partir du jour où on en faisait la demande expresse.

D'après Boucher d'Argis et Brodeau, les gains de survie n'étaient pas assujettis à l'ordonnance de 1539 et à l'ordonnance de Moulins de 1566, qui avaient établi la nécessité de faire insinuer les donations. L'édit de décembre 1703 ne les y soumettait pas davantage, mais une déclaration du 20 mars 1708, enregistrée par les Parlements, le 15 juin suivant, rendit cette formalité obligatoire. Toutefois une déclaration du 15 juin 1729, enregistrée le 12 juin suivant, établit que les gains de survie non insinués ne seraient pas nuls, mais elle frappa de diverses peines ceux qui auraient négligé de les soumettre à cette formalité. Une autre ordonnance, du 9 février 1731, suivie d'une déclaration du 17 du même mois, confirma cette interprétation.

Naturellement, n'étaient pas compris dans ces ordonnances, les gains de survie conventionnels supérieurs aux gains nuptiaux légaux. Pour ceux-là l'insinuation était toujours nécessaire.

On peut dire d'une façon générale que la délivrance des gains de survie entraînait pour le bénéficiaire les obligations auxquelles étaient assujettis tous les usufruitiers. Cette délivrance notamment ne pouvait avoir lieu, sans qu'une caution eût été donnée, toutes les fois que les gains de survie étaient reversibles aux enfants après la mort de leur auteur. Quand il n'y avait pas d'enfant, la nécessité de la caution disparaissait.

Par exception, le conjoint pouvait être dispensé de fournir caution, quand sa jouissance portait sur des immeubles. Enfin, la portion qu'il recevait en pleine propriété en était affranchie également et le contrat de mariage des époux pouvait décharger complètement le conjoint survivant de cette obligation, même dans le cas où il convolerait en secondes noces.

Les causes qui faisaient perdre les gains de survie étaient très nombreuses ; elles avaient principalement trait à la femme qui en était privée par l'adultère, par l'inconduite pendant son veuvage et par le convol à un nouveau mariage, ou par un second mariage avec une personne indigne de sa qualité. Les causes communes aux deux époux comprenaient le meurtre de l'un des conjoints par l'autre, et le défaut de poursuites de la part du survivant, pour la vengeance du meurtre du prédécédé.

APPENDICE

De l'édit des secondes noces.

Nous en aurons terminé avec notre ancien droit, en étudiant l'influence considérable exercée par l'édit des secondes noces sur les droits du conjoint survivant.

Cet édit célèbre, rendu en 1560, sous l'inspiration du chancelier L'Hôpital, mit en vigueur dans toute la France des constitutions impériales du Bas Empire, dont nous allons dire quelques mots.

Le paganisme romain s'était montré favorable aux seconds mariages, les lois caducaires en sont une preuve ; mais il n'en fut pas de même du christianisme, devenu religion de l'Empire, qui les proscrivit sévèrement, comme portant atteinte à la dignité et à l'indissolubilité morale du premier mariage. Aussi les empereurs Théodose Ier et Valentinien II, sous cette influence, décidèrent-ils, en 380, que la veuve remariée dans les dix mois de son deuil ne pourrait pas donner en dot à son nouvel époux plus d'un tiers de ses biens, ni lui donner une plus forte quotité dans une donation à cause de mort, ou dans un testament.

C'était un premier pas assez timide dans la voie des réformes, il fut accentué deux ans plus tard, en 382, par Gratien, Valentin II et Théodose Ier, qui ordonnèrent à la veuve remariée de conserver intégralement à ses enfants du premier lit, ou à l'un d'entre eux, à son choix, les gains de survie qui lui étaient advenus par la mort de son premier mari (1). Cette constitution impériale est connue sous le nom de *Feminæ quæ*, et comme les suivantes, les constitutions *Generaliter* et *Hac edictali*, classée parmi les plus célèbres du Bas-Empire.

La constitution *Generaliter* due à Théodose II et à Valentinien III étendit aux maris la prohibition dont nous venons de parler et décida que. les héritiers du survivant des époux pourraient jouir du bénéfice qu'elle leur accordait, quand même ils n'auraient aucun lien de parenté avec le prémourant (2).

La constitution *Hac edictali* de Léon et Anthémius, en 469, compléta les dispositions précédentes, en limitant à une part d'enfant le moins prenant la quotité dont l'époux remarié pourrait disposer au profit de son nouveau conjoint. Si la donation excédait cette quotité, elle était sujette à réduction, mais au profit seulement des enfants du premier lit (3).

L'activité législative de Justinien s'exerça sur cette matière et il modifia la plupart des constitutions précitées. Par la novelle II (chapitre 1er), il enleva au conjoint remarié le droit de choisir l'enfant du premier lit qui bénéficierait des biens réservés, il déclara nulles les aliénations de ces biens réservés, même quand elles seraient faites antérieurement au convol. Toutefois, elles étaient définitives, si, à la mort de l'époux aliénateur, il ne subsistait aucun enfant pour demander la nullité des aliénations faites à son préjudice.

La novelle XXII (chap. 25) du même empereur établit une complète égalité entre les enfants du premier lit. Dans son chapitre 30, elle appliqua toutes les règles précédentes au cas de dissolution du premier mariage par le divorce. D'après la constitution *Generaliter*, il fallait au moins que les enfants fussent héritiers d'un seul de leurs auteurs, pour recueillir les gains nuptiaux du premier mariage, le chapitre 26 de la même novelle n'exigea même plus qu'ils le fussent d'un seul.

Justinien fit aussi profiter les descendants des enfants, en cas de prédécès de leurs auteurs, des gains nuptiaux, à l'exclusion de

(1) L. 3, Code, *De sec. nupt.* (v, 9.)
(2) L. 5, Code (V., 9).
(3) L. 6, Code, *ibid*.

l'époux remarié, Dans la novelle XCVIII (chap. 1er), il décida que les gains nuptiaux n'appartiendraient jamais qu'en usufruit à l'époux survivant, même non remarié, la nue propriété en étant transmise irrévocablement aux enfants du prédécédé. Par la novelle XXII (chap. 2), il avait déjà enlevé au conjoint remarié le droit de disposer par testament des gains nuptiaux, au préjudice des enfants, sauf au profit d'étrangers. Réformant plus tard une partie de ce qu'il avait fait, il décida dans la novelle CXXVII que l'époux remarié aurait dans les gains nuptiaux une part égale à celle de ses enfants.

Enfin, en ce qui concerne la constitution *Hac edictali*, Justinien d'abord profiter également les enfants des deux mariages de la réduction de donation du conjoint remarié à son nouvel époux, puis, défaisant son œuvre, le peu constant législateur, dans la novelle XXII (chap. 27), limita ce profit aux enfants du premier lit.

En résumé, Justinien restreignit donc le plus possible les droits du conjoint remarié; nous allons voir maintenant comment ses sages dispositions passèrent dans notre ancien droit.

1. — Du premier chef de l'Édit

L'édit des secondes noces, à peu près la reproduction de la législation du Bas Empire en notre matière, fut appliqué à toute la France et constitue un des premiers essais faits pour arriver à l'unité de législation. Il contenait deux chefs principaux dont nous allons donner le texte complet :

1er chef: — « Ordonnons que femmes veuves, ayant enfants, ou
« enfants de leurs enfants, si elles passent à nouvelles noces, ne
« peuvent et ne pourront, en quelque façon que ce soit, donner de
« leurs biens, meubles, acquêts, ou acquis par elles d'ailleurs que
« de leur premier mari, ni moins leurs propres, à leurs nouveaux
« maris, père, mère ou enfants desdits maris, ou autres per-
« sonnes qu'on puisse présumer être par dol ou fraude interposées,
« plus qu'à l'un de leurs enfants, ou enfants de leurs enfants; et
« s'il se trouve division inégale de leurs biens faite entre leurs en-
« fants, ou enfants de leurs enfants, les donations par elles faites
« à leurs nouveaux maris seront réduites et mesurées à la raison
« de celui des enfants qui en aura la moins. »

2ᵉ chef. — « Et au regard des biens à icelles veuves, acquis par
« dons et libéralités de leurs défunts maris, elles ne peuvent et ne
« pourront en faire aucune part à leurs nouveaux maris; mais elles
« seront tenues de les réserver aux enfants communs d'entre elles
« et leurs maris de la libéralité desquels iceux biens leur seront
« advenus. Le semblable voulons être gardé ès biens qui seront
« venus aux maris par dons de leurs défuntes femmes. »

Les pays de droit écrit qui suivaient déjà le droit romain durent
accepter sans hésitation les règles établies par l'édit de François II.
Mais en fut-il de même dans les pays coutumiers qui n'avaient
admis que très peu de restrictions pour les seconds mariages?
Nous le croyons, en nous fondant sur l'autorité de Beaumanoir
qui manifestait son regret de l'absence de ces dispositions.

Le premier chef de l'édit des secondes noces a survécu à notre
ancien droit et fut jugé si sage qu'il a donné naissance à l'article
1098 de notre Code civil, où nous le retrouverons bientôt.

Ce premier chef, qui semblait viser spécialement les femmes, fut
rapidement étendu aux maris par le Parlement, malgré quelques
résistances fondées sur ce principe que les peines doivent être in-
terprétées d'une façon restrictive. On répondit victorieusement à
cette objection en faisant remarquer que l'édit des secondes noces
était bien moins une peine qu'une mesure de protection pour les
enfants, et surtout que le second chef du même édit s'appliquant
aussi bien aux maris qu'aux femmes, il n'y avait guère de raison
de ne pas leur appliquer également le premier à tous deux.

Toutes les donations directes étaient atteintes par l'édit, même
les donations mutuelles, ainsi que les avantages résultant du contrat de mariage, et d'après Pothier (1), le douaire lui-même, qui
pourtant n'était pas réputé un avantage, y était assujetti pour la
portion excédant le douaire légal; à plus forte raison, le préciput
conventionnel devait-il y être soumis. Si la femme négligeait de
faire un contrat de mariage, quand elle apportait en communauté
une part plus forte que celle de son second mari, on regardait cet
apport comme réductible. Les successions qui lui advenaient pendant son second mariage, non précédé d'un contrat, tombaient

(1) Pothier, Coutumes des duché, bailliage et prévôté d'Orléans (introduction au titre X).

même, d'après certains auteurs, sous l'application de l'édit, mais la question était très controversée.

Pour que l'édit ne fût pas éludé trop facilement, il soumettait aussi à la réduction les donations faites aux père et mère, ou enfants des nouveaux maris, ou autres personnes interposées. Cette interposition était présumée légalement pour les premiers, mais en fait toute interposition pouvait être prouvée et admise.

Il y avait lieu à la réduction ordonnée par le premier chef de l'édit, quand le conjoint remarié avait un ou plusieurs enfants issus de son précédent mariage. Si ces enfants prédécédaient avant lui, sans postérité, le but de l'édit manquant complètement, la réduction ne s'opérait pas. Il fallait en outre que la part de l'époux avantagé excédât celle de celui de tous les enfants sans exception qui avait la moindre part parmi ceux habiles à succéder au conjoint remarié décédé, sans quoi la réduction ne s'opérait encore pas.

Pour établir la quotité disponible du conjoint remarié, on faisait masse des biens composant sa succession et de ceux donnés au nouvel époux ; pour le partage de cette masse, celui-ci était compté comme un enfant et avait droit à une part virile. Si l'un ou plusieurs des héritiers avait reçu des avantages préciputaires, le conjoint donataire n'avait droit qu'à une quotité égale à celle recueillie par l'héritier le moins favorisé. Quand il y avait des enfants et des petits-enfants du conjoint remarié, le partage s'opérait par souches et non par tête, et s'il n'existait que des petits-enfants, il avait lieu de la même façon. Cependant Pothier (1), Ricard (2) et Lebrun (3) pensaient que, dans ce cas, le partage devait avoir lieu par têtes, mais leur opinion n'était pas suivie par la jurisprudence.

La donation avait pour effet de transférer immédiatement à l'époux bénéficiaire la propriété des biens compris dans la donation. Celle-ci, de sa nature irrévocable, était cependant soumise en notre matière à l'action révocatoire des enfants lésés. D'après Pothier, cette action était personnelle, réelle, et pouvait en conséquence être exercée, tant contre le donataire trop favo-

(1) Pothier, *Traité du contrat de mariage*, VI, n° 539.
(2) Ricard, *Traité des donat.*, n° 1220.
(3) Lebrun, *Successions*, liv. II, chap. vi, sect. i, dist. V, n° 22.

risé que contre les tiers détenteurs des biens soumis à cet action. L'époux donataire, en effet, n'avait pas pu transmettre plus de droit qu'il n'en avait et les biens revenaient absolument libres d'hypothèques entre les mains des enfants.

Pothier et Lebrun (1) admettaient que l'exercice de cette action en révocation, en réduction ou en retranchement appartenait aussi bien aux enfants du premier mariage qu'à ceux du second, et ils appelaient les uns et les autres à bénéficier par portions égales des biens retranchés. Cette manière de voir, qui n'était pas conforme au dernier état du droit de Justinien, était adoptée dans les pays de droit coutumier, tandis que les pays de droit écrit s'en tenaient à la tradition romaine.

Pothier (2) et Lebrun (3) encore et la majorité des auteurs croyaient que la qualité d'héritier n'était pas nécessaire pour permettre aux enfants d'exercer l'action en retranchement; ils prétendaient que ce droit n'était pas un droit successoral, mais un bénéfice particulier résultant de l'édit. Cette opinion nous paraît inexacte et, avec M. Boissonnade (4), nous pensons qu'il y avait une liaison intime entre les deux droits, résultant l'un de la qualité d'héritier et l'autre de l'Edit. Comment, en effet, aurait-on pu admettre à l'exercice du droit de retranchement les enfants du second mariage, comme le faisaient Pothier et Lebrun, si on ne les avait pas considérés comme héritiers et à quel titre les aurait-on admis? L'Edit avait pour but précisément de 'sauvegarder les droits des enfants du premier lit, *héritiers* du conjoint remarié. Le droit qu'il créait en leur faveur n'était qu'un corollaire du premier, beaucoup plus sacré, auquel il était lié intimement. Il fallait donc, pour exercer l'action en retranchement, n'être indigne, ni incapable, ni renonçant, en un mot, être héritier.

L'action en réduction opérée, l'époux avait droit à sa part sur les biens retranchés. Tel était l'avis de Renusson (5) et Lebrun (6), qui faisaient remarquer qu'autrement l'époux n'aurait pas eu la

---

(1) *Op. cit.* V. liv. II, chap. vi, sect. i, dist. III, nᵒˢ 11 à 16.
(2) *Op. cit.*, n° 568.
(3) *Op. cit.*, liv. II, chap. vi, sect. i, dist. III, n° 2.
(4) Boissonnade, liv. II, appendice aux chap. v et vi, 303.
(5) *Communauté*, part. IV, chap. iii, n° 67.
(6) *Successions*, liv. II, chap. vi, sect. i.

part d'enfant que la loi lui accordait. Ricard (1) et Pothier (2) soutenaient au contraire que l'époux n'y avait pas droit parce que les enfants prenaient part à la portion retranchée, non à titre d'héritiers de leur auteur, mais en vertu de l'édit, théorie que nous venons de réfuter.

L'époux qui avait droit à une part d'enfant pouvait, d'après Pothier et Lebrun, exiger le rapport réel des avancements d'hoirie faits aux enfants, pour arriver à l'établissement de la quotité dont on avait pu disposer en sa faveur. C'était aller un peu loin que d'assimiler ainsi un donataire à un héritier, car on sait que le rapport n'est dû que de cohéritier à cohéritier. Denisart (3) était plus dans la vérité en exposant la doctrine suivante : L'époux ne pouvait exiger le rapport, ni en profiter, mais il se servait d'un rapport fictif qui lui permettait de calculer la part d'enfant lui reve- nant. Cette part ainsi établie, il retenait sur les biens donnés, ou bien il prenait sur ceux existant au décès, une valeur égale à cette part, le tout suivant la nature de la donation. S'il y avait lieu à réduction, il restituait ce qu'il avait reçu en trop, mais dans aucun cas il ne pouvait exiger lui-même, pour compléter sa part, une res- titution des biens rapportés fictivement par les enfants. Ce sys- tème a été suivi en partie pour l'établissement de l'usufruit du con- joint survivant, dans la loi du 9 mars 1891, dont nous aurons à nous occuper et qui forme une des parties les plus importantes de notre travail.

Quand l'édit fut appliqué, les époux, pour éviter toute difficulté, se renfermaient souvent dans les limites qu'il avait indiquées et donnaient au survivant d'eux une part d'enfant le moins pre- nant. D'après Pothier, ces donations tenaient de la nature des institutions contractuelles : comme elles, elles étaient caduques quand l'institué prédécédait avant le donateur, sans laisser aucun enfant de son mariage ; mais l'illustre jurisconsulte ajoutait que cette donation n'était cependant pas une institution contractuelle, malgré sa ressemblance avec elle, parce que le conjoint tenait son droit de la donation et non pas de la quotité d'héritier.

(1) *Traité des Donations*, n° 1220.
(2) Pothier, *loc. citat.*
(3) Denisart, *Rapport*, n° 71.

Nous n'admettons pas complètement l'opinion de Pothier, en tant qu'elle laissait bénéficier de la donation les enfants de l'époux donataire prédécédé. La substitution tacite de ceux-ci à leur auteur devait, à notre avis, être formulée nettement dans la donation et ne pouvait y être sous-entendue.

. On s'est demandé aussi quel était le droit de l'époux donataire d'une part d'enfant le moins prenant pour le cas où le donateur décédait sans postérité. Comprenait-il la totalité des biens de la succession ou seulement la moitié ? Lebrun soutenait que l'époux donataire avait droit à toute la succession, tandis que Ricard et Pothier lui en accordaient seulement la moitié, en se basant sur le droit romain pour défendre leur opinion (1). Dans le droit romain, en effet, le mot part, quand il était indéfini, était traduit par celui de moitié. — Mais nous préférons l'opinion de Lebrun et nous croyons que l'époux devait bénéficier de l'absence d'enfant; car le donateur avait entendu, par les termes mêmes de la donation, lui donner tout ce dont la loi lui permettait de disposer.

II. — Du second chef de l'édit

Le second chef de l'édit nous retiendra moins longtemps. Il complétait le premier en immobilisant entre les mains de l'époux qui se remariait les dons et libéralités qui lui avaient été faits par son premier mari. Cette immobilisation avait lieu au profit des enfants nés du premier mariage et était l'application des dispositions contenues dans les constitutions du Bas Empire, dont nous avons parlé, les constitutions *Feminæque Generaliter*.

Bien que le second chef de l'édit eût mentionné seulement les dons et libéralités faits par l'époux prédécédé à l'époux qui se remariait, on était d'accord pour lui donner la même extension qu'au premier chef, en y assujettissant tous les avantages qui résultaient du contrat de mariage, tels que le préciput conventionnel. L'inégalité des apports faits dans le second mariage ainsi que les successions échues à l'époux remarié pendant sa durée étaient aussi atteints par l'édit. D'après Pothier (2), le douaire d'une som-

---

(1) Liv. 164, § 1, D., *De verb. signific.*, liv. XVI.
(2) Pothier, *loc. citat.*, n° 606.

me d'argent, jusqu'à concurrence de la valeur du douaire coutumier (qui n'était pas considéré comme un avantage dans le premier chef de l'édit), était compris dans les dispositions du second et devait être réservé aux enfants du second mariage.

Tous les biens de l'époux remarié autres que ceux lui venant de son premier époux étaient libres entre ses mains ; ainsi, il pouvait disposer de ceux qu'il avait recueillis dans la succession de l'un de ses enfants du premier mariage et de ceux qui lui avaient été donnés par un parent de son premier époux, en considération du mariage.

Il y avait dans la disposition qui nous occupe une véritable substitution au profit des enfants du premier lit. Cette opinion a été cependant contestée, mais la jurisprudence l'a suivie (1), elle refusait même à l'époux prédécédé le droit de dispenser par acte exprès son conjoint donataire de la charge de conserver et de rendre aux enfants les biens donnés. L'époux ainsi grevé de substitution gardait la propriété des biens immobilisés, jusqu'à sa mort et quand les enfants au profit desquels la substitution existait décédaient tous sans postérité, les donations ou aliénations à titre onéreux qu'il avait faites de ces biens subsistaient et gardaient leur pleine efficacité.

Les enfants étaient censés tenir les biens ainsi grevés de substitution, non pas du grevé, mais du donateur lui-même ; il en résultait qu'ils constituaient pour eux, soit des propres paternels, soit des propres maternels, suivant la personne de laquelle ils venaient ; que ces biens ne pouvaient être imputés, pour la légitime qui leur appartenait, sur ceux de leur parent grevé de substitution ; ils y participaient tous pour une égale part à l'exclusion des enfants du second mariage, même quand l'époux remarié ne laissait dans sa succession que les biens grevés de substitution au profit des enfants du premier mariage.

Conformément à ce que nous avons exposé plus haut, nous croyons que la qualité d'héritiers du donateur, ou au moins du grevé de substitution était nécessaire aux enfants pour être appelés à jouir du bénéfice du second chef de l'édit — Ricard, Lebrun et

(1) V. Denisart, *Secondes noces*, n° 26.

Pothier, conséquents avec leur opinion déjà mentionnée, étaient
d'un avis contraire. Toutefois, ces mêmes auteurs étaient obligés
d'admettre, ce qui nuisait singulièrement à leur doctrine, que
les enfants exhérédés n'y avaient aucun droit, de même que les
enfants renonçants ou indignes.

Pour l'exercice de leur droit, les enfants avaient une hypothèque sur les biens de leur auteur. Cette hypothèque partait du jour
de la donation faite à ce dernier par son conjoint prédécédé et
ils pouvaient, en vertu de cette hypothèque, poursuivre la restitution des biens aliénés en fraude de leurs droits, entre les mains
de tous les tiers détenteurs.

Enfin, Lebrun (1) croyait et nous croyons avec lui que l'obligation pour l'époux de restituer les biens dont s'agit, aux enfants
du premier mariage, était éteinte pour l'avenir, quand il venait à
perdre son second conjoint, mais que les aliénations anciennes
faites au mépris de cette obligation restaient nulles. C'était en effet
le convol de l'époux qui avait engendré celle-ci; la cause dispa-
raissant les effets devaient disparaître, mais comme il fallait une
sanction à la défense de l'édit, nous pensons que les aliénations
antérieures au décès du conjoint de l'époux remarié étaient nulles.

Terminons cet appendice en faisant remarquer que les coutumes de Paris et d'Orléans avaient donné à l'édit une extension beaucoup plus large, en ce qui concerne le second chef, en
interdisant à la femme :

1° De disposer en aucune façon, au profit d'un nouveau mari,
des conquêts reccueillis par elle dans sa communauté avec son
premier mari ;

2° D'en disposer au profit d'autres personnes, mais en tant
seulement que cette disposition amenderait la part des enfants
du premier mariage dans lesdits conquêts.

Les enfants de tous les mariages subséquents participaient également au partage de ces conquêts, mais si, dans le premier cas, ils
pouvaient tous sans distinction exercer l'action en réduction des
libéralités faites à leur préjudice, il n'en était pas de même dans le
second et les enfants du premier lit avaient seuls le droit de l'exer-

(1) *Successions*, liv. II, chap. VI, sect. II, dist. 1, n° 15.

cer jusqu'à concurrence de leur part héréditaire dans les conquêts.

Cette prohibition des coutumes de Paris et d'Orléans fut étendue aux hommes veufs.

Mentionnons enfin l'ordonnance de Blois de 1579, qui annulait les donations et avantages faits par les femmes veuves, ayant des enfants du premier lit, à leurs nouveaux maris, quand ceux-ci étaient indignes de la condition de leur femme. En cette hypothèse, la femme qui avait fait ces donations et avantages pouvait même être privée du droit de disposer de ses biens.

PARALLÈLE ENTRE LES PAYS DE DROIT COUTUMIER ET LES PAYS DE DROIT ÉCRIT

Notre étude de l'ancien droit ne serait pas complète, si nous ne faisions pas un rapide parallèle entre les pays de droit coutumier et les pays de droit écrit. Nous avons déjà eu l'occasion de les opposer les uns aux autres, car il est certain qu'ils présentaient entre eux beaucoup plus de différences que de ressemblances; pour revenir sur les plus saillantes de ces différences, nous ferons remarquer qu'en pays coutumiers les gains de survie représentant une partie de la succession future donnaient pour la plupart la saisine, tandis qu'en pays de droit écrit, les gains de survie n'étaient que de simples droits de créance, payables au décès du prémourant des époux et garantis par une hypothèque légale au profit de la femme, hypothèque bien souvent illusoire.

Dans les pays de droit écrit, les gains survie étaient réductibles pour la légitime des enfants nés du mariage qui donnait lieu aux avantages matrimoniaux. Ces avantages étaient considérés comme ayant un caractère purement gratuit; tandis que, dans les pays coutumiers, ils étaient réputés faits à titre onéreux. Il faut chercher la raison de cette différence dans le régime du mariage lui-même; le régime dotal des pays de droit écrit enfermait dans un isolement complet les fortunes respectives des conjoints et par là même leurs intérêts. Dans les pays coutumiers, au contraire, l'idée, de communauté, sortie du mariage lui-même et de son essence, était féconde pour la prospérité de la société conjugale, et la loi, s'inspirant de cette idée, cherchait, elle aussi, à développer et à fortifier cette société en avantageant les conjoints ou en leur permettant de s'avantager facilement. Pour cette raison les gains de survie furent beaucoup plus nombreux dans les pays coutumiers que dans les pays de droit écrit.

Il y avait pourtant entre eux certaines ressemblances. Ainsi dans les premiers comme dans les seconds, les droits de survie étaient acquis par le fait même du mariage, mais c'était seulement le jour du décès du prémourant (sauf pour quelques gains spéciaux) qui les rendait exigibles. Enfin tous les deux s'étaient également rencontrés pour la sollicitude qu'ils manifestaient à l'égard des enfants ; les pays coutumiers avaient créé un douaire en leur faveur et ceux de droit écrit les avaient substitués dans le bénéfice de la majeure partie des gains de survie.

Ni dans les uns, ni dans les autres, il n'y eut de tendance bien marquée vers l'unité de législation et il fallut la Révolution Française, pour briser les barrières législatives qui séparaient les provinces de notre pays. Nous allons voir quelles réformes considérables elle introduisit en matière de succession et plus spécialement dans les droits des conjoints.

CHAPITRE TROISIÈME

DROIT INTERMÉDIAIRE

La Révolution de 1789 fit table rase de presque tout ce qui avait été observé pendant des siècles, au nom de deux grands principes qui furent la base du nouveau gouvernement : le principe d'égalité et celui de liberté. L'ancien ordre de choses suranné et affaibli, incompatible avec les idées nouvelles, fut emporté par la tempête révolutionnaire et s'il ne faut pas toujours savoir gré à nos ancêtres de ce qu'ils ont accompli, tout au moins en matière successorale, leur doit-on une profonde reconnaissance pour avoir supprimé, et le droit d'aînesse, et l'exclusion coutumière des filles dotées, et le préciput légal des nobles et beaucoup d'autres choses encore, mais surtout pour avoir préparé l'unité législative définitivement consacrée par le Code civil.

Ce ne fut pas l'Assemblée constituante qui eut l'honneur de commencer la réforme du droit privé, ses titres de gloire sont ailleurs. La Législative eut une trop courte durée et assez peu d'hommes de talent pour entreprendre une pareille tâche et il faut arriver à la Convention, pour trouver les premiers travaux législatifs sur le droit privé.

C'est la loi du 17 nivôse an II qui, réagissant violemment contre le passé, réglementa la matière successorale et en particulier notre matière. Dans son article 1er, elle annula rétroactivement toutes les donations entre vifs de biens présents et à venir faites depuis 1789. Préoccupée de ne pas voir renaître indirectement les anciens privilèges, comme le droit d'aînesse, elle défendit dans l'article 16 de faire aucune libéralité aux successibles et de donner aux étrangers, en présence d'ascendants ou de descendants, plus d'un dixième de ses biens et en présence de collatéraux plus d'un sixième. On voit que si le principe d'égalité entre les successibles

reçut une certaine satisfaction, il n'en fut pas de même du principe de liberté, tout à fait maltraité par le législateur révolutionnaire.

N'ayant pas les mêmes raisons de crainte vis-à-vis des époux,
il leur permit de se donner la moitié de tous leurs biens en usufruit, quand ils auraient des enfants communs ou d'un premier
mariage et la totalité de ces mêmes biens, à défaut d'enfants. Il
eut même soin d'excepter, de la nullité établie par l'article premier, les donations entre les époux faites depuis 1789 ; mais, en
revanche, il abolit tous les gains de survie avec l'ancien système
héréditaire, et l'Édit des secondes noces lui-même, qui présentait
pourtant de bien sages dispositions, fut abrogé. Toutefois, il y a
quelques doutes à cet égard, au moins pour le second chef de
l'édit (arrêt de la Cour suprême du 2 mai 1808):

Quant aux droits de succession ab intestat entre époux, la loi
du 17 nivôse an II est muette à leur sujet ; elle crut peut-être
avoir assez fait pour l'époux survivant, en laissant au prédécédé
la faculté de lui faire les libéralités dont nous venons de parler.

L'œuvre du législateur de l'an II a été jugée très sévèrement
par un éloquent orateur, M. Bourbeau, dans une séance du
Sénat du 6 mars 1877, sur laquelle nous aurons à revenir plus
tard d'une façon plus étendue.

A cette séance, M. Bourbeau venait d'exposer les avantages
que l'ancien droit procurait au conjoint survivant, avantages
basés sur l'indissolubilité du mariage, et il ajoutait :

« Mais la législation nouvelle, qui va d'abord proscrire tout ce
« qui ressemble à un privilège, ira bientôt au delà du but qu'il
« s'agissait d'atteindre. L'égalité triomphait, mais aux dépens de
« la liberté civile, et cette loi du 17 nivôse an II, qu'on peut con-
« sidérer comme l'acte le plus audacieux des législateurs de cette
« époque, supprimait la liberté de tester, afin de maintenir l'éga-
« lité dans la famille, ou du moins si le droit de tester avait été
« réservé, il ne pouvait pas s'exercer au profit des enfants et des
« descendants, condamnés à cette égalité mathématique dans
« laquelle l'affection ne pouvait pas établir de préférences, et pla-
« çait sous le même niveau tous les enfants, en haine des abus
« nés des privilèges abolis. Et la réserve héréditaire ?—La réserve

« était considérable, non seulement au profit des ascendants et
« des descendants, mais au profit des collatéraux, et le père de
« famille ne pouvait disposer, même en faveur d'étrangers, jamais
« en faveur de ses héritiers, que du sixième, s'il y avait des col-
« latéraux, du dixième seulement dans le cas où il y avait des
« enfants.

« Au milieu de cette révolution qui vient de modifier les rela-
« tions de famille, qu'était devenu le mariage ?

« Quelque temps avant la loi du 17 nivôse an II, un décret
« qui porte la date du 20 septembre 1792 avait porté un coup
« funeste à la sainteté du mariage, et le divorce par simple in-
« compatibilité d'humeur était inauguré dans notre législation. Que
« devenait la sainteté du mariage ? Que devenait cette volonté per-
« sistante qui semblait vouloir gratifier encore au delà du tombeau,
« sans même avoir besoin de l'exprimer, par la seule présomption
« de l'affection qui avait à l'origine présidé à la célébration du ma-
« riage, que devenait, je le répète, cette présomption d'affection,
« cette volonté légale de laisser à l'époux survivant, au moins une
« aisance correspondante à la fortune de l'époux prédécédé?

« Eh bien, vous l'avez déjà compris, dès que le mariage a per-
« du cette indissolubilité, dès que l'on peut y trouver ce change-
« ment, cette inconstance dans les volontés, cette dissolution fa-
« cultative, comment supposer qu'à ce mariage ainsi constitué
« dans ces éléments nouveaux, puisse se rattacher une présomption
« de gratifier l'époux après le mariage, même dissous par la
« mort ?

« C'était impossible ; la loi du 17 nivôse an II effaçait tous les
« anciens gains de survie, même pour les époux qui avaient été
« mariés avant la promulgation de cette loi ; elle ne laissait sub-
« sister que les stipulations qui avaient été écrites dans les con-
« trats de mariage ; loi rétroactive contre les gains de survie, aussi
« bien que contre les donations antérieures qui auraient été en
« opposition avec les principes d'égalité récemment proclamés.

« C'est ainsi que disparurent les anciens gains de survie. Le
« mariage est déshonoré par le divorce pour incompatibilité d'hu-
« meur et en même temps les gains de survie disparaissent.
« Comment supposer une volonté affectueuse, même au delà du

« tombeau, lorsque le mariage peut être à chaque instant dissous
« par volonté mutuelle, par simple incompatibilité d'humeur pen-
« dant que les deux époux sont encore en présence, etc.... »

Après ces éloquentes paroles, nous n'essayerons pas de justifier
l'œuvre du législateur révolutionnaire, mais nous l'excuserons en
songeant aux services qu'il nous a rendus en imposant à la
France l'unité de législation et en abolissant un grand nombre
de privilèges injustes en matière successorale.

LÉGISLATION DU CODE CIVIL

CHAPITRE PREMIER

TRAVAUX PRÉPARATOIRES

La loi du 17 nivôse an II ne pouvait être qu'une loi passagère comme toutes les lois de réaction; aussi le législateur du Code civil a gardé très peu de ses dispositions. Le régime des successions, entre autres, a été complètement refondu ; mais le conjoint survivant n'y a guère gagné, car le législateur de 1804 ne s'est montré guère plus soucieux de ses intérêts et de ses droits que celui de la période révolutionnaire. Cependant, on s'était aperçu que l'époux survivant, très favorisé au point de vue des avantages conventionnels que pouvait lui faire le conjoint prédécédé, n'avait plus rien du tout, quand celui-ci avait négligé d'assurer sa situation et le troisième projet de Code civil présenté par Cambacérès, en messidor an IV, comblant cette lacune, contenait un texte accordant au conjoint survivant le tiers en usufruit des immeubles du prédécédé, à défaut d'avantages particuliers ou réciproques stipulés entre eux. Cet usufruit devait s'exercer sur les immeubles, déduction faite des charges dont ils étaient grevés.

Cette disposition, si imparfaite qu'elle soit, était au moins une marque de bienveillance pour le conjoint survivant et on pouvait espérer que le législateur du Code civil, s'inspirant de l'idée qui l'avait fait émettre, donnerait à l'époux survivant dans la législation nouvelle une place favorable. Il n'en a pas été ainsi. Méconnaissant les traditions du passé et suivant les errements du législateur révolutionnaire, les rédacteurs du Code civil crurent, eux aussi, avoir fait tout ce qui était nécessaire, en permettant dans une assez large mesure les avantages conventionnels entre les

époux et ils négligèrent de leur assurer des droits *ab intestat.*
Cependant il faut être juste : ils lui accordèrent ces derniers
après les héritiers du douzième degré, après les enfants naturels,
et a justevant le fisc (*fiscus post omnes*).

On a trouvé cette absence de dispositions, ou plutôt cette rigueur vis-à-vis du conjoint survivant, si extraordinaire qu'on a
cherché quelle avait bien pu en être la cause et voici celle qui a
été admise par la majorité des jurisconsultes :

Le législateur de 1804 a simplement commis une méprise : il a
cru avoir réglementé le droit du conjoint survivant alors qu'il
n'en avait rien fait. Fenet, dans ses travaux préparatoires du
Code civil (1), s'est prêté à cette explication par le récit suivant.
« Dans la séance du 9 nivôse an XI, Malleville observa qu'on
avait omis dans le projet une disposition reçue par l'ancien droit,
qui donnait un gain de survie au conjoint survivant, lorsqu'il ne re-
cueillait pas la succession; à quoi Treilhard répondit que par
l'article 55, le conjoint pour lequel on réclamait était appelé à
l'usufruit du tiers des biens. »

Cette explication a satisfait ou paru satisfaire la majorité des jurisconsultes, mais nous n'hésitons pas à dire qu'elle ne nous satisfait pas du tout et nous n'y croyons guère, malgré l'autorité de
Fenet, qui a parfaitement pu commettre une inexactitude ou faire
un récit incomplet de la séance du 9 nivôse (2). Treilhard, en effet,
si la réponse qu'on lui prête est exacte, aurait commis une double erreur, d'abord en affirmant que les droits du conjoint survivant se trouvaient réglés, en second lieu en citant l'article 55 du
projet comme réglant ces mêmes droits. C'est en effet l'article 40
auquel il aurait fait allusion, car ce dernier article accordait l'u-
sufruit d'un sixième au survivant des père et mère, sur les biens
d'un enfant prédécédé, mais il n'y était pas du tout question d'un
droit de succession réciproque des conjoints et la question de

(1) Fenet, XII, 38.
(2) Locré (*la Législation civile, commerciale et criminelle de la France,*
X, 102) mentionne bien, il est vrai, la même question de Malleville à
Treilhard, mais la réponse qu'il prête à ce dernier diffère de celle indiquée par Fenet, en ce sens que Treilhard aurait cité l'art. 40 et non pas
l'art. 55. Cette contradiction entre les deux auteurs nous fait supposer que
leur récit est tout au moins incomplet et que d'autres raisons furent données par Treilhard, raisons qui rendirent inutile l'observation de Malleville.

Malleville était trop claire pour amener une pareille confusion.

La méprise que l'on prête à Treilhard est donc inadmissible, mais ce qui l'est encore davantage, c'est que Malleville se serait contenté de la réponse de son collègue et n'aurait pas insisté. Pareille chose est invraisemblable. Ajoutons que tous les autres Corps auxquels fut soumis le Code civil n'ont pas relevé cette omission des droits du conjoint survivant, si omission il y a eu, ce que nous ne croyons pas.

Nous pensons au contraire que le législateur de 1804 est resté sous l'influence de la loi révolutionnaire du 17 nivôse an Il, abolissant les gains de survie ; il craignit de ressusciter un ordre de choses incompatible avec les idées nouvelles et crut avoir assez fait pour le conjoint en étendant dans la mesure la plus large le droit de disposer entre époux et en laissant au prémourant le soin de remédier à la situation défavorable du survivant, toutes les fois qu'il le jugerait à propos. Nous ajouterons que le législateur de 1804 subit aussi l'influence de l'introduction du divorce dans notre droit privé, l'indissolubilité du mariage fortement atteinte par une loi qui permettait le divorce, par consentement mutuel, n'était guère de nature à disposer le législateur à attacher des droits légaux à un mariage que le caprice des époux pouvait briser à chaque instant.

CHAPITRE DEUXIÈME

CODE CIVIL

SECTION PREMIÈRE

DROITS DE VIDUITÉ

I. — De la reprise des linges et hardes

C'est la situation dérisoire que les rédacteurs du Code civil ont faite au conjoint survivant que nous allons maintenant étudier. Tout d'abord nous dirons quelques mots de certains droits, dits droits de viduité, accordés à la femme en souvenir de l'ancien droit et qui lui évitent une perte plutôt qu'ils ne lui constituent un avantage.

Ces droits de viduité consistent dans la reprise des linges et hardes à son usage personnel, dans les droits de deuil, de nourriture et d'habitation. Examinons-les rapidement :

La reprise des linges et hardes est réglée par les articles 1492 et 1495, pour le régime de la communauté, et par l'article 1566 pour le régime dotal.

Aux termes de l'article 1492 « *la femme qui renonce perd toute espèce de droit sur les biens de la communauté, et même sur le mobilier qui y est entré de son chef. — Elle retire seulement les linges et hardes à son usage* ». Et l'article 1495, complétant le précédent, déclare « *que ce droit est personnel à la femme et que ses héritiers n'ont pas droit au prélèvement des linges et hardes pas plus qu'au logement et à la nourriture pendant le délai donné pour faire inventaire et délibérer* ». Tous ces droits sont donc personnels à la femme survivante.

Enfin l'article 1566 dit que la femme dotale pourra, dans tous les cas, retirer les linges et hardes à son usage actuel, sauf à précompter leur valeur, lorsque ces linges et hardes auront été primitivement constitués avec estimation.

La double disposition faite au profit de la femme veuve a été inspirée sans aucun doute par un motif de décence ; il n'eût pas été convenable, en effet, de voir la garde-robe de la femme vendue ou partagée par les héritiers du mari (*mulier non debet abire nuda*), mais ce motif n'existe plus quand la femme prédécède, et c'est ce qui explique pourquoi le paragraphe deux de l'article 1495 déclare personnel à la veuve ce droit de prélèvement. Encore ne doit-il pas être trop étendu et l'on est d'accord pour en exclure et le linge de lit et le linge de table, à plus forte raison les dentelles, bijoux et joyaux qui ne sont pas à l'usage, mais qui servent à l'ornement de la femme. Toutefois, et par une idée touchante, la majorité des auteurs accordent à la femme le droit de conserver son anneau nuptial.

Les auteurs sont encore unanimes à accorder à la femme le droit de reprendre sa garde-robe, soit en cas de divorce, soit en cas de séparation de biens. En cas de faillite du mari, l'article 560 du Code de commerce est formel, il accorde à la femme son droit de prélèvement.

Bien que le législateur n'ait parlé de ce droit que pour les régimes dotal et de communauté, il est hors de doute qu'il appartient à la veuve sous tous les régimes, les deux premiers sont les types dont s'est servi le législateur pour exprimer sa pensée qui n'en doit pas moins être appliquée dans tous les autres.

Nous avons à faire quelques observations au sujet de la femme mariée sous le régime dotal. On sait qu'aux termes de l'article 1551 le mari devient propriétaire de la dot mobilière estimée dans le contrat, s'il n'est pas déclaré que l'estimation n'en vaut pas vente. Dans ce cas, la femme peut néanmoins, aux termes de l'article 1566, retirer sa garde-robe, sauf à en précompter la valeur, sur le montant de l'estimation qui lui est due, mais il pourrait arriver que la valeur de cette garde-robe fût, au moment de la reprise, supérieure au montant de l'estimation ; la femme devrait-elle alors verser la différence aux héritiers de son mari ? Nous ne le croyons pas. Par la même raison qu'elle bénéficie de l'augmentation de sa garde-robe non estimée dans le contrat de mariage, elle doit aussi bénéficier de celle qui a fait l'objet d'une estimation.

Enfin, pas plus sous le régime dotal que sous le régime de la communauté, le privilège accordé à la femme ne doit être étendu à ses héritiers; ce privilège lui est personnel aussi bien dans l'un que dans l'autre.

II. — Du deuil

Le deuil est réglé, pour la communauté, par l'article 1481 et par l'article 1570, pour le régime dotal.

L'article 1481 déclare que le deuil de la femme est aux frais des héritiers du mari prédécédé et il ajoute que la valeur de ce deuil doit être réglée suivant la fortune du mari, enfin qu'il est dû même à la femme qui renonce à la communauté.

L'article 1570 est ainsi conçu : « Si le mariage est dissous par la mort de la femme, l'intérêt et les fruits de la dot à restituer courent de plein droit au profit de ses héritiers, depuis le jour de sa dissolution. Si c'est par la mort du mari, la femme a le droit d'exiger les intérêts de sa dot pendant l'an du deuil, ou de se faire fournir des aliments pendant ledit temps aux dépens de la succession du mari; mais, dans les deux cas, l'habitation durant cette année et les habits de deuil doivent lui être fournis sur la succession et sans imputation sur les intérêts à elle dus. »

Le deuil, conformément à l'ancien droit, n'appartient qu'à la femme et le Code civil a suivi avec raison la tradition, car c'est presque toujours la femme qui a le plus à souffrir de la dissolution du mariage et il y avait une raison d'humanité à lui accorder ce léger avantage. Il est certain, au surplus, que le deuil appartient à la femme sous tous les régimes, aussi bien sous les régimes de communauté que sous les régimes exclusifs de communauté.

III. — Droits de nourriture et d'habitation

Les deux derniers droits de viduité de la femme, dont nous avons à parler, sont les droits de nourriture et d'habitation, établis pour la communauté, dans l'article 1465, et pour le régime dotal, dans l'article 1570 précité. Nous nous contenterons de citer l'article 1465, dont voici le texte:

« La veuve, soit qu'elle accepte, soit qu'elle renonce, a droit, pendant les trois mois et quarante jours qui lui sont accordés pour faire inventaire et délibérer, de prendre sa nourriture et celle de ses domestiques sur les provisions existantes, et, à défaut, par emprunt au compte de la masse commune, à la charge d'en user modérément. Elle ne doit aucun loyer à raison de l'habitation qu'elle a pu faire, pendant ces délais, dans une maison dépendante de la communauté ou appartenant aux héritiers du mari; et si la maison qu'habitaient les époux à l'époque de la dissolution de la communauté était tenue par eux à titre de loyer, la femme ne contribuera point, pendant les mêmes délais, au paiement dudit loyer, lequel sera pris sur la masse. »

C'est encore une raison d'humanité qui a poussé le législateur à conférer ces deux droits à la veuve; nous regrettons seulement qu'ils ne soient pas les mêmes pour la femme commune en biens et pour la femme dotale. De la comparaison des articles 1465 et 1570, il résulte en effet que la femme dotale qui a droit aux aliments pendant une année, aux frais de la succession de son mari, paie en réalité les aliments qui lui sont fournis, puisqu'elle perd les revenus de sa dot pendant l'année du deuil, tandis que la femme commune en biens les obtient gratuitement. En sens inverse, le droit d'habitation accordé à la femme dotale est plus avantageux que celui accordé à la femme commune en biens, puisque la première a droit à l'habitation gratuite pendant un an, tandis que la seconde n'y a droit que pendant trois mois et quarante jours. Il y a dans ces dispositions un manque d'uniformité qu'on aurait pu éviter.

SECTION DEUXIÈME

DU DROIT DE SUCCESSION AB INTESTAT

I. — L'époux survivant, successeur en pleine propriété

Les droits de succession ab intestat du conjoint survivant sont réglés par les articles 767 à 769, 770, 771 et 772 du Code civil, que nous allons examiner successivement.

Aux termes de l'article 767, « lorsque le défunt n'a laissé ni parents au degré successible, ni enfants naturels, les biens de sa succession appartiennent au conjoint non divorcé qui lui survit». Non seulement le législateur de 1804 a donné un mauvais rang, un rang injuste, au conjoint survivant dans l'ordre des successions, mais encore il a traité les articles qui le concernent avec une évidente précipitation et avec bien peu de soin. C'est ainsi qu'à prendre à la lettre l'article 767 le conjoint survivant primerait d'une part les successeurs irréguliers appelés par les articles 765 et 766, les père et mère naturels du *de cujus*, et ses frères et sœurs légitimes, et d'autre part les descendants légitimes d'un ou des enfants naturels du défunt, auxquels l'article 759 confère les mêmes droits que leur père. Cependant la question n'est pas douteuse, la place occupée par l'article 767 dans la section II du titre Ier du livre III, ainsi conçu : « Des droits du conjoint survivant et de l'État, » démontre jusqu'à l'évidence que l'époux passe seulement avant l'Etat et après tous les autres héritiers.

Il y a lieu toutefois de faire une restriction en ce qui concerne l'enfant naturel reconnu par l'un des époux après le mariage. D'après l'article 337, « la reconnaissance faite pendant le mariage, par l'un des époux, au profit d'un enfant naturel qu'il aurait eu avant son mariage, d'un autre que de son époux, ne pourra nuire ni à celui-ci, ni aux enfants nés ce mariage. Néanmoins, elle produira son effet après la dissolution de ce mariage, s'il n'en reste pas d'enfants ». Ce dernier alinéa, presque en contradiction avec le premier, avait fait croire à un bon nombre de jurisconsultes qu'au cas d'absence d'enfant du mariage l'enfant naturel dont parle l'art. 337 succédait à son auteur et excluait le conjoint. Mais cette opinion a été rejetée par la majorité de la doctrine et par la jurisprudence, et aujourd'hui on peut dire qu'il n'existe plus de divergence à ce sujet. Le principe posé par le premier alinéa de l'article 337 ne doit pas souffrir d'exception dans un cas particulier que le législateur n'a certainement pas pu prévoir, étant donné sa rareté.

Nous verrons dans une autre partie de notre étude les modifications qui ont été apportées à l'article 767, par la loi du 9 mars 1871.

II. — De la nature du droit du conjoint survivant et des formalités qu'il doit remplir, avant de se mettre en possession des biens de son conjoint prédécédé.

L'époux survivant appelé à défaut de tout autre parent à la succession de son conjoint prédécédé est un successeur irrégulier et de cette qualité, inférieure à celle d'héritier légitime, découlent plusieurs conséquences que nous allons passer en revue.

En premier lieu, l'époux survivant, successeur de son conjoint, n'a pas la saisine, c'est-à-dire que la mort de celui-ci ne le saisit pas de plein droit des biens qui composent sa succession, et aux termes de l'article 724, qui est le siège de la matière, il doit se faire envoyer en possession par justice de ces biens, dans les formes que nous déterminerons ci-après.

Mais tout d'abord le premier soin du conjoint survivant doit être de faire apposer les scellés et de faire procéder à l'inventaire, dans les formes prescrites pour l'acceptation des successions sous bénéfice d'inventaire. Quand il s'est ainsi mis à l'abri de toute réclamation, soit des héritiers alors inconnus du défunt, soit des créanciers, il n'a plus qu'à demander l'envoi en possession des biens qui composent la succession. Cette demande, nous dit l'article 770, doit être adressée au tribunal de première instance, dans le ressort duquel la succession est ouverte, et le tribunal (s'il juge la demande fondée) ne peut statuer qu'après trois publications et affiches dans les formes usitées et le Procureur de la République entendu.

Quand ces formalités ont été remplies, le tribunal saisi de la demande doit y faire droit, à moins qu'il n'ait la certitude de l'existence d'un héritier légitime ayant la saisine ; auquel cas, dit avec raison M. Demolombe, la demande doit être rejetée (1).

L'envoi en possession est définitif, mais les obligations du conjoint héritier ne sont pas complètement remplies ; il doit encore faire emploi du mobilier, ou fournir une caution suffisante pour en assurer la restitution aux héritiers du défunt qui se présenteraient dans le délai de trois années ; passé ce délai, la caution est déchargée.

(1) Demolombe, XIV, 212.

Comme sanction aux obligations ci-dessus énumérées, l'art. 772 ajoute que l'époux survivant qui n'aurait pas accompli les formalités prescrites pourrait être condamné à des dommages-intérêts envers les héritiers, s'il s'en présentait.

Examinons maintenant la situation du conjoint qui a rempli toutes les formalités exigées : et d'abord constatons que l'envoi en possession qu'il est tenu de demander ne forme point une condition suspensive, à l'accomplissement de laquelle est subordonnée l'acquisition de son droit de propriété. Ce droit lui est dévolu *ipso jure* dès l'instant du décès du défunt ; par suite il transmet lui-même à ses héritiers tous les droits qu'il a recueillis. Ces droits rétroagissent alors jusqu'au jour de l'ouverture de la succession de son conjoint (1).

Le conjoint survivant envoyé en possession de la succession de l'époux prédécédé perçoit les fruits de l'hérédité, depuis le jour de l'ouverture de la succession ; il peut exercer toutes les actions pétitoires ou possessoires qui y sont attachées et ces mêmes actions peuvent être intentées contre lui ; seulement, en sa qualité de successeur irrégulier, il est tenu uniquement *intra vires successionis*, c'est-à-dire jusqu'à concurrence de la valeur des biens héréditaires. Cette opinion, admise par la majorité des auteurs, a été contestée par M. Demolombe (2), qui s'appuie sur ce fait, que tous ceux qui recueillent une universalité sont tenus personnellement et *ultra vires*, qu'on ne conçoit pas une universalité sans une personne qui la soutienne ! Pour lui, le Code, réglant l'obligation et la contribution aux dettes des héritiers et des successeurs testamentaires, n'a fait aucune différence entre les héritiers légitimes et les successeurs irréguliers et il a compris sous la dénomination générale d'héritiers, tous les successeurs ab intestat. Ces raisons sont spécieuses et nous n'hésitons pas à les rejeter, par cette seule considération que la place occupée dans le Code civil et dans le titre des successions par les successeurs irréguliers ne permet pas de leur appliquer les règles concernant les héritiers légitimes. Enfin, d'après nous, l'article 769 est concluant pour le rejet de l'opinion de M. Demolombe, car il assimile très nettement le con-

(1) V. Aubry et Rau, tom. VI, p. 703.
(2) Demolombe, XIII, 160.

joint survivant et l'Etat, tous les deux successeurs irréguliers, à des héritiers sous bénéfice d'inventaire (tenus *intra vires succes-sionis*) en leur imposant l'obligation de faire apposer les scellés et de faire faire inventaire, dans les formes prescrites pour l'accep-tation des successions bénéficiaires.

L'envoi en possession au profit du conjoint survivant n'a pas pour effet de le rendre définitivement propriétaire, et, s'il se présente des héritiers du défunt pendant le délai accordé pour la pétition d'hérédité, c'est-à-dire pendant trente années, à partir du jour de l'ouverture de la succession, il peut être déchu de son droit sur leur simple réclamation. Seulement le législateur n'a pas voulu rendre impossible la situation du conjoint et s'il s'est conformé aux obligations qui lui étaient imposées, il ne souffrira pas trop d'un éviction tardive; il gardera d'abord tous les fruits présumés acquis de bonne foi, même ceux perçus pendant les trois premières années de l'envoi en possession, car on ne peut pas dire que l'in-disponibilité dont étaient frappés les objets de la succession pen-dant ce délai, ait constitué l'époux en état de mauvaise foi (1). On lui appliquera aussi les règles de droit commun pour les dépenses nécessaires et utiles par lui faites, mais on ne pourra pas le rendre responsable des détériorations subies par les biens, car sa bonne foi le couvre toujours (2). Les actes qu'il aura passés, concernant ces mêmes biens, devront être validés, même les aliénations à titre gratuit ou à titre onéreux ; on ne saurait, à notre avis, établir de distinctions suivant les cas, sans se perdre dans des subtilités.

Mais si l'époux n'a pas accompli les formalités prescrites par les articles précités, nous n'hésitons pas à le rendre responsable de tous les actes de son administration, car il n'est plus couvert par la bonne foi. Il est impossible de rentrer dans le détail des cas où il pourrait trouver sa responsabilité engagée ; bien souvent en ef-fet tout dépendra d'une question de fait et des circonstances dans lesquelles auront été accomplis les actes reprochés à l'époux sur-vivant, irrégulièrement en possession des biens de la succession de son conjoint; on peut toutefois poser comme règle que la

(1) V. Toullier, IV, 312 ;—Demante, *Cours,* III, 89 bis, VII; — Demolombe XIV, 137; — Aubry et Rau, VI, p. 708.—*Contra :* Malleville, sur l'article 771.
(2) V. Aubry et Rau, *loc. cit.* Cfr. Demolombe, *loc. cit.*

bonne ou la mauvaise foi de l'époux devront être établies pour entraîner ou non sa responsabilité.

Mentionnons enfin que l'article 772 édicte que l'époux survivant qui n'aurait pas accompli les formalités prescrites pourrait être condamné à des dommages-intérêts envers les héritiers, s'il s'en présentait.

SECTION TROISIÈME

DES CONVENTIONS MATRIMONIALES

Déjà nous avons fait entrevoir que si le législateur de 1804 s'est montré insouciant ou injuste dans la détermination des droits de succession ab intestat du conjoint survivant, il a été plus libéral pour les avantages conventionnels qu'il a autorisés entre les époux. Le moment est venu d'étudier ces avantages, que nous classerons sous trois paragraphes différents.

§ 1er. — *Du préciput conventionnel.*

Les sections VI et VII du titre V du livre III du Code civil mentionnent les avantages conventionnels que les époux peuvent se faire entre eux par contrat de mariage. Ces avantages, dérogeant aux règles de la communauté, figurent dans les textes qui régissent la communauté conventionnelle. Le premier d'entre eux est le préciput conventionnel organisé par les articles 1515 à 1519.

« On appelle préciput en matière de communauté, disait Pothier, ce que l'un des époux a le droit de prélever sur les biens de la communauté lors du partage qui en est à faire. » Le préciput peut avoir pour objet une certaine somme d'argent ou une certaine quantité d'effets mobiliers ou de créances, ou encore certains immeubles. Stipulé avec ou sans condition de survie, *ad libitum*, en pleine propriété ou en usufruit, il a lieu au profit de l'homme comme de la femme, mais la femme ne peut en user qu'autant qu'elle accepte la communauté, à moins que le contrat de mariage ne lui ait réservé ce droit même en cas de renonciation. Le préciput est alors pour elle une véritable créance, dont elle peut poursuivre le paiement sur les biens personnels de son mari.

11

L'article 1516, qualifiant cet avantage, nous dit qu'il n'est pas regardé comme un avantage sujet aux formalités des donations, mais bien comme une convention de mariage. Toutefois, il présente une certaine analogie avec les donations, puisqu'il est soumis à la révocation pour cause d'ingratitude et qu'il est perdu par l'époux contre lequel le divorce ou la séparation de corps a été prononcé (art. 1548).

La mort et la dissolution de la communauté donnent ouverture au préciput. Toutefois, en cas de divorce ou de séparation de corps, il n'y a pas lieu à sa délivrance et il faut toujours attendre l'accomplissement de la condition à laquelle il est subordonné ; sous les réserves que nous avons établies, résultant de l'article 1518. Si c'est la femme qui a obtenu le divorce ou la séparation de corps à son profit, elle est autorisée à demander une caution à son mari pour la sûreté de son préciput qui est retenu provisoirement par ce dernier, pour moitié quand la femme a accepté la communauté, et pour le tout quand elle y a renoncé, sans que cette renonciation ait eu pour effet de lui faire perdre son préciput.

Il va de soi que les conventions respectives des époux ne peuvent pas nuire aux droits des créanciers sur la communauté, ceux-ci ont toujours la faculté de faire vendre les biens compris dans le préciput, et l'époux en faveur duquel il a été stipulé ne peut exercer son droit sur la masse partageable que toutes dettes déduites de l'actif de communauté. Le mari également a toujours le droit, en sa qualité de chef de la communauté, d'aliéner les biens compris dans le préciput.

Enfin, tout en adoptant cette idée, que le préciput n'est pas une libéralité quant au fond, nous pensons cependant que les enfants d'un premier lit sont admis à en demander la réduction, quand il dépasse, au profit du nouvel époux, les limites de la quotité disponible (art. 1496 et 1527).

§ 2. — *Des clauses par lesquelles on peut assigner à chacun des époux des parts inégales dans la communauté.*

Le préciput conventionnel constitue une première dérogation au principe du partage égal de la communauté ; en voici d'autres formellement consacrées par les articles 1520 à 1525.

L'art. 1520 est ainsi conçu : « *Les époux peuvent déroger au par-tage égal établi par la loi, soit en ne donnant à l'époux survi-vant ou à ses héritiers, dans la communauté, qu'une part moindre que la moitié, soit en ne lui donnant qu'une somme fixe pour tout droit de communauté, soit en stipulant que la communauté en-tière, en certains cas, appartiendra à l'époux survivant ou à l'un deux seulement.* »

Ainsi donc trois conventions peuvent être stipulées : ou bien l'assignation d'une part moins forte ou plus forte que la moitié de la communauté ou bien l'assignation d'une somme fixée à forfait, ou bien de toute la communauté. Nous allons examiner ces con-ventions au point de vue de la survie, le seul intéressant pour notre matière.

Dans le premier cas, l'époux bénéficiaire de la stipulation con-tribue aux dettes de la communauté, proportionnellement au béné-fice qu'il en retire, et la convention qui tendrait à lui faire sup-porter des charges qui ne seraient pas en rapport avec ce béné-fice serait nulle et entraînerait également la nullité de toute la clause et non pas seulement de la partie relative à la répartition du passif.— Dans le second cas, et c'est peut-être le plus favorable aux époux, le bénéficiaire n'est tenu à aucune dette ; que la com-munauté soit bonne ou mauvaise, l'autre époux ou ses héritiers lui doivent la somme convenue (art. 1522). Toutefois, si la commu-nauté est mauvaise, la femme pourra toujours se dégager d'une situation qui lui serait désavantageuse, en renonçant à cette com-munauté. C'est pour elle un droit qui ne peut être atteint par au-cune clause du contrat. Si au contraire la femme accepte le for-fait de communauté, elle est obligée comme bénéficiaire au paie-ment de toutes les dettes. — Enfin, dans le troisième et dernier cas, quand il a été stipulé que la communauté appartiendrait tout entière au survivant, l'époux bénéficiaire de la convention doit, aux termes de l'article 1525, restituer aux héritiers de son conjoint les apports et tous les biens tombés dans la communauté du chef de leur auteur. Comme dans le cas précédent, la femme conserve toujours son droit de renoncer à une communauté mauvaise.

Dans toutes ces hypothèses, la loi a eu en vue l'intérêt du con-joint survivant et c'est par ce point que les dispositions des articles

1520 à 1525 se rattachent à notre sujet, mais les conventions permises par ces articles peuvent être faites également en faveur de tel ou tel époux, sans être assujetties à la condition de survie ; il y a lieu de faire observer seulement que, dans le troisième cas, cette condition est indispensable ; si elle n'était pas stipulée on se trouverait en présence du régime exclusif de communauté, avec toutes ses conséquences et non pas seulement en présence d'une modification au régime de la communauté.

Ces conventions avantageuses pour les conjoints sont malheureusement peu usitées ; l'absence de contrat de mariage les rend d'abord impraticables à la majorité des époux et laisse ainsi sans effet l'excellente idée du législateur du Code civil. Nous verrons plus tard que les adversaires de la loi du 9 mars 1891 ne manquèrent pas de se prévaloir de ces avantages conventionnels laissés à la disposition des époux, pour refuser toute modification à un système qui avait cependant beaucoup trop duré.

SECTION QUATRIÈME

DES DONATIONS EN GÉNÉRAL

Le législateur ne s'est pas montré moins large en matière de donations ; il a accordé aux époux des moyens nombreux de s'avantager réciproquement, pour parer aux éventualités d'un décès défavorable aux intérêts du survivant frappé en outre dans ses plus chères affections.

Une grande division s'impose à nous pour l'étude des donations entre époux ; les unes peuvent être faites par contrat de mariage et les autres pendant le mariage. Nous nous occuperons donc d'abord des premières, puis des secondes, et, dans des sections spéciales, nous verrons la quotité disponible accordée aux époux pour toutes ces donations et la sanction attachée par le législateur aux dispositions qu'il a édictées à ce sujet. Auparavant, il importe de faire remarquer que les donations entre époux s'écartent des donations ordinaires, par différents points dont voici les principaux :

Par la condition qu'elles seront suivies du mariage auquel elles sont entièrement subordonnées ;

Par la possibilité de comprendre des biens à venir, comme des biens présents et à venir ;

Par la condition de survie qui est attachée légalement et sans stipulation à la plupart des donations entre époux ;

Par l'admissibilité de conditions potestatives de la part du donateur ;

Par la possibilité d'être faites dans un contrat de mariage par un mineur dûment assisté et autorisé ;

Par la non-révocation pour cause de survenance d'enfants ;

Par la révocation de plein droit, au préjudice de l'époux contre lequel ont été prononcés le divorce ou la séparation de corps ;

Enfin par une quotité disponible spéciale.

I. — Des donations entre époux par contrat de mariage

Les donations entre époux par contrat de mariage sont réglementées par l'article 1091 ainsi conçu : « Les époux pourront, par contrat de mariage, se faire réciproquement, ou l'un des deux à l'autre, telles donations qu'ils jugeront à propos, sous les modifications ci-après exprimées. »

On peut ramener à trois sortes ces donations, la première comprenant des biens présents, la seconde des biens à venir, et la troisième des biens présents et à venir.

L'art. 1092 édicte, pour la donation de biens présents, qu'elle ne sera point censée faite sous la condition de survie du donataire, si cette condition n'est pas nettement exprimée, tandis que l'article 1093, au contraire, déclare que la donation de biens à venir ou de biens présents et à venir, faite entre époux par contrat de mariage, soit simple soit réciproque, ne sera point transmissible aux enfants issus du mariage, en cas de décès de l'époux donataire avant l'époux donateur. L'art. 1092 ne fait en somme qu'énoncer une règle de droit commun ; seulement le législateur a cru utile de s'expliquer, parce que, dans l'ancien droit, il y avait controverse sur le point de savoir si la condition de survie était ou non sous-entendue dans les donations dont s'agit. Cette explication très plausible n'a pas été acceptée par tous les auteurs et certains ont dit que la loi, par l'article 1092, avait fait allusion, par manière d'opposition, aux donations de biens présents faites pendant le mariage, lesquelles seraient subordonnées à la survie et deviendraient caduques par le prédécès du donataire. Nous reviendrons tout à l'heure à cette grosse controverse en parlant des donations entre époux par contrat de mariage.

On s'est demandé pour quel motif le législateur n'a pas assimilé les donations entre époux de biens à venir et de biens présents et à venir, faites par contrat de mariage, à la donation faite par un tiers aux futurs époux, ou à l'un d'eux. En voici la raison : lorsqu'une donation est faite par un tiers aux époux, ou à l'un d'eux, la loi, par une fiction, suppose qu'elle a eu lieu en raison et en faveur du mariage, par conséquent en vue de la postérité des époux, aussi bien que des époux eux-mêmes, et elle admet l'existence, au profit des enfants, d'une sorte de substitution vulgaire tacite, qui leur permet, en cas de prédécès de leurs auteurs avant le donateur, de recueillir à leur place le bénéfice d'une donation qui sans cela serait perdue pour eux. Cette raison disparaît, quand on se trouve en présence d'une donation entre époux de biens présents et à venir ou de biens à venir, peu importe, alors que les enfants recueillent les biens, soit de l'un, soit de l'autre des époux leurs auteurs, ils retrouveront toujours dans la succession du dernier les biens donnés à l'époux survivant par son conjoint prédécédé. La volonté du législateur se trouve donc parfaitement d'accord avec la raison.

Les époux pourraient-ils, par une convention expresse, déroger à la règle établie par l'article 1093 et stipuler que la donation, légalement caduque par le prédécès du donataire avant le donateur, serait transmissible aux enfants à naître du mariage? Nous ne le pensons pas, les termes de l'article 1093 s'y opposent formellement; ils ne disent pas seulement que la donation ne sera pas transmise aux enfants, mais bien qu'elle ne sera pas transmissible, ce qui du reste est tout à fait conforme aux principes généraux, les enfants non conçus au moment de la donation étant incapables de recevoir.

II. — Des donations entre époux pendant le mariage

Nous avons vu que notre ancien droit avait prohibé d'une manière générale toutes les donations entre époux pendant le mariage. Cette règle, d'une rigueur excessive, avait été modérée par l'application dans les pays de droit écrit du sénatus-consulte de Septime Sévère et de Caracalla, qui décidait, comme on sait, que la donation faite à l'un des époux par l'autre deviendrait valable rétroactivement, à l'encontre des héritiers du donateur, si celui-ci était mort sans l'avoir révoquée, et vaudrait comme donation à cause de mort. Mais les pays coutumiers furent toujours hostiles à la donation entre époux et l'on signale comme de véritables exceptions les coutumes qui dérogaient à la règle établie.

Cette prohibition des donations entre époux dans les pays coutumiers était inspirée par l'idée de la conservation des biens dans les familles et appuyée sur cette considération que l'affection entre époux doit être désintéressée. Ces raisons ne furent pas jugées suffisantes par la loi du 17 nivôse an II qui fit tomber, comme nous l'avons déjà fait observer, toutes les barrières, permit aux époux les donations pendant le mariage et les déclara même, par un excès contraire, irrévocables quand elles étaient faites par acte entre vifs.

Le législateur de 1804 fut plus sage ; il prit le juste milieu, en permettant d'une manière générale les donations entre époux pendant le mariage et en les assujettissant à la révocabilité.

C'est donc la révocabilité qui est la règle et l'irrévocabilité l'exception. Par là se distinguent la donation entre époux par contrat de mariage et la donation entre époux pendant le mariage. Pour justifier cette différence, il suffit de faire remarquer que le législateur craignait à bon droit que le mari n'abusât de sa situation prépondérante dans le mariage, pour exiger de sa femme une donation que celle-ci ne lui aurait pas faite volontairement; il fallait donc sauvegarder son indépendance et le législateur y est arrivé en lui permettant de révoquer sa donation quand elle le voudrait, sans l'autorisation de son mari, ni celle de justice, et sans avoir à donner ses motifs de révocation.

Si l'époux donateur est mort sans avoir révoqué sa donation, celle-ci devient alors irrévocable, mais à chaque instant, même après le décès du donataire, s'il est antérieur à celui du donateur, celui-ci conserve son droit. Il eût été plus simple, en ce cas, de déclarer la donation anéantie de plein droit; malheureusement le législateur ne l'a pas fait et nous n'avons pas le droit de le faire à sa place.

Il n'y a que les donations de biens à venir et de biens présents et à venir qui soient caduques par le prédécès du donataire, celles de biens présents conservent leur efficacité; cependant il y a controverse sur ce dernier point (1). Les partisans de la caducité se fondent sur cette idée, que la révocabilité à laquelle les donations entre époux pendant le mariage sont assujetties leur enlève le caractère de donations entre vifs et en font de véritables donations à cause de mort, entraînant comme conséquence leur caducité, quand le donateur survit au donataire. — Un deuxième argument qu'ils donnent est tiré de l'ancien droit, qui soumettait, dans les pays de droit écrit, les donations, faites avant ou après le mariage, à la condition de survie du donataire et qui dans les pays coutumiers les déclarait irrévocables, dans le seul cas où elles étaient permises, c'est-à-dire dans le contrat de mariage. Or, disent les partisans de la caducité, le législateur du Code civil a pris au droit écrit ses donations faites pendant le mariage et révocables, et au droit coutumier ses donations faites par contrat de mariage et irrévocables. Pour qu'il n'y ait pas de doute à ce sujet, il a déclaré dans l'article 1092 que ces dernières ne seraient point censées faites sous la condition de survie du donataire, les opposant ainsi à celles faites pendant le mariage, pour lesquelles il a conservé les règles de l'ancien droit. — Plus encore, disent-ils, si le législateur a cru devoir déclarer exemptes de la condition de survie des donations irrévocables par leur origine, à plus forte raison, si telle eût été son intention, l'aurait-il fait pour des donations autrefois révocables. — Un troisième argument est pris dans les ar-

_____

(1) Dans le sens de la caducité voir : Duranton, IX, n° 777 ; — Marcadé, sur l'art. 1096, n° 111. — *Contra :* Troplong, *Traité des donations,* n° 2659. Auparavant, dans son *Traité du contrat de mariage,* n° 3273, il avait défendu la première opinion; — Demolombe, *Traité des donations,* VI, n° 469.

ticles 1089 et 1093 qui indiquent une série de donations facilement révocables et les déclare caduques par le prédécès du donateur ; à plus forte raison, doit-il en être ainsi des donations que
l'article 1096 déclare toujours révocables. — Enfin, comme quatrième et dernier argument, les partisans de la caducité allèguent
que l'article 1093 *in fine* déclare caduques par le prédécès du donataire deux sortes de donations, irrévocables quant au titre, et qu'il
doit en être de même de donations pleinement révocables.

Nous allons passer en revue ces arguments, tous basés en
somme sur cette idée, que les partisans de la caducité érigent en
principe, à savoir : que la caducité est intimement liée à la révocabilité. Ce principe n'est pas rigoureusement exact en notre matière, il s'applique seulement à la révocation purement potestative ;
or, nous allons démontrer que la donation entre vifs de biens présents n'est pas révocable *ad merum arbitrium*.

La donation est un contrat qui crée des obligations entre le donateur et la donataire ; c'est ainsi que l'époux donateur s'oblige envers son conjoint donataire à l'exécution de la donation, il ne peut
pas par un simple caprice se soustraire aux obligations résultant de
ce contrat, sans violer la foi promise, tandis que le legs, au contraire, peut être détruit aussitôt après qu'il a été créé, sans qu'il y
ait violation d'un droit acquis ou d'un droit conditionnel.

En second lieu et pour répondre toujours à la première idée
des partisans de la caducité, nous ajouterons, le principe étant
établi que les donations de biens présents entre époux pendant
le mariage ne sont pas révocables *ad merum arbitrium*, que cette
donation confère immédiatement la saisine au donataire, sous une
condition résolutoire, il est vrai, mais il n'en est pas moins certain que le donataire mourant saisi ne peut que transmettre son
droit à ses héritiers.

L'argument tiré de l'ancien droit n'est pas meilleur, en ce
sens que le législateur a précisément pris la peine, dans l'article
893, d'établir ce principe, qu'il n'y avait que deux manières de
disposer de ses biens à titre gratuit : la donation entre vifs et le
testament, principe qui est en contradiction formelle avec ceux de
l'ancien droit. Pourquoi donc invoquer ce dernier en notre matière et pourquoi vouloir suppléer au silence du législateur, en lui

prêtant une inconséquence, alors surtout qu'il a déterminé expressément les cas où il reproduisait les principes de l'ancien droit, par exemple en rétablissant les donations révocables des articles 1082, 1084, 1086 et 1093.

Cette dernière réfutation s'applique également au troisième argument ; les articles 1089 et 1093 visent des donations, limitativement désignées par le législateur, et les conditions auxquelles elles sont soumises ne doivent pas être étendues par assimilation.

Reste l'objection, tirée de l'article 1093 *in fine*, qui déclare caduques par le prédécès du donataire des donations irrévocables quant au titre, caducité qui, dit-on, doit s'étendre *a fortiori* à des donations pleinement révocables. Cette objection se trouve détruite par ce que nous avons établi, tant au sujet de la révocabilité des donations de l'espèce qui nous occupe, que par l'inconséquence qu'il y a de vouloir suppléer au silence du législateur dans une des matières les mieux étudiées du Code civil.

Nous terminons cette longue discussion en faisant une simple observation : si la donation entre vifs de biens présents est caduque par le prédécès de l'époux donataire, elle est inutile à ce dernier, plus encore elle est un leurre dangereux pour les deux conjoints, puisqu'elle leur fait entrevoir des avantages qui n'existent pas. Personne ne saurait admettre que telle ait été l'intention du législateur.

Quelques conséquences de la théorie que nous avons exposée sur la nature des donations entre époux pendant le mariage sont à retenir, notamment les suivantes :

1° L'époux mineur, même âgé de plus de seize ans, ne peut pas disposer par acte entre vifs au profit de son conjoint (arg. art. 904) ;

2° La femme dotale ne peut pas faire donation de ses biens dotaux à son mari (arg. art. 1554) ;

3° L'époux muni d'un conseil judiciaire ne peut pas faire donation à son conjoint, sans l'assistance de ce conseil;

4° Le donataire est saisi immédiatement, par l'effet de l'acceptation du droit que la donation lui confère ; quand la donation porte sur des biens présents, l'époux en est immédiatement propriétaire (sous condition résolutoire) et il en résulte que les créan-ciers de l'époux donateur ne peuvent plus saisir les biens donnés, si la donation a été transcrite.

Enfin les donations entre époux ne sont sujettes à la réduction qu'après les donations testamentaires et après celles entre vifs de date postérieure.

SECTION CINQUIÈME

DE LA QUOTITÉ DISPONIBLE ENTRE ÉPOUX

Les facilités accordées aux époux de se faire des donations, réciproques ou non, subissent des restrictions en présence de certains héritiers et eu égard au nombre et à la qualité de ces héritiers. Tous les biens du donateur ne sont pas alors à sa libre disposition, une certaine quotité indisponible de ces biens forme ce qu'on appelle la réserve, le surplus constitue ce que le législateur a appelé la quotité disponible.

La quotité disponible entre époux est réglée par les articles 1094 et 1098 du Code civil, et nous verrons qu'elle est tantôt plus faible et tantôt plus forte que la quotité disponible ordinaire, réglée par les articles 913 à 916.

Elle varie suivant le nombre et la qualité des héritiers du donateur quand celui-ci n'a laissé aucun ascendant ni descendant, la quotité disponible s'étend à tous les biens de la succession et embrasse l'intégralité du patrimoine. Nous allons examiner successivement quelle est la quotité disponible ordinaire entre époux, et ce qu'elle devient lorsque le disposant laisse des enfants d'un précédent mariage.

I. — De la quotité disponible ordinaire entre époux

Laissant de côté le cas où le donateur ne laisse ni ascendants ni descendants, nous en étudierons deux autres, l'un dans lequel le donateur laisse seulement des ascendants, et l'autre dans lequel il laisse seulement des enfants.

Premier cas. — Dans le premier cas, il n'y a aucune difficulté.

les droits de l'époux donateur sont réglés par l'article 1094 du Code civil, ainsi conçu : « L'époux pourra, soit par contrat de mariage, soit pendant le mariage, pour le cas où il ne laisserait point d'enfants, ni descendants, disposer en faveur de l'autre époux, en propriété, de tout ce dont il pourrait disposer en faveur d'un étranger, et, en outre, de l'usufruit de la totalité de la portion dont la loi prohibe la disposition au préjudice des héritiers. Et pour le cas où l'époux donateur laisserait des enfants ou descendants, etc. »

Nous ne retenons de ce texte que la partie qui permet à l'époux de donner à son conjoint l'usufruit de la réserve des ascendants. Réellement avantageuse au donataire, puisqu'elle lui permet de jouir de toute la succession, indépendamment de la portion qu'il recueille en pleine propriété, elle est en revanche très défavorable aux ascendants, qui sont en l'espèce les seuls héritiers dont parle l'article 1094. Cette disposition avait été vivement critiquée par Malleville qui prétendait, non sans raison, que les ascendants plus âgés que le conjoint donataire se trouveraient, pour retirer un bénéfice quelconque de leur nue propriété, dans l'obligation de la vendre, souvent dans des conditions désastreuses pour leurs intérêts. Cette critique de Malleville nous paraît absolument fondée, d'autant plus que les ascendants, s'ils étaient dans une position précaire, ne pourraient pas exiger d'aliments de l'époux survivant, avec lequel toute alliance est désormais rompue. Quoi qu'il en soit : *statuit lex*.

Deuxième cas. — Dans le deuxième cas, le conjoint laisse un ou plusieurs enfants ou descendants ; il peut alors donner à l'époux survivant, ou un quart en pleine propriété et un autre quart en usufruit, ou la moitié de tous ses biens, mais en usufruit seulement.

Cette disposition a donné lieu à deux controverses célèbres. La première est fondée sur la comparaison de l'article 1094 avec les articles 913 et 915. Ces derniers accordent au donateur une quotité, tantôt plus faible tantôt plus forte que celle de l'article 1094. Elle est plus faible quand le donateur ne laisse que des ascendants, elle est plus faible encore, quand il laisse trois enfants ou un plus grand nombre, mais elle est plus forte, quand le disposant ne laisse qu'un seul enfant ; enfin on peut dire qu'elle est sensiblement égale quand il laisse deux enfants. Il y a là un défaut d'unité qu'on a essayé d'expliquer en disant que le législateur a dû considérer les besoins du donataire comme étant toujours les mêmes, soit qu'il se trouve en présence d'un ou de deux enfants, soit qu'il se trouve en présence de trois ou d'un plus grand nombre.

Pour rendre plus compréhensible la différence qui existe entre les deux quotités disponibles, il suffit de prendre un exemple, dans lequel on fera rentrer tous les cas que nous venons d'énumérer.

Supposons que le donateur ait une fortune évaluée 24.000 fr.; s'il ne laisse qu'un ascendant, il peut disposer au profit de son conjoint des trois quarts de sa fortune en pleine propriété, soit de 18.000 fr., et en outre de l'usufruit du dernier quart, de 6.000 fr. ; au profit d'un étranger, il ne pourrait disposer que des trois quarts en pleine propriété s'élevant à 18.000 fr. La quotité disponible est donc plus forte dans ce cas pour l'époux que pour l'étranger.

Supposons en second lieu que le donateur ait laissé trois enfants ou un plus grand nombre, sa situation de fortune restant la même : il peut donner à son conjoint un quart en pleine propriété et un quart en usufruit, soit en l'espèce 6.000 fr. en pleine propriété, et l'usufruit d'une valeur de 6.000 fr., tandis qu'au profit d'un étranger, il ne peut disposer que d'un quart en pleine propriété, soit d'une somme de 6.000 fr. Dans cette hypothèse encore, la quotité disponible de l'article 1094 l'emporte sur celle des articles 913 et 915.

En troisième lieu, le donateur a laissé deux enfants; à un étranger il a pu donner le tiers de ses biens, soit 8.000 fr., à son conjoint un quart en pleine propriété ou 6.000, francs et un quart en usufruit, soit l'usufruit d'une somme ou valeur de 6.000 fr. Si l'on admet, avec la loi fiscale du 22 frimaire an VII, que l'usufruit à une valeur représentative de la moitié de la pleine propriété (ce qui est inexact la plupart du temps), l'usufruit du conjoint donataire vaudrait alors 3000 francs, qui, ajoutés au 6.000 fr. dont il a la pleine propriété, lui constitueraient un avantage de 9.000 francs, supérieur par conséquent de 1.000 fr., ou d'un vingt-quatrième à la valeur donnée à l'étranger. Pour être dans le vrai, nous croyons qu'il y a sensiblement égalité entre les deux disponibles.

Enfin, dans un quatrième et dernier cas, supposons que le donateur ait laissé un seul enfant. La quotité disponible permise en faveur de l'étranger atteint la moitié des biens du disposant, soit dans notre espèce 12.000 fr., celle en faveur du conjoint n'a jamais varié, quel que soit le nombre des enfants, et nous venons de l'estimer 9.000 francs; l'époux est donc dans une situation bien moins favorable que l'étranger, puisqu'il perd au moins le bénéfice d'une somme de 3.000 francs.

Ce résultat manifeste a été admis sans contestation par la doctrine et par la jurisprudence jusqu'en 1842, époque à laquelle un savant professeur de la faculté de droit de Toulouse, M. Benech, entreprit la réfutation de l'interprétation qui aboutit à ce résultat (1). Nous n'entrerons pas dans l'examen des nombreux travaux qu'il a cru devoir apporter à l'appui de sa théorie, tendant à accorder à l'époux donateur la même quotité disponible, vis-à-vis de l'époux et vis-à-vis de l'étranger et dans tous les cas. Malgré le talent apporté par M. Benech dans la défense de son opinion, il a convaincu bien peu d'auteurs (2) et les plus célèbres jurisconsultes ont repoussé sa doctrine ; citons notamment MM. Marcadé, Troplong, Demolombe et Colmet de Santerre. Enfin, la jurisprudence l'a toujours condamnée.

Cette quasi-unanimité s'explique ; le texte de la loi est clair. Les mots « l'époux donateur *pourra donner* à l'autre époux, ou un quart en propriété et un autre quart en usufruit, ou la moitié de tous ses biens en usufruit » sont l'équivalent de ceux-ci : l'époux donateur ne *pourra donner que..*, etc.; le texte qui fixe les limites du disponible défend tout ce qu'il n'autorise pas. Nous sommes les premiers à reconnaître qu'il y a dans l'œuvre du législateur un défaut d'unité, mais il n'en est pas moins vrai que nous n'avons pas le droit de corriger son œuvre, par une interprétation en complet désaccord avec son esprit et avec son texte.

(1) *De la quotité disponible entre époux* (Paris, Leclère, 1843. 1 vol. in-8).

(2) V. en ce sens, Aubry et Rau, VII, p. 256 ; — Valette, *Droit du 11 mars 1846*. — Boutry, *Des donations entre époux*, nᵒˢ 407 et suiv.

La seconde controverse est plus célèbre encore que la première. Elle est relative au concours du disponible exceptionnel de l'article 1094 avec le disponible ordinaire des articles 913 et 915. Tout le monde est d'accord pour reconnaître que ces deux disponibles ne peuvent pas être cumulés, mais des difficultés se sont élevées sur le point de savoir quelle est la limite que les diverses libéralités du donateur ne peuvent pas dépasser. Certaines règles toutefois ont fini par être admises par la doctrine et la jurisprudence, et il nous suffira de les formuler, sauf à en examiner plus tard l'application à certains cas, quand nous parlerons de la sanction attachée aux dispositions du Code civil sur les donations entre époux.

Première règle. — L'ensemble des libéralités faites par le défunt, tant à son conjoint qu'à un étranger, doit être réduit aux limites du disponible le plus élevé qui est ordinairement celui de l'article 1094.

Deuxième règle. — Chaque gratifié ne peut recevoir au delà du disponible qui lui est particulier.

Troisième règle. — L'usufruit dont l'article 1094 permet de grever la réserve des héritiers ne peut être établi qu'au profit du conjoint.

II. — De la quotité disponible entre époux lorsque le disposant laisse des enfants d'un précédent mariage

Les mêmes considérations qui avaient fait édicter les constitutions du Bas-Empire *Feminæque, Generaliter* et *Hac edictali*, qui avaient aussi déterminé la promulgation de l'Edit des secondes noces dans notre ancien droit, donnèrent naissance aux dispositions du Code civil sur les donations entre époux, quand le disposant laisse des enfants nés d'un précédent mariage. Le législateur de 1804 vit lui aussi un danger, pour les enfants du premier lit, dans le nouveau mariage du conjoint. Ceux-ci, souvenirs vivants de l'union dissoute, sont une cause de défaveur pour l'époux qui veut se remarier et celui-ci cherche bien souvent à racheter cette défaveur, au moyen d'une donation forcément préjudiciable aux enfants du premier lit puisqu'ils ne sont pas les héritiers du nouvel époux qui recueille les biens donnés et les transmet ensuite à ses héritiers personnels. Pour obvier à cet inconvénient, qui aurait eu pour résultat de compromettre la plupart du temps d'une façon très grave les intérêts des enfants du premier lit, le législateur à écrit l'article 1098, dont voici les termes : « *L'homme ou la femme qui, ayant des enfants d'un autre lit, contractera un second, ou subséquent mariage, ne pourra donner à son nouvel époux qn'une part d'enfant légitime le moins prenant, et sans que, dans aucun cas, ces donations puissent excéder le quart des biens.* »

L'art. 1098, qui s'applique aussi bien en présence d'enfants que de descendants du premier mariage de l'époux remarié, doit être, en dehors de cette interprétation, limité aux enfants légitimes et la présence d'un ou de plusieurs enfants naturels, même d'enfants adoptifs du disposant, n'est pas de nature à entraîner son application ; cet article dit en effet que le nouvel époux ne pourra recevoir qu'une part d'enfant *légitime* le moins prenant, il ne peut donc pas y avoir de difficulté à ce sujet. Naturellement aussi, pour mesurer quelle part le disposant a pu donner, on ne doit s'occuper que des enfants existant au décès du donateur et non au moment de la donation, car le montant de la part d'enfant ne peut être connu qu'à l'ouverture de la succession du donateur. Enfin, on ne doit pas tenir compte non plus des enfants renonçants et des enfants indignes.

Quand le législateur a interdit à l'époux convolant à un second mariage de donner à son nouveau conjoint plus d'une part d'enfant légitime le moins prenant, il n'a pas entendu se servir de termes sacramentels; le don fait au conjoint peut parfaitement comprendre une somme d'argent, un immeuble, mais le montant de cette somme, la valeur de cet immeuble ne doivent pas excéder la valeur d'une part d'enfant le moins prenant : c'est ce que le législateur a voulu dire et le texte de l'art. 1098 ne doit pas être interprété autrement. La donation d'une part d'enfant le moins prenant est au surplus très usitée, soit par acte entre vifs, soit par testament.

Plus sévère que l'Édit des secondes noces, le Code civil a décidé que les dispositions faites au profit du nouveau conjoint ne pourraient pas excéder le quart des biens du donateur. Ainsi un homme veuf, par exemple, venant à se remarier et ayant un seul enfant de son premier mariage, ne pourra pas donner à son conjoint plus d'un quart de ses biens. Il semble que cette disposition est un peu sévère et que le législateur aurait pu laisser au disposant la quotité disponible maxima de l'article 1094.

Pour les mêmes motifs qui ont déterminé notre opinion, lors de notre étude de l'ancien droit, nous pensons que la donation d'une part d'enfant au conjoint survivant comprendrait la totalité des biens du disposant, si celui-ci n'avait laissé à son décès aucun héritier réservataire.

Dans le cas de plusieurs mariages successifs, le veuf ou la veuve qui se remarie ne peut pas valablement donner à chacun de ses nouveaux conjoints la quotité disponible de l'art. 1098, et ceux-ci ne peuvent recevoir entre eux tous que cette quotité. Non seulement l'ancien droit, les travaux préparatoires confirment cette interprétation, mais encore la raison suivante, que les enfants, dont la loi a voulu sauvegarder les intérêts, finiraient par ne plus rien recueillir, si, dans une série de mariages successifs, le conjoint remarié avait pu donner peu à peu toute sa fortune.

La disposition de l'article 1098 n'édicte pas une incapacité de recevoir au préjudice du nouvel époux, elle frappe seulement d'indisponibilité les biens de l'époux remarié, au profit des enfants du premier mariage ; il en résulte que, si ces derniers sont morts au moment de l'ouverture de la succession du donateur, l'art. 1098 ne reçoit pas son application.

Cette indisponibilité établie au profit des enfants d'un précédent mariage ne leur profite cependant pas exclusivement ; les biens du conjoint remarié sont, à moins de dispositions testamentaires contraires, dans les limites voulues par la loi, partagés en portions égales et par les enfants du premier et par les enfants du second mariage. C'est une application du principe posé par l'art. 745, qui attribue à tous les enfants un droit égal sur les biens de leur auteur, alors même qu'ils sont issus de différents mariages.

Il y a lieu de faire remarquer que cette entrave à la liberté de disposer, qui frappe le conjoint remarié ayant des enfants d'un

12

premier mariage, n'existe pas contre son conjoint, si lui-même ne se trouve pas dans le même cas; la quotité disponible en sa faveur est réglée conformément au droit commun, par l'article 1094.

SECTION SIXIÈME

SANCTION DES DISPOSITIONS CONCERNANT LA QUOTITÉ DISPONIBLE

Le législateur, pensant avec raison que les conjoints cherche-raient à éluder les dispositions qu'il édictait sur les donations, a voulu déjouer par avance toutes les tentatives qui pourraient être faites dans ce but et il a écrit l'article 1099 qui porte que : « les époux ne pourront se donner indirectement au delà de ce qui leur est permis par les dispositions ci-dessus. — Toute donation, ou déguisée, ou faite à des personnes interposées, sera nulle. »

Il y a peu d'articles qui aient donné lieu à tant de controverses et l'on a trouvé le moyen de l'interpréter de façon à faire croire à l'esprit le moins prévenu qu'il était un des plus obscurs parmi les textes obscurs du Code civil. En fait, il n'en est rien, ainsi que nous allons le démontrer. Et d'abord commençons par écarter une interprétation qui tend à faire de l'article 1099 la seule sanction de l'article qui le précède, de l'article 1098. Il est de toute évi-dence que l'article 1099, s'applique à la fois à l'article 1098 et aux articles 1094 et 1096. Si le législateur avait entendu restreindre son effet à l'article 1098 seulement, il est probable qu'il se serait exprimé ainsi : « L'époux ayant des enfants d'un précédent ma-riage (au lieu de les époux) ne pourra pas donner à son nouvel époux par voie indirecte, au delà de ce qui lui est permis par l'ar-ticle précédent (au lieu de: par les dispositions ci-dessus). Au surplus, la majorité des auteurs (1) admettent l'interprétation extensive à laquelle nous nous rallions (Lyon, 14 mai 1880. Sirey, 81, 2, 38).

Si cette question n'est plus guère controversée, il n'en est pas de même de la suivante. Les auteurs admettent en général que l'ar-ticle 1099 établit une distinction fondamentale entre les donations

---

(1) *Contrà.* Voir Grenier, *Traité des Donations,* n° 691. Toullier, V, n° 881.

ou libéralités indirectes et les donations ou libéralités déguisées : il soumet les premières à la réduction, tandis qu'il frappe les secondes de nullité. Par exemple, est soumise à la réduction la libéralité indirecte faite par l'un des époux à son conjoint, quand il renonce pour l'avantager au bénéfice d'un legs qui leur a été fait à tous les deux conjointement; est, au contraire, frappée de nullité, comme libéralité déguisée, la reconnaissance faite par le mari, dans son contrat de mariage, de l'apport par sa femme d'une somme que celle-ci ne lui a jamais versée. La raison de cette différence est facile à comprendre, la libéralité indirecte faite sans fraude est toujours facile à reconnaître et le législateur ne pouvait pas se montrer sévère, puisqu'il avait les moyens de faire respecter ses dispositions; il n'en est pas de même de la libéralité déguisée, qui peut très souvent échapper aux regards des jurisconsultes les plus habiles; aussi le législateur a-t-il frappé de nullité cette libéralité, pour punir la fraude.(*Fraus omnia corrumpit.*)(1).

D'autres auteurs (2) ont au contraire prétendu que l'article 1099 a une signification différente et que les donations déguisées ou indirectes ne sont jamais nulles, pour la totalité, mais seulement réductibles pour tout ce qui excède la quotité disponible. A l'appui de leur opinion, ils citent l'article 911 qui déclare nulles des libéralités qui peuvent n'être que réductibles, et l'article 918, qui soumet seulement à la réduction certaines libéralités déguisées. Enfin ils invoquent le premier chef de l'Édit des secondes noces qui ne faisait aucune distinction entre les libéralités ostensibles et les libéralités dissimulées.

L'article 911, invoqué comme premier argument, ne doit pas s'entendre dans le sens que lui prêtent les défenseurs de l'opinion que nous voulons réfuter, il a trait, en effet, non à une indisponibilité de biens, mais à une incapacité de recevoir édictée pour certaines personnes nominativement désignées, comme les personnes non conçues, les tuteurs et les médecins. Le législateur a en outre l'habitude de distinguer la simple réduction de la nullité, nous en trouvons la preuve dans les articles 920 à 930 et dans les articles 1496 et 1527.

(1) En ce sens: Marcadé, sur l'art. 1099; — Démolombe, VI, n° 114.
(2) Voir Dalloz, *Rec. périod.*, 1837, 3e part., p. 17.

L'argument tiré de l'article 918 n'est pas plus concluant, car si la loi a soumis seulement à la réduction, par cet article, des aliénations à fonds perdu (en réalité très rares), parce qu'elles supposent des libéralités indirectes, c'est qu'elle ne craignait guère ces sortes de conventions entre les parents et certains de leurs enfants, tandis qu'elle avait tout lieu de les craindre entre époux ; elle devait par conséquent les frapper plus vigoureusement. Enfin il y avait un autre motif, la libéralité déguisée entre époux est soustraite à la révocabilité, caractère distinctif des donations entre époux, le législateur devait donc se montrer très sévère pour elle, et c'est ce qu'il a fait.

Quant à l'Édit des secondes noces, il doit être d'autant moins pris en considération qu'il prohibait en principe les donations faites pendant le mariage.

Cette opinion bien établie, que les donations déguisées sont frappées de nullité, tandis que les donations indirectes, mais faites sans fraude, sont seulement sujettes à la réduction, nous allons examiner, dans un premier paragraphe, dans quel cas il y a lieu à la réduction et comment elle s'opère, et dans un second nous parlerons de la nullité des donations déguisées.

I. — De la réduction des donations

Avant d'aborder l'examen des règles générales de la réduction, nous allons dire quelques mots des personnes qui ont le droit d'exercer l'action en réduction et de celles qui peuvent en profiter.

L'action en réduction appartient uniquement aux héritiers en faveur desquels elle a été instituée, c'est-à-dire aux héritiers réservataires, qui se portent héritiers. Les renonçants et les indignes n'y ont pas droit. Cette affirmation, qui avait été très contestée dans notre ancien droit (1), est aujourd'hui hors de doute et la Cour de cassation a sanctionné la jurisprudence qui s'est établie en ce sens. Les enfants légitimés par le premier mariage peuvent également exercer l'action en réduction, mais il n'en est pas de même des enfants adoptés avant le second mariage, que l'on ne peut réellement pas prétendre enfants d'un premier lit.

(1) Voir plus haut, p. 57.

Une difficulté s'est élevée sur le point de savoir si, dans le cas
de l'article 1098, l'époux remarié laissant à la fois des enfants du
premier et du second mariage, l'action en réduction appartient
aux uns comme aux autres, et si la renonciation des enfants du
premier lit n'empêche pas ceux du second d'exercer eux-mêmes
cette action. Un fait certain, sans contestation possible, c'est qu'ils
bénéficient tous dans d'égales portions de la réduction. La loi
n'a pas entendu créer un privilège au profit des enfants du premier lit, qui en auraient un véritable s'ils profitaient seuls de la
réduction. Ce point admis, nous avons vu que les anciens auteurs
ne distinguaient pas entre le droit de profiter de l'action et celui
de l'exercer. La majorité des auteurs modernes, se ralliant à leur
opinion, décident également qu'il n'y a pas lieu de faire une différence entre les deux droits et qu'il serait étrange de laisser celui
des enfants du second lit à la discrétion des enfants du premier.
La minorité au contraire essaie d'établir une distinction entre le
droit de partager le montant de la réduction et celui de la provoquer (1). Cette distinction est trop subtile et a surtout le grand inconvénient de ne pas être applicable à tous les cas. Ainsi, quand
il y a fraude ou collusion entre les enfants du premier lit et l'é-
poux, les partisans de l'opinion que nous repoussons sont obligés
d'admettre, contrairement à leur doctrine, que les enfants du second lit ont le droit d'exercer l'action en réduction. Mieux vaut alors
l'opinion contraire.

Nous avons également accepté dans l'ancien droit l'opinion qui
permettait à l'époux de partager avec ses enfants le profit du retranchement opéré contre lui-même. Sans revenir à nouveau sur
la controverse soulevée à ce sujet, nous pensons que pareil droit
doit lui être accordé sous l'empire du Code civil.

Les cas qui donnent lieu à l'action en réduction sont multiples;
il est même impossible de les examiner tous, nous nous contenterons donc d'étudier quelques-uns d'entre eux, ceux qui ont donné
lieu à des difficultés assez sérieuses, tant sur le principe même
de la réduction que sur son mode d'application. — Les autres
étant assujettis à des règles, soit établies dans le Code civil, soit

(1) V. M. Boissonnade, liv. III, sect. II, p. 435.

généralement admises, nous nous bornerons à citer ces dernières qui sont les suivantes :

1 L'ensemble des libéralités, faites par le défunt, tant à son conjoint qu'à un étranger, doit être réduit aux limites du disponible le plus élevé, qui est ordinairement celui de l'article 1094 ;

2° Chaque gratifié ne peut recevoir au delà du disponible qui lui est particulier ; en d'autres termes, si, dans la première règle, l'ensemble des libéralités ne peut pas dépasser le disponible absolu, dans la seconde, chacune de ces libéralités ne peut pas dépasser e disponible relatif, c'est-à-dire afférent à chaque gratifié ;

3° L'usufruit dont l'article 1094 permet de grever la réserve des héritiers ne peut être établi qu'au profit du conjoint.

Ajoutons à ces règles qu'avant d'opérer la réduction, on doit d'abord examiner attentivement la date des donations, s'assurer que la dernière libéralité n'a pas révoqué la précédente, auquel cas il pourrait ne plus y avoir excès. Si deux donations étaient irrévocables et que leur réunion fût excessive, mais que la première, envisagée séparément n'excédât pas le disponible le plus fort, la seconde seule serait réductible (art. 923). En sens inverse, si la première excédait son disponible spécial et que la seconde, inférieure au sien propre, n'excédât le disponible le plus fort, qu'à cause de l'excès de la première, celle-ci seulement devrait être réduite.

Ces principes établis, nous allons examiner trois cas spéciaux sur lesquels se sont élevées des controverses intéressantes ou qui ont donné lieu à différents systèmes.

Dans le premier, la disposition sujette à réduction a été faite au conjoint seul, en présence d'ascendants, autres que les père et mère du disposant et en présence de ses frères et sœurs. Dans le second elle a été faite par acte séparés, au conjoint et à un étranger, en présence de trois enfants ou plus. Enfin dans le troisième cas il y a eu également des libéralités faites au conjoint et à un étranger, mais avec cette particularité que les donations ont la même date.

Premier cas. — La disposition sujette à réduction a été faite au conjoint seul, en présence d'ascendants autres que les père et mère du disposant et en présence de ses frères et sœurs. — Si les ascendants étaient les père et mère du disposant, il n'y aurait pas de difficultés, ils auraient seuls droit à prendre les biens obtenus par la réduction, ce qui leur est accordé par l'article 915 ainsi conçu : « *Les libéralités, etc... Les biens ainsi réservés au profit des ascendants seront par eux recueillis dans l'ordre ou la loi les appelle à succéder ; ils auront seuls droit à cette réserve, dans tous les cas où un partage en concurrence avec des collaté-raux ne leur donnerait par la quotité de biens à laquelle elle est fixée.* » Mais quand les ascendants sont autres que les père et mère, ils se trouvent primés par les frères et sœurs du disposant et comme ceux-ci se trouvent eux-mêmes primés par l'époux dona-taire, on arrive à ce résultat bizarre de voir les ascendants exclus par l'époux, pour leur réserve, à cause de la présence de frères et sœurs du disposant, alors que l'époux, s'il était seul, ne pour-rait pas leur faire perdre cette réserve.

Ce résultat a donné lieu à deux questions. Voici la première : le droit des ascendants s'ouvre-t-il par le seul fait de cette exclu-sion des frères et sœurs par l'époux donataire ? Et voici la seconde, conséquence de la première. La renonciation à la suc-cession du disposant par les frères et sœurs donne-t-elle ouver-ture à la réserve des ascendants ? Sur la première question, nous admettons la négative. L'époux est saisi de la succession s'il est légataire universel du défunt, il n'a pas à demander la délivrance de son legs aux frères et sœurs du disposant ; comment pourrait-on soutenir qu'il perd la saisine en face d'ascendants par suite de l'exclusion des frères et sœurs ? Si l'époux n'est pas légataire universel, il n'est pas saisi et il doit demander la délivrance de son legs aux frères et sœurs qui ont alors la saisine et priment les ascendants, mais alors la présence des premiers est un obstacle invincible à l'ouverture du droit des derniers. Dans les deux cas par conséquent les ascendants n'ont rien à prétendre et quelque dure que soit pour eux la solution, ils ne peuvent y échapper (1).

La seconde question a donné lieu à trois solutions. Certains auteurs ont soutenu que la renonciation des frères et sœurs, même non saisis, avait pour effet de faire venir les ascendants en rang

(1) V. Marcadé (sur l'art. 1006, n° 3).

utile pour leur réserve, d'autres lui ont contesté ce résultat, enfin
les derniers ont essayé de concilier les deux opinions, en donnant
à la renonciation des frères et sœurs un effet qu'elle n'a certainement pas, celui de transporter aux ascendants les droits éven-
tuels qu'avaient les frères et sœurs, notamment ceux de profiter
de la caducité du testament ou de faire réduire les libéralités
excédant la quotité disponible. Aucune de ces trois solutions
n'est satisfaisante, mais on peut concilier autrement entre elles les
deux premières en empruntant à chacune la part de vérité qu'elle
présente. Quant à la troisième, elle est absolument contraire
aux principes juridiques ; l'héritier qui vient à une succession par
suite de la renonciation d'un héritier antérieur en degré, vient de
son chef et non pas par l'effet d'un transport de droit de la part du
renonçant.

En combinant la première solution avec la seconde, voici ce
que l'on peut décider : la renonciation des frères et sœurs aura
pour effet de faire venir l'ascendant en rang utile pour sa réserve,
mais seulement dans le cas où cette renonciation ne sera pas le
résultat d'une collusion entre les ascendants et lui. S'il y avait
collusion, la première solution devrait être admise (1).

Deuxième cas. — La libéralité sujette à réduction a été faite
par actes séparés au conjoint et à un étranger, en présence de
trois enfants ou plus. La libéralité est double et il y a concours
des disponibles. On sait que c'est celui de l'époux qui est le plus
fort, puisqu'il peut atteindre un quart en pleine propriété et un
quart en usufruit, tandis que celui de l'étranger ne peut pas dépasser un quart en pleine propriété. Si le disposant a donné un quart
en usufruit à son conjoint, il a pu valablement encore donner à
l'étranger un quart en nue propriété, ou encore un quart en usufruit à ce dernier, s'il a donné un quart en nue propriété à son
conjoint. Ces solutions ne sont pas contestées, mais il n'en est pas
de même de la suivante : si le disposant a fait donation à son
époux d'un quart en pleine propriété, il ne peut plus rien donner
à l'étranger, pas même le quart en usufruit, disponible pour

(1) Cfr. Boissonnade, livre III, sect. 3, pp. 446, 447.

l'époux. Contrairement à cette opinion, on a 'prétendu (1) que l'étranger ne profitait pas de l'extension de disponible créé pour l'époux, quand on lui attribuait ce quart en usufruit, ce qui revient à dire que deux libéralités de dates différentes existant, on ne doit pas imputer d'abord sur le disponible ordinaire celle du donataire pour lequel y a un disponible plus élevé, quand même elle est première en date, mais bien sur ce dont le disponible spécial excède le disponible ordinaire. A l'appui de cette théorie, on a fait observer que le disposant pourrait se trouver dans une alternative fâcheuse, si on le forçait à imputer d'abord la donation faite à son époux sur le disponible ordinaire, car, ou bien il ne pourrait pas donner à son conjoint tout ce qu'il désire lui donner, ou bien, s'il obéissait à ce désir, il se verrait privé du plaisir d'avantager un de ses enfants et de le récompenser. En sens inverse s'il voulait se ménager le plus fort disponible, il serait forcé d'attendre que ses enfants soient nés pour leur faire une donation et dans l'impossibilité de faire une libéralité à son conjoint par contrat de mariage. Enfin on s'est appuyé sur la loi du 17 nivôse an II, peu favorable à la puissance paternelle, qui cependant permettait la division du plus fort disponible entre l'époux et les étrangers, *a fortiori*, a-t-on dit, doit-il en être de même dans le Code civil, beaucoup plus libéral que la loi révolutionnaire.

Ces arguments ne sont pas concluants, nous pensons que l'extension du disponible de l'époux ne doit profiter qu'à lui seul, conformément aux intentions du législateur de 1804. Au surplus, pour détruire les objections que nous avons reproduites, il suffit de se faire cette question : Si l'article 1094 n'existait pas, la donation faite à l'étranger serait-elle valable? non, sans aucun doute. Et puis les droits de l'époux ne sont pas limités autant qu'on veut bien le dire ; il peut restreindre provisoirement la libéralité qu'il a l'intention de faire à son conjoint, sauf à l'augmenter plus tard, s'il n'a pas épuisé en faveur d'autres personnes la quotité disponible. Si, au contraire, il veut d'abord avantager ses enfants, il lui restera, en dehors du disponible ordinaire dont il n'aura pas disposé, le quart en usufruit qui constitue l'extension de disponible

(1) V. M. Benech, *op. cit.*, 412-413 ; — M. Valette, *le Droit* du 11 mars 1846.

de l'article 1094. Enfin, la facilité avec laquelle le donateur peut révoquer la plupart de ses donations lui assure le moyen de rétablir la balance entre ses donataires, quand il le juge à propos. Comment donc peut-on dire qu'il sera embarrassé (1) ?

Nous avons dit aussi plus haut que l'intention du législateur était de réserver au profit exclusif du conjoint l'extension ne disponible de l'article 1094, nous en trouvons la preuve dans ce fait : c'est que l'augmentation de ce disponible est encore plus grande quand le disposant ne laisse que des ascendants et toujours supérieure à celle qui lui est accordée pour les étrangers. Cette constatation va nous servir à réfuter l'argument final tiré de la loi du 17 nivôse an II. Cette loi en effet ne présentait pas de dispositions analogues, il y avait aussi une dissemblance profonde entre les deux quotités disponibles, celle établie en faveur de l'époux pouvait atteindre une moitié en usufruit, tandis que celle de l'étranger était limitée à un dixième en propriété. Comment aurait-on pu les imputer l'une sur l'autre ? C'était vraiment impossible. Dans le Code civil, au contraire, les deux quotités ont toujours un point commun, soit le quart, soit les trois quarts en pleine propriété, suivant les cas.

La Cour de cassation, bien loin de confirmer l'opinion que nous combattons, a même tiré de la nôtre des conséquences inacceptables, rejetées par la presque totalité des auteurs. C'est ainsi que, dans le cas où le disposant aurait donné à son conjoint une moitié de ses biens en usufruit, il n'y aurait plus, d'après la Cour suprême, de quotité disponible en faveur de l'étranger, cette moitié en usufruit étant censée, par application de la loi fiscale du 22 frimaire an VII, valoir un quart en pleine propriété. Nous pensons, au contraire, avec la majorité des auteurs (2), que dans ce cas il faudrait imputer la libéralité sur le quart en usufruit spécial créé par l'article 1094 en faveur de l'époux, puis ensuite sur le disponible ordinaire, il resterait alors un quart en nue propriété dont le disposant aurait pu faire profiter un étranger. C'était au moins son intention présumée et il est de règle que l'on donne aux dis-

---

(1) V. M. Marcadé, sur l'art. 1100, n° 2.
(2) En ce sens, Marcadé, loc. cit. ; — Troplong, n° 2.609 ; — Demolombe, VI, n° 547.

positions du testateur ou du donateur une interprétation paraissant conforme à son intention.

Troisième cas. — La libéralité sujette à réduction a été faite au conjoint et à un étranger, mais avec cette particularité que les donations ont la même date. Pour résoudre cette difficulté, qui porte seulement sur le mode d'exercice de la réduction, trois systèmes ont été proposés :

Le premier est celui de Toullier (*Contrat de mariage*, tome V, n° 72). Cet auteur enseigne que la réduction doit être faite proportionnellement en prenant pour base le plus fort disponible. Ce système, inadmissible puisqu'il fait profiter du plus fort disponible le donataire qui n'a droit qu'au plus faible, est cependant encore suivi par quelques auteurs (1).

Le second est dû à Delvincourt (2), qui, adoptant l'idée de la réduction proportionnelle, prend pour base le disponible commun aux deux libéralités, c'est-à-dire le plus faible, et attribue l'excédent d'un disponible sur l'autre à celui des donataires au profit duquel est établie la plus petite quotité. Ce système, l'opposé de celui de Toullier, tombe dans un autre excès, en donnant trop peu au donataire du plus faible disponible.

Un troisième et dernier système a été imaginé par Marcadé (3), et il a l'avantage de tenir le juste milieu entre les deux premiers. Il emprunte à Delvincourt la réduction proportionnelle, d'après la plus faible quotité, puis il fait provisoirement subir à la libéralité faite au donataire le plus favorisé une diminution proportionnelle à celle qu'on fait subir provisoirement à son disponible. Enfin, il lui attribue exclusivement ce qui reste libre. Nous allons mettre en lumière ces trois systèmes par des chiffres.

La quotité disponible au profit de l'étranger est d'un quart en pleine propriété ; pour l'époux elle est d'un quart en pleine propriété et d'un quart en usufruit ou d'un quart et demi, pour le premier elle s'élève à 10/40 et pour le second à 15/40 ; supposons que le disposant ait donné les deux quotités, soit 25/40, et à chacun des donataires le disponible qui lui est spécial, il y a

(1) En ce sens, Troplong, n° 2.617
(2) Tome II, 223 ; — V. Demolombe, n° 540.
(3) Sur l'article 1100, n° IV.

alors pour l'étranger un excès de 3/5 et pour l'époux un excès de 2/5 seulement.

Toullier, opérant comme si pour les deux donations l'excès n'était que de deux cinquièmes, laisse à chacun les trois cinquièmes de ce qu'il a reçu, soit à l'étranger 6/40 et à l'époux 9/40.

Delvincourt, opérant en sens inverse, considère que pour les deux donations l'excès est de trois cinquièmes, il retranche en conséquence à chacun des donataires les trois cinquièmes de ce qu'ils ont reçu, l'étranger se trouve ainsi réduit à 4/40 et l'époux à 6/40, mais comme il existe au profit de ce dernier un surcroît de disponible égal à un dernier quart ou 5/40, il se trouve avoir en définitive 11/40.

Dans le système de Marcadé, on réduit comme s'il n'y avait qu'un quart disponible. On suppose ensuite que la donation faite à l'époux n'a pas excédé ce quart disponible. Les deux libéralités sont réduites de moitié, soit chacune de 5/40, enfin on restitue à l'époux l'excédent d'un demi-quart ou 5/40, qui existe en sa faveur et il se trouve avoir finalement 10/40, l'étranger conservant ses 5/40.

En résumé on trouve ;

D'après Toullier, que l'étranger a droit à 6/40 et l'époux à 9/40 ;
D'après Delvincourt, que l'étranger a droit à 4/40 et l'époux à 11/40 ;
Et d'après Marcadé, que l'étranger a droit à 5/40 et l'époux à 10/40

Ce résumé fait ressortir l'avantage du dernier système.

On a proposé de le simplifier, en distinguant, dans la libéralité faite au donataire le plus favorisé par la loi, la portion qu'il peut seul recevoir, soit en propriété, soit en usufruit et en la prélevant réellement à son profit exclusif, avant de procéder à la réduction proportionnelle d'après le plus faible disponible devenu alors réellement commun. Ainsi, en reprenant l'hypothèse précédente, l'étranger a reçu 10/40 et l'époux 15/40 ; on prélève sur la donation de l'époux le quart en usufruit auquel il a seul droit, soit 5/40; les donations ne sont plus alors toutes les deux que d'un quart en pleine propriété ; la réduction faite comme précédemment, il reste à l'époux et à l'étranger chacun 5/40; à ces

5/40, on ajoute alors pour l'époux les 5/40 prélevés, ce qui lui fait en tout 10/40 (1).

Dans le plupart des cas, cette simplification a pour avantage d'éviter (ce qui n'est pas toujours facile à faire) l'estimation de l'usufruit.

II. — De la nullité des donations

Le législateur, en frappant de nullité les donations déguisées, ne pouvait pas prévoir toutes les hypothèses et c'est aux parties intéressées à faire la preuve de la fraude qui a eu pour effet d'avantager le conjoint survivant au delà des limites fixées par la loi. Toutefois, le législateur a établi certaines présomptions légales d'interpositions de personnes qui dispensent de toute preuve ceux au profit de qui elles sont établies et refusent la preuve contraire à ceux contre qui elles sont dirigées. Ces présomptions légales sont énumérées dans l'article 1100 ainsi conçu : « *Seront réputées faites à personnes interposées les donations de l'un des époux aux enfants ou à l'un des enfants de l'autre époux, issus d'un autre mariage, et celles faites par le donateur aux parents dont l'autre époux sera héritier présomptif au jour de la donation, encore que ce dernier n'ait point survécu à son parent donataire.* »

Il y a donc deux catégories de personnes réputées interposées entre le donateur et son conjoint.

La première comprend les enfants du donataire issus d'un précédent mariage. Il y a un tel lien entre ces enfants et leur auteur, que la loi a été sage en supposant que les libéralités faites aux premiers s'appliquaient en réalité au dernier. L'article 1100 est en outre, sur ce point, le complément de l'article 1098 édicté pour sauvegarder les intérêts des enfants du premier mariage de l'époux donateur. S'il n'en existe pas, l'art. 1100 a encore l'avantage de conserver aux enfants communs du donateur et du donataire des biens qui en toute justice sont leur propriété.

(1) V. M. Boissonnade, liv. III, sect. III, p. 468.

La deuxième comprend les personnes dont le conjoint du donateur est héritier présomptif au jour de la donation. Pour celles-ci il y avait encore moins de raison de douter de l'interposition établie au profit du conjoint donataire, puisqu'il est appelé à recueillir les successions des personnes gratifiées par le donateur. Au surplus, peu importe que le conjoint ait ou non recueilli les libéralités faites à ceux dont il est l'héritier présomptif au jour de la donation, ces libéralités sont nulles à l'origine au moment même où elles sont faites, et aucun événement ne peut faire vivre ce qui n'existe pas.

Bien que le législateur n'ait mentionné l'interposition de personnes que dans deux cas, il en existe beaucoup d'autres pour lesquels les parties intéressées seront appelées à en faire la preuve, par tous les moyens possibles, puisqu'il s'agit de démasquer une fraude. Du reste le législateur a aussi défendu certaines conventions au moyen desquelles les époux auraient pu se faire des avantages excessifs ; c'est ainsi qu'il a interdit la vente entre époux qui était de nature à masquer une quantité de libéralités, sauf dans trois cas qui excluent tout idée de fraude, puisqu'ils supposent en réalité non pas une vente, mais une dation en paiement.

Nous terminerons cette longue étude des donations en faisant remarquer que l'action tendant à faire annuler les donations, comme celle qui tend seulement à les faire réduire aux limites imposées par la loi, appartient uniquement aux héritiers réservataires. Si donc une libéralité tombant sous l'application de l'article 1100 avait lieu en l'absence de ces derniers, nous croyons que la nullité ne pourrait pas en être prononcée ; le but du législateur en effet disparaît complètement, la quotité disponible et la réserve sont intimement liées ensemble, puisqu'elles se définissent l'une par l'autre ; si la réserve n'existe pas à quoi bon vouloir limiter la quotité disponible en prononçant la nullité des dispositions prohibées par l'article 1100? Nous n'en voyons pas le motif, aussi cette solution est généralement admise.

TROISIÈME PARTIE

LOIS POSTÉRIEURES AU CODE CIVIL

SECTION PREMIÈRE

DU DROIT DES VEUVES SUR LES MAJORATS

L'œuvre grandiose du législateur de 1804 a reçu en général fort peu de modifications, même sur les points laissés dans l'ombre ou incompatibles avec les progrès de la civilisation moderne ; aujourd'hui encore on a peur de toucher au bloc et il a fallu des années pour voir améliorer les droits du conjoint survivant. Il y a eu toutefois sur cette matière quelques essais tentés au profit de l'époux. Le premier en date est celui qui fut fait à l'occasion de la loi sur les majorats :

Les majorats, rétablis comme on sait par Napoléon Iᵉʳ, n'étaient pas autre chose que des substitutions perpétuelles d'une nature particulière ; chaque titulaire successif du majorat était chargé de conserver les biens dont il se composait et de les rendre à sa mort, à l'aîné de ses enfants mâles. Destinés à former la dotation des titres héréditaires également rétablis par Napoléon Iᵉʳ, ils étaient, comme eux, transmissibles de mâle en mâle, et par ordre de primogéniture.

Les majorats se divisaient en deux catégories.

Dans la première étaient compris ceux créés par l'Empereur au profit de personnes qui avaient rendu de grands services au pays. Ils étaient pris sur le domaine extraordinaire de la couronne et constituaient les majorats *de propre mouvement*.

Dans la seconde figuraient les majorats fondés par des particuliers, grands dignitaires de l'Empire, gratifiés d'un titre héréditaire, avec des biens leur appartenant en propre et sous l'autorisation du chef de l'État. Ils constituaient les majorats *sur demande*.

En contradiction avec les principes du Code civil qui prohibait les substitutions, la création de ces majorats fut une sorte de réaction contre les idées nouvelles apportées par la Révolution de 1789, mais cette réaction fut imposée par des raisons spéciales. L'Empereur, qui rêvait pour sa postérité la couronne héréditaire, voulut lui assurer l'appui d'une noblesse nouvelle, dont les titres avaient été conquis sur les champs de bataille de l'Europe et qui égalait l'ancienne par la gloire; il la fortifia en conséquence par la création des majorats et emprunta tout naturellement à la Royauté les idées et les principes qui avaient fait la force de l'ancienne noblesse, entre autres l'idée de substitution, de transmission des majorats de mâle en mâle, par ordre de primogéniture, comme l'étaient autrefois les fiefs. Il ressuscita même dans une certaine mesure le douaire et c'est par là que les lois dont nous allons nous occuper se rattachent à notre sujet.

Le droit des veuves sur les majorats est en effet une sorte de douaire organisé par le décret du 1er mars 1808 (art. 48 et 49).

D'après ce décret, la veuve du titulaire d'un majorat avait droit à une pension viagère prise sur les revenus de ce majorat, et dont la quotité variait suivant que celui-ci subsistait au profit d'un descendant mâle ou s'éteignait faute de postérité masculine; au premier cas, la pension était du tiers des revenus du majorat, au second, de la moitié.

Pour avoir droit à cette pension, il fallait que la veuve justifiât que ses revenus personnels étaient inférieurs à ce tiers ou à cette moitié et en cas d'infériorité elle n'obtenait que la différence entre ses revenus personnels et ces quotités. Ajoutons qu'elle perdait son droit en cas de divorce ou de nouveau mariage, contracté sans l'autorisation de l'Empereur.

Un décret du 24 août 1812 régla à nouveau la concession et la fixation des pensions des veuves, dans le cas où la dotation faisait retour à la couronne; il décida notamment qu'aucune pension ne pourrait être accordée sans un décret spécial, qu'elle ne pourrait jamais être supérieure au tiers des revenus du majorat, si la veuve avait des filles issues de son mariage avec le titulaire, au quart si elle n'en avait pas, enfin qu'en aucun cas cette pension ne pourrait excéder 200.000 francs. Si le majorat était déjà grevé d'une pension de veuve, la nouvelle ne pouvait porter que sur le revenu qui restait libre, sauf à être augmenté, s'il y avait lieu, au décès de la précédente pensionnaire. Dans le cas où le majorat était éteint et comprenait des biens de la Couronne et des biens personnels au titulaire, on appliquait le décret du 24 août 1812 aux premiers et celui du 1er mars 1808 aux seconds.

Cette pension devait être demandée dans les six mois du décès du titulaire, sinon la pensionnaire perdait les arrérages courus depuis le jour du décès jusqu'à celui de la demande. Enfin une fois liquidée, cette pension était invariable, elle constituait une charge fixe du majorat, indépendante des revenus qu'il produisait et si, au lieu de rester à la Couronne, il était de nouveau concédé à un autre titulaire, celui-ci était chargé du service de la pension.

La Restauration ne pouvait pas abolir les majorats de l'Empire ; elle en créa même de nouveaux pour la pairie héréditaire, mais dans les ordonnances intervenues à ce sujet les 25 août-4 septembre 1817 ; 7-15 octobre 1818 ; 10 février-13 août 1824, et 21 juin-1er juillet 1829, il n'y a aucune disposition concernant les veuves.

La monarchie de Juillet abolit pour l'avenir dans la loi des 12-13 mai 1835 les majorats de propre mouvement et ceux érigés sur demande en limitant à deux degrés, l'institution non comprise, les transmissions qui pourraient être faites des derniers. Naturellement le droit des veuves subit le sort de l'institution.

Par la loi du 7-11 mai 1849, la République de 1848 hâta la disparition des majorats en décidant qu'ils ne seraient transmissibles qu'aux appelés déjà nés ou conçus lors de la promulgation de la loi et en les rendant immédiatement libres entre les mains des possesseurs actuels, s'il n'existait pas d'appelés, ou s'ils venaient à décéder avant l'ouverture de leur droit.

En ce qui concerne les majorats de propre mouvement existant au moment de la loi de 1835, ils n'ont pu recevoir aucune atteinte et cela s'explique, puisque les domaines affectés à ces majorats représentaient les récompenses de services rendus aux pays ; il eût été d'autant plus injuste de les abolir, qu'ils devaient un jour faire

13

retour à l'État, lorsque leurs titulaires ne laisseraient aucun descendant mâle. Pour eux la législation du premier Empire a donc été maintenue. Constatons au surplus que ces majorats ont aujourd'hui presque complètement disparu.

SECTION DEUXIÈME

DU DROIT DE L'ÉPOUX SURVIVANT, SUR LA PROPRIÉTÉ LITTÉRAIRE OU ARTISTIQUE

Avant d'étudier ce nouveau droit de l'époux survivant, il nous faut indiquer l'objet auquel il s'applique et rappeler en quelques mots les règles auxquelles cet objet était assujetti avant la loi du 14 juillet 1866, qui régit actuellement la matière. Ces notions nous paraissent indispensables pour la clarté du sujet.

L'objet du droit du conjoint survivant, c'est la propriété littéraire ou artistique, propriété qui a été contestée et qui l'est toujours. Nous n'avons pas à retracer ici la polémique soulevée à ce sujet, surtout maintenant que la question paraît à peu près tranchée, nous nous contenterons donc de dire que le principe de la propriété temporaire, littéraire ou artistique (s'il peut exister une propriété temporaire) est admis dans nos lois. On a donné tort à Pascal qui avait écrit avec tant de justesse : « Certains auteurs disent : mon livre, mon commentaire, mon histoire, ils feraient mieux de dire, notre livre, notre commentaire, notre histoire, vu que d'ordinaire il y a en cela plus du bien d'autrui que du leur. »

La propriété des œuvres artistiques et littéraires avant 1789 était perpétuelle pour l'auteur et ses héritiers quand ils avaient obtenu le privilège du roi (arrêts du conseil du roi du 30 août 1777 et du 30 juillet 1778). Sous la Révolution, une loi du 13-19 janvier 1791 réduisit le droit des héritiers et cessionnaires des auteurs dramatiques à cinq années à partir du jour du décès de ceux-ci. Une autre loi du 19-24 juillet 1793, s'appliquant à toutes les œuvres littéraires et artistiques, étendit ce délai à dix ans, et elle consacra formellement le droit de propriété des auteurs pendant leur vie entière.

Un décret du 1er germinal an XIII assimila les œuvres posthumes aux ouvrages publiés par l'auteur lui-même et il y attacha les mêmes privilèges.

Jusqu'ici nous ne trouvons aucun texte intéressant le conjoint survivant, mais voici une disposition contenue dans un décret du 5 février 1810, qui va le faire sortir de l'oubli. Cette disposition, qui s'applique seulement aux ouvrages imprimés ou gravés, garantit le droit de propriété à l'auteur et à sa veuve pendant leur vie, si les conventions matrimoniales de celles-ci lui en donnent le droit, et à leurs enfants, pendant vingt ans.

C'est le premier essai fait vers la reconnaissance des droits du conjoint survivant, essai bien timide et bien imparfait, puisqu'il laisse le mari en dehors de la disposition, mais il n'en constitue pas moins un progrès que nous devons constater.

Ce progrès fut bientôt suivi d'un nouveau réalisé par la loi du 3 août 1844, qui accorda à la veuve et aux héritiers des auteurs dramatiques le droit de bénéficier des représentations des œuvres de ces derniers pendant le délai de vingt ans.

La loi du 8-19 avril 1854 porta le droit des enfants à 30 ans, sans toucher à celui des autres héritiers.

Enfin, la dernière loi sur la matière est la loi du 14 juillet 1866, qui, sans être parfaite, paraît devoir régir longtemps encore la propriété littéraire, bien que son rapporteur, M. Perras, ait déclaré qu'elle constituait seulement « une trêve sous les armes ».

Voici le texte de cette loi :

« Article 1er.—La durée des droits accordés par les lois antérieu-
« res aux héritiers, successeurs irréguliers, donataires ou légataires
« des auteurs, compositeurs ou artistes, est portée à cinquante
« ans, à partir du décès de l'auteur. Pendant cette période de cin-
« quante ans, le conjoint survivant, quel que soit le régime matri-
« monial, et indépendamment des droits qui peuvent résulter en
« faveur de ce conjoint du régime de la communauté, a la simple
« jouissance des droits dont l'auteur prédécédé n'a pas disposé par
« acte entre vifs ou par testament. — Toutefois, si l'auteur laisse
« des héritiers à réserve, cette jouissance est réduite au profit de
« ces héritiers suivant les proportions et distinctions établies par
« les articles 913 et 915 du Code Napoléon. — Cette jouissance
« n'a pas lieu lorsqu'il existe, au moment du décès, une sépara-

« tion de corps prononcée contre ce conjoint ; elle cesse au cas où
« le conjoint contracte un nouveau mariage. — Les droits des
« héritiers à réserve et des autres héritiers ou successeurs, pen-
« dant cette période de cinquante ans, restent d'ailleurs réglés
« conformément aux prescriptions du Code Napoléon. — Lorsque
« la succession est dévolue à l'État, le droit exclusif s'éteint sans
« préjudice des droits des créanciers et des traités de cession qui
« ont pu être consentis par l'auteur ou par ses représentants. »

« Article 2. — Toutes les dispositions des lois antérieures con-
« traires à celles de la loi nouvelle sont et demeurent abrogées. »

Le paragraphe premier de l'article premier de cette loi réalise
un progrès important sur les précédentes. Sans parler du délai de
cinquante ans qu'il accorde aux héritiers, successeurs irréguliers,
donataires ou légataires des auteurs, compositeurs ou artistes, qui
constitue cependant lui aussi un autre progrès, nous appelons
l'attention sur la fin de ce paragraphe, qui fixe, comme point de
départ du délai imparti, le décès de l'auteur. Par suite de cette
disposition, nombre de procès ont été et seront évités, tandis que,
sous l'empire de l'ancienne législation qui garantissait le droit de
propriété littéraire à l'auteur et à sa veuve, pendant leur vie et à
leurs héritiers ou cessionnaires, pendant trente ans, il n'était pas
toujours facile de savoir si ce droit avait, ou non, cessé d'exister,
et de là naissaient des procès souvent causés par l'ignorance.

En revanche, cette disposition paraît critiquable en tant que le
délai de cinquante ans qu'elle accorde s'applique au survivant des
époux comme aux héritiers de celui-ci, de telle sorte que si l'auteur meurt très jeune, le droit conféré par la loi de 1866 peut s'é-
teindre du vivant même du conjoint qui en bénéficie, sans que les
héritiers du premier aient été appelés à y participer. Mais il était
de l'intérêt public d'avoir un délai fixe et invariable pour éviter
toute difficulté. Ce délai a été au surplus réglé de telle sorte que
presque toujours les héritiers de l'auteur en bénéficieront presque
autant que le conjoint lui-même.

Un progrès plus sensible encore réside dans le paragraphe
deux du même article, qui accorde la jouissance du droit de pro-
propriété littéraire ou artistique au conjoint survivant, quel que soit
le régime de mariage auquel il se trouve soumis, faisant ainsi cesser

les controverses qui avaient pris naissance au sujet de l'interprétation du décret du 5 février 1810.

Mais tout n'est pas à louer dans ce même paragraphe, et la fin en est singulièrement obscure. Il semble toutefois en résulter que :

1º Les droits de propriété littéraire ou artistique tombent dans la communauté (Cass., 16 août 1884. Pal., 1881, 1, 38) ;

2º Le conjoint survivant de l'auteur, en l'absence d'héritiers réservataires, a droit à la jouissance de tous ces droits, quand celui-ci n'a pas disposé de la part lui revenant, par actes entre vifs ou par testament ;

3º Les dispositions que l'auteur peut prendre au sujet de ces mêmes droits sont réductibles d'après les proportions et les distinctions établies par les articles 913 et 915, et aussi, bien que le législateur ne le dise pas expressément, d'après les règles établies par l'article 1094 du Code civil.

Le droit de jouissance du conjoint survivant lui est enlevé dans deux cas :

1º Quand, au moment du décès, il est séparé de corps (ou divorcé ; loi du 27 juillet 1884) d'avec son conjoint et que le divorce ou la séparation de corps ont été prononcés contre lui. S'ils l'ont été à son profit, il conserve son droit ;

2º Quand il convole à un second mariage. Cette déchéance s'explique en ce sens mieux encore que dans les autres, parce qu'il y a un motif de convenance à ne pas faire profiter l'époux remarié de droits venus exclusivement d'un conjoint prédécédé dont il a perdu le souvenir.

SECTION TROISIÈME

DES DROITS DE LA VEUVE SUR LES PENSIONS CIVILES ET MILITAIRES

Nous venons de voir une loi qui s'applique aux deux époux, à l'homme comme à la femme, mais presque toujours à celle-ci heureusement (les femmes auteurs étant loin d'avoir nos sympathies) en voici d'autres spéciales à la femme veuve qui méritent à leurs auteurs les plus grands éloges, d'abord parce qu'elles sont une réaction contre l'imprévoyance des rédacteurs du Code civil, et en second lieu parce qu'elles s'appliquent aux veuves des serviteurs de l'État, et constituent ainsi un encouragement à la fidélité et au dévouement, en même temps qu'elles assurent, dans une certaine mesure, l'existence d'une catégorie de femmes d'autant plus dignes d'intérêt qu'elles sont bien souvent réduites aux seules ressources créées par leurs époux.

C'est la Révolution qui proclama la première la légitimité de la dette de l'État envers ses fonctionnaires, dans la loi des 3 et 22 août 1790. C'est elle aussi qui, dans la même loi, s'occupa la première des veuves en décidant (article 7) « que, dans le cas de défaut de patrimoine, la veuve d'un homme mort dans le cours de son service public pourrait obtenir une pension alimentaire... etc. » Seulement, comme on ne pouvait grever le Trésor public outre mesure, on imagina un système ingénieux consistant dans l'établissement de caisses de retraites, alimentées dans chaque administration par des retenues faites sur les appointements des fonctionnaires. Ces retenues, proportionnelles aux appointements, furent d'abord fixées à un pour cent, par la loi du 4 brumaire an IV, à deux pour cent, par la loi du 5 mars 1811 ; aujourd'hui, elles atteignent cinq pour cent.

Le principe du droit à la pension une fois établi, le législateur en a fait des applications tellement nombreuses que nous n'essaierons même pas d'énumérer les dispositions législatives rendues à ce sujet ; nous retiendrons seulement trois d'entre elles, les plus remarquables, et qui présentent sur les autres un avantage considérable, celui d'être toujours en vigueur.

La première est une ordonnance de la monarchie de Juillet, en date du 11-14 avril 1831, concernant les pensions de l'armée de terre. Elle accorde aux veuves une pension variant de 6.000 fr. (pour les veuves des maréchaux) à 100 francs pour les veuves de simples soldats et ouvriers militaires).

La seconde est une autre ordonnance de la monarchie de Juillet, du 18 avril-11 mai 1831, concernant les pensions de l'armée de mer. Elle accorde aux veuves les mêmes avantages que la précédente.

Dans ces deux ordonnances, la veuve séparée de corps est pri-

vée de la pension, elle en est encore privée si son mariage n'a pas
été autorisé dans les formes prescrites par le décret du 10 juin
1808, et encore dans le cas où ce mariage a été contracté moins
de deux ans avant la cessation de l'activité ou du traitement de
son mari.

Il n'est rien dit pour le convol.

Enfin la troisième disposition est due au second Empire qui réu-
nit toutes les lois et ordonnances rendues jusqu'alors sur la matière et les condensa dans la loi du 9 juin 1853.

Les droits des veuves sont établis dans les articles 13 à 16 de
cette loi.

« *A droit à la pension*, dit l'article 13, *la veuve du fonction-*
« *naire qui a obtenu une pension de retraite en vertu de la présente*
« *loi, ou qui a accompli la durée de service exigée par l'article*
« *5 (1), pourvu que le mariage ait été contracté six ans avant la*
« *cessation des fonctions du mari.* »

« *Ont droit à la pension*, ajoute l'article 14 : — *1° la veuve*
« *du fonctionnaire ou employé qui, dans l'exercice ou à l'occasion*
« *de ses fonctions, a perdu la vie dans un naufrage ou dans un*
« *des cas spécifiés par le paragraphe 1er de l'article 11, soit*
« *immédiatement, soit par suite de l'événement (2); — 2° la*
« *veuve dont le mari aura perdu la vie par un des accidents pré-*
« *vus au paragraphe 2 de l'article 11 (3) ou par suite de cet*
« *accident.* »

Les veuves mentionnées dans l'article 13 ont droit à une pension

(1) 25 ans de services actifs ou 30 ans de services sédentaires.

(2) Ce paragraphe comprend : « Les fonctionnaires et employés qui auront été mis hors d'état de continuer leur service, soit par suite d'un acte
de dévouement dans un intérêt public, ou en exposant leurs jours pour
sauver la vie d'un de leurs concitoyens, soit par suite de lutte ou combat
soutenu dans l'exercice de leurs fonctions. »

(3) Ce paragraphe comprend : « Ceux qu'un accident grave, résultant no-
toirement de l'exercice de leurs fonctions, met dans l'impossibilité de les
continuer. — Peuvent également obtenir pension, s'ils comptent cinquante
ans d'âge et vingt ans de service dans la partie sédentaire, ou quarante-
cinq ans d'âge et quinze ans de service dans la partie active, ceux que des
infirmités graves, résultant de l'exercice de leurs fonctions, mettent dans
l'impossibilité de les continuer ou dont l'emploi aura été supprimé. —
Peuvent aussi obtenir pension, les magistrats mis à la retraite en vertu
du décret du 1er mars 1852, qui remplissent la condition de service indiquée dans le paragraphe qui précède. »

égale au tiers de celle que le mari avait obtenue ou à laquelle il aurait eu droit, sans que cette pension puisse être inférieure à 100 francs.

Les veuves mentionnées dans l'article 14 ont droit aux deux tiers de la pension que le mari aurait obtenue ou pu obtenir par application de l'article 12, premier paragraphe, et au tiers seulement de celle qu'il aurait obtenue ou pu obtenir par application du paragraphe deuxième du même article 12.

Dans le cas de l'article 13, les veuves ont droit à la pension, pourvu que le mariage ait été contracté six ans avant la cessation des fonctions du mari, tandis que, dans ceux de l'article 14, il suffit que le mariage ait été contracté antérieurement à l'événement qui a causé la mort ou amené la retraite du mari.

Ajoutons enfin que la veuve n'a pas droit à la pension, si, au moment de son décès, elle est séparée de corps d'avec son mari par jugement prononcé contre elle sur la demande de ce dernier. La qualité de française lui est également nécessaire pour y avoir droit, mais le convol ne la lui fait pas perdre.

SECTION QUATRIÈME

DU DROIT DE SUCCESSION ACCORDÉ AU CONJOINT D'UN DÉPORTÉ

La dernière loi que nous trouvons, intéressant le conjoint survivant, est en date des 25-28 mars 1873 et s'applique au conjoint d'un déporté. Nous devons à ce propos rendre hommage au législateur qui a voulu récompenser la femme, fidèle à son mari jusque dans les peines infamantes. Certes, il y a dans le fait de l'épouse qui s'expatrie dans ces conditions une abnégation et une grandeur d'âme bien touchantes et elle devait en toute justice recevoir la compensation que lui a donnée la loi de 1873. Mais une autre considération a guidé le législateur, il a voulu peupler la Nouvelle-Calédonie affectée à la déportation et en faire une colonie utile à la France. Cette idée domine toute la loi : Ainsi les déportés peuvent obtenir des concessions de terres, provisoires pendant cinq ans, et définitives après ce délai, si elles ne leur ont pas été retirées dans des cas expressément prévus dont nous n'avons pas à nous occuper ici ; et pour que la femme ait droit au bénéfice de la loi de 1873, il faut qu'elle habite avec son mari. Cette cohabitation du déporté et de son conjoint relève le premier d'une partie des déchéances qu'une condamnation avait entraînées ; il peut, recouvrant une partie de ses droits civils, disposer, dans les limites des articles 1094 et 1098 du Code civil, des biens qui lui appartiennent, en quelque lieu qu'ils soient situés, par acte entre vifs ou par testament, en faveur du conjoint habitant avec lui.

Voyons maintenant les droits du conjoint du déporté. Ces droits sont réglés par les articles 11 et 13 de la loi.

« En cas de prédécès du titulaire d'une concession provisoire « avant les cinq ans, dit le troisième alinéa de l'article 11, sa « veuve et ses enfants pourront être autorisés à continuer la pos- « session et devenir propriétaires, à l'expiration du délai qui res- « tait à courir, sous les conditions imposées au concessionnaire.

« Si le concessionnaire vient à mourir après que la concession « a été rendue définitive, les biens qui en font partie sont attri- « bués aux héritiers, d'après les règles du droit commun. Néan- « moins, dans le cas où il n'existerait pas d'enfants légitimes ou « autres descendants, la veuve, si elle habitait avec son mari, « succédera à la moitié en propriété, tant de la concession que « des autres biens que le déporté aurait acquis dans la colonie. En « cas d'existence d'enfants légitimes ou autres descendants, le « droit de la femme ne sera que d'un tiers en usufruit » (art. 13).

Ce droit de la femme n'est pas une réserve, mais il en est l'équivalent, puisque le déporté ne peut disposer valablement qu'en faveur de son conjoint. La femme n'a pas la saisine ; elle doit demander l'envoi en possession des biens qu'elle recueille, mais les formes de cet envoi en possession sont très simplifiées.

Enfin, faisons une dernière remarque. Les dispositions de la loi de 1873 s'appliquent aussi bien aux maris des femmes dépor- tées qu'aux femmes des déportés, bien que le législateur, statuant pour la pluralité des cas, les ait surtout prises en faveur de ces dernières et que, dans la discussion de la loi, on n'ait presque jamais parlé des maris. Il n'y a du reste aucun doute à cet égard.

QUATRIÈME PARTIE

LOI DU 9 MARS 1891

INTRODUCTION AU COMMENTAIRE DE LA LOI
DU 9 MARS 1891

I. — Proposition de loi de 1851

Les lois dont nous venons de parler ne furent pas les seuls essais faits pour combler la lacune du Code civil, sur les droits du conjoint survivant; il y en eut un plus direct, mais qui, moins heureux, n'aboutit pas. En 1851, une proposition fut faite à l'Assemblée législative par MM. Bourzat, Bac, Ceyras, Clément, Durieu et autres, tendant à accorder au survivant indigent des conjoints une part d'enfant en usufruit, au maximum d'un quart en face de descendants, et d'un quart en toute propriété dans les autres cas; cette portion héréditaire devait avoir le caractère d'une réserve, en tant qu'elle consistait en un usufruit.

Cette proposition ne devait pas aboutir ; heureusement, car elle était contraire à l'un des grands principes proclamés par la Révolution: au principe de l'égalité civile. Elle avait en outre le tort grave de se servir d'un terme que le droit romain lui-même n'avait pas employé. Elle n'accordait le droit qu'elle créait qu'au conjoint *indigent*. En somme, on peut dire qu'il n'y avait d'heureux dans cette proposition que l'idée qui l'avait fait émettre, idée qui tendait à corriger une injustice et dont il faut savoir gré à ses auteurs.

Cette proposition fut soumise à l'examen d'une commission dont M. Victor Lefranc fut nommé rapporteur. Elle sortit du sein de cette commission complètement transformée, en perdant ses caractères aussi blessants pour la justice que pour l'équité.

Par l'organe de son rapporteur, la commission présenta un projet qui proposait, en faveur de l'époux dans le besoin, une pension alimentaire à prendre sur la succession du prédécédé. Cette pension alimentaire ne devait jamais dépasser l'usufruit des biens de la portion disponible, et des précautions étaient prises pour en assurer le paiement, notamment une séparation des patrimoines très simplifiée.

Si nous adoptions, ainsi que beaucoup de bons esprits, la pension alimentaire comme seul droit de l'époux survivant, nous examinerions en détail la proposition présentée par la commission, mais y étant résolûment opposés pour des motifs que nous exposerons plus loin, nous l'écarterons avec d'autant plus de facilité qu'elle n'a même pas été discutée, à cause de la dissolution de l'Assemblée Législative qui arriva presque aussitôt après le dépôt du rapport de M. Lefranc.

II. — Préparation de la loi actuelle

PROPOSITION DE M. DELSOL

Consultation de la Cour de cassation, des Cours d'appel et des Facultés de droit.

Vingt années s'écoulèrent sans que l'on songeât à reprendre l'idée qui avait abouti à la proposition de loi de 1851, et en 1871 seulement, l'Académie des sciences morales et politiques mit au concours, comme sujet du prix Bordin, pour cette année, la question suivante : « De la condition juridique de l'époux survivant au point de vue du droit de succession et des dispositions entre époux. Vicissitudes du droit ancien à cet égard. Droit actuel. Droit comparé et législations modernes. » Cette question fut magistralement traitée par M. Gustave Boissonnade, professeur agrégé à la Faculté de droit de Paris, dont le mémoire, intitulé *Histoire des droits du conjoint, survivant* fut couronné et valut à son auteur le prix mis au concours. Son étude a considérablement facilité notre travail, et nous sommes heureux de lui rendre ici un public hommage.

L'initiative prise par l'Académie des sciences morales et politiques ne fut pas stérile et en 1872 un membre de l'Assemblée nationale, M. Delsol (aujourd'hui sénateur de l'Aveyron), présenta le 21 mai à cette assemblée une proposition de loi dont voici les dispositions principales :

L'époux survivant était appelé à succéder à la moitié des biens laissés par son conjoint, si celui-ci ne laissait pas de parents successibles au delà du sixième degré.

Dans les autres cas, il n'avait plus droit qu'à un usufruit, réglé ainsi qu'il suit :

Si le défunt laissait des enfants communs, l'époux survivant avait l'usufruit d'une part d'enfant légitime, sans que jamais cette part pût être inférieure au quart des biens ;

Si le défunt laissait des enfants nés d'un précédent mariage, l'usufruit était d'une part d'enfant légitime le moins prenant, sans que cette part pût excéder le quart des biens ;

S'il n'y avait pas d'enfants, et que l'époux ne concourût point avec des héritiers légitimes, l'usufruit était de la moitié de la succession.

Enfin l'époux contre lequel la séparation de corps avait été prononcée n'avait droit, ni à l'usufruit, ni à la propriété des biens de son conjoint. L'époux convolant en secondes noces en perdait immédiatement le bénéfice.

Cette proposition de loi fut renvoyée à une commission d'initiative parlementaire qui la prit en considération et nomma M. Delsol rapporteur. A son tour, l'Assemblée nationale adopta, le 24 mars 1873, les conclusions du rapport de M. Delsol et renvoya la proposition dans ses bureaux pour qu'elle y fût soumise à un examen approfondi.

Il est intéressant de citer les noms des membres de la commission nommés par les bureaux. Cette commission fut composée de MM. Sacaze, président ; Millaud, secrétaire, Humbert, Giraud, Mazeau, Faye, Gaslonde, Delsol, Le Royer, Sébert, De Marcère, Lebourgeois, Boyer et Denormandie. Nous retrouverons les noms de quelques-uns d'entre eux au cours de cette étude.

Cette commission voulut s'entourer de toutes les garanties et consulter les autorités les plus remarquables en la matière. Par l'intermédiaire de son président, elle pria le ministre de la Justice de consulter la Cour de cassation, les Cours d'appel et les Facultés de droit.

La proposition de M. Delsol avait en réalité un double objet : elle tendait à donner un droit d'usufruit au conjoint survivant, dans tous les cas où il n'était pas appelé à la propriété et quels que fussent le nombre et la qualité des héritiers du conjoint prédécédé, et en second lieu elle voulait lui donner un rang meilleur parmi les successibles, en le faisant concourir pour la propriété avec les héritiers légitimes au delà du sixième degré. Ce fut ce double objet que la Cour de cassation, les Cours d'appel et les Facultés de droit furent appelés à examiner.

La première partie de la proposition de M. Delsol fut acceptée, avec quelques variantes, par 17 cours d'appel sur 26. La Cour de Caen seule ne fit pas connaître son avis. La Cour de Douai, comme la commission d'initiative de 1851, dont M. Lefranc était rapporteur, émit l'idée que l'époux survivant devait obtenir seulement une pension alimentaire sur la succession de son conjoint. Quant aux Facultés, elles admirent toutes en principe cette même partie de la proposition, mais avec des modifications importantes pour son application ; la Faculté de Dijon, notamment, se rallia à l'opinion de la Cour de Douai.

La Cour de cassation et huit cours d'appel : celles d'Aix, de Bordeaux, Bourges, Limoges, Montpellier, Paris, Poitiers et Rennes, rejetèrent en bloc toute la proposition.

La deuxième partie fut admise seulement par la Cour d'Alger et la Faculté de Douai.

Les travaux de la Cour de cassation et des cours d'appel ont été condensés dans un rapport, déposé sur le bureau de l'Assemblée Nationale par M. Sébert, le 30 décembre 1875. Ceux des Facultés de droit l'ont été dans un autre rapport, confiée à M. Humbert et déposé par lui le 29 décembre de la même année.

Nous ne donnerons pas ici les arguments invoqués par la Cour de cassation et les huit Cours d'appel qui rejetèrent même le principe de la proposition de M. Delsol. Ces arguments, nous les retrouverons plus loin dans la discussion de la loi actuelle et nous nous bornerons à dire que l'Assemblée nationale se sépara sans avoir discuté le projet qui lui était soumis.

III. — Examen de la proposition de M. Delsol au Sénat et à la Chambre des députés

M. Delsol nommé sénateur reprit, avec une persévérance digne d'éloges, sa proposition devant le Sénat le 13 juin 1876.

Elle fut soumise à l'examen d'une commission d'initiative et son rapporteur, M. Bonafous, déclara « que l'unanimité de la commission s'était montrée contraire à toute attribution d'une part en propriété à l'époux survivant, mais que la majorité de la commission s'était au contraire montrée favorable à une disposition légale qui attribuerait à l'époux survivant un simple droit d'usufruit, le douaire de la vieille France ».

Une autre commission chargée d'étudier à fond la proposition fut alors nommée. Elle était composée de : MM. Bourbeau, président, Clément, secrétaire, Tailhand, Brunet, Bozérian, Ernest Picard, Jules Favre, Delsol et Taillefert. M. Delsol fut de nouveau chargé des fonctions de rapporteur et il déposa son rapport le 27 février 1877.

Mais sa proposition primitive subit alors une profonde modification : le droit de propriété attribué au conjoint survivant disparut du nouveau texte que nous reproduisons ci-après :

« Article unique.

« L'article 767 du Code civil est ainsi modifié :

« Lorsque le défunt ne laisse ni parents successibles, ni en-
« fants naturels, les biens de sa succession appartiennent en pleine
« propriété au conjoint qui lui survit.

« Néanmoins, dans le cas où le conjoint survivant ne succède
« pas à la pleine propriété, il a sur les biens du prédécédé un
« droit d'usufruit réglé ainsi qu'il suit :

« Si le défunt laisse un ou plusieurs enfants issus du mariage,
« le conjoint a l'usufruit du quart des biens ;

« Si le défunt laisse des enfants nés d'un précédent mariage,
« l'usufruit du conjoint est d'une part d'enfant légitime le moins
« prenant, sans que cet usufruit puisse frapper plus du quart des
« biens ;

« Si le défunt laisse des parents autres que des enfants légiti-

« mes, le conjoint a, quels que soient leur nombre et leur qualité,
« l'usufruit de la moitié des biens.

« L'époux survivant n'a droit que sur les biens dont le prédécédé
« n'aura disposé, ni par acte entre vifs, ni par acte testamentaire
« et sans préjudice des droits des héritiers auxquels une quotité
« de biens est réservée et des droits de retour déterminés par la
« loi. Sur le montant de leurs droits respectifs l'époux et les héri-
« tiers sont tenus d'imputer les libéralités qu'ils ont reçues du
« défunt, directement ou indirectement.

« Dans le cas prévu par l'article 754, l'usufruit du père ou de
« la mère survivant ne s'exercera qu'après celui du conjoint.

« L'usufruit de l'époux survivant pourra être converti en une
« pension équivalente, sur la demande d'un ou de plusieurs des
« héritiers du prédécédé, à la charge par eux de fournir des sûre-
« tés suffisantes.

« Le conjoint ne succède, ni en propriété, ni en usufruit,
« lorsqu'il existe contre lui, au moment du décès, un jugement en
« séparation de corps passé en force de chose jugée.

« En cas de nouveau mariage, l'usufruit du conjoint cesse si le
« défunt a laissé des enfants.

« La succession du conjoint prédécédé doit des aliments au con-
« joint survivant qui est dans le besoin. Ces aliments sont réglés,
« eu égard à la valeur de la succession, au nombre et à la qualité
« des successeurs du conjoint prédécédé. Dans ce cas, le délai
« pour réclamer la pension alimentaire est d'un an à compter de
« l'ouverture de la succession. Le règlement ne peut être ultérieu-
« rement modifié. »

Ce projet fut soumis à la délibération du Sénat le 1ᵉʳ mars 1877
et adopté sans discussion, le rapporteur lui-même ayant demandé
qu'on réservât cette discussion pour la seconde délibération.

Celle-ci eut lieu dans les séances des 6 et 7 mars 1877.
MM. Delsol, rapporteur, et Bourbeau, président, prirent successivement la parole pour défendre la proposition qui fut vigoureusement combattue par M. Bertauld. Puis de nombreux amendements furent proposés, ils émanaient de MM. Xavier Blanc, Bernard, Clément, de Ventavon, Pâris, Ernest Picard, et furent pres-

que tous rejetés. Enfin, la loi suivante fut votée par 193 voix contre 53 (1).

Voici son texte :

« ARTICLE UNIQUE :

« L'article 767 du Code civil est ainsi modifié :

« Lorsque le défunt ne laisse ni parents successibles, ni enfants « naturels, les biens de sa succession appartiennent en pleine « propriété au conjoint qui lui survit.

« Dans le cas où le conjoint survivant ne succède pas à la pleine « propriété, il a sur les biens du prédécédé un droit d'usufruit « réglé ainsi qu'il suit :

« Si le défunt laisse un ou plusieurs enfants issus du mariage, « le conjoint a l'usufruit du quart des biens ;

« Si le défunt laisse des enfants nés d'un précédent mariage, « l'usufruit du conjoint s'exerce sur une part d'enfant légitime le « moins prenant, sans que cet usufruit puisse frapper plus du « quart des biens ;

« Si le défunt laisse des parents autres que des enfants légi- « times, le conjoint a, quels que soient leur nombre et leur qua- « lité, l'usufruit de la moitié des biens.

« L'époux survivant n'a droit que sur les biens dont le prédé- « cédé n'aura disposé, ni par acte entre vifs, ni par acte testamen- « taire, et sans préjudice des droits des héritiers auxquels une « quotité de biens est réservée et des droits de retour déterminés « par la loi. Sur le montant de leurs droits respectifs, l'époux et « les héritiers seront tenus d'imputer les libéralités provenant du « défunt directement ou indirectement.

« Dans le cas prévu par l'article 754, l'usufruit du père ou de « la mère survivant ne s'exercera qu'après celui du conjoint.

« L'usufruit de l'époux survivant pourra être converti en une « rente viagère équivalente, sur la demande d'un ou plusieurs des « héritiers du prédécédé, à la charge par eux de fournir des sû- « retés suffisantes.

(1) Parmi ceux qui ont voté pour la loi, nous avons relevé les noms de MM. Victor Hugo, Wallon, Bourbeau et Mgr Dupanloup ; parmi ceux qui ont voté contre, les noms de MM. Bertauld, Humbert et le maréchal Canrobert.

14

« Le conjoint ne succède ni en propriété ni en usufruit lorsqu'il
« existe contre lui, au moment du décès, un jugement de sépara-
« tion de corps passé en force de chose jugée.

« En cas de nouveau mariage, l'usufruit du conjoint cesse, si le
« défunt a laissé des enfants.

« Les dispositions qui précèdent, en ce qui concerne l'usufruit,
« cesseront de recevoir leur application toutes les fois que les
« droits du conjoint auront été réglés, soit par contrat de ma-
« riage, soit par donation entre époux, soit par testament.

« La succession du conjoint prédécédé doit des aliments au
« conjoint survivant qui est dans le besoin. Ces aliments sont ré-
« glés eu égard à la valeur de la succession, au nombre et à la
« qualité des successeurs du conjoint prédécédé. Dans ce cas, le
« délai pour réclamer la pension alimentaire est d'un an, à comp-
« ter de l'ouverture de la succession. Le règlement ne peut être
« ultérieurement modifié vis-à-vis de la succession du conjoint
« prédécédé. Il peut l'être à l'égard du conjoint survivant, qui n'est
« plus dans le besoin. »

On voit que les modifications apportées par le Sénat au projet
de la commission sont peu importantes ; elles n'ont trait qu'aux
deux derniers paragraphes, dont l'avant-dernier a été complètement ajouté sur la demande de M. Bernard.

La loi votée par le Sénat fut transmise une première fois, le
9 novembre 1881, par M. le duc d'Audiffret-Pasquier, alors son
président, et une seconde fois, le 19 novembre 1885, par M. Le
Royer, à la Chambre des députés. Après toutes ces lenteurs, qui
donnent lieu à tant de justes critiques de notre régime parlementaire, une commission fut enfin nommée par la Chambre des députés pour examiner la loi votée au Sénat. Cette commission,
composée de MM. Chantagrel, président, Fernand Faure, secrétaire, Bottieau, Berger (Maine-et-Loire), Durand (Ille-et-Vilaine),
Suquet, Piou, Lecointre, Gomot, De la Bâtie et Caradec, choisit
pour son rapporteur M. Piou, qui déposa son rapport sur le
bureau de la Chambre des députés, le 20 mars 1886.

Voici les conclusions de ce rapport et le texte même de la proposition faite par la commission.

« L'article 767 du Code civil est ainsi modifié:

« Lorsque le défunt ne laisse ni parents successibles, ni enfants
« naturels, les biens de sa succession appartiennent en pleine
« propriété au conjoint non divorcé qui lui survit.

« Le conjoint survivant qui ne succède pas à la pleine propriété
« et contre lequel n'existe pas de jugement de séparation de corps
« passé en force de chose jugée, a, sur les biens du prédécédé, un
« droit d'usufruit qui est :

« D'un quart, si le défunt laisse un ou plusieurs enfants issus
« du mariage ;

« D'une part d'enfant légitime le moins prenant, sans qu'elle
« puisse excéder le quart, si le défunt a des enfants nés d'un pré-
« cédent mariage ;

« De moitié dans tous les autres cas, quels que soient le
« nombre et le qualité des héritiers.

« L'époux survivant n'a de droit que sur les biens laissés par
« son conjoint au jour de son décès ; il ne peut l'exercer au pré-
« judice, ni des réserves, ni des droits de retour. Il n'est pas te-
« nu au rapport et ne peut l'exiger. — Sur le montant de leurs
« droits respectifs, l'époux et les héritiers imputent les libérali-
« tés provenant du défunt directement ou indirectement.

« Jusqu'au partage définitif, ou, à défaut de partage, dans
« l'année du décès, l'usufruit de l'époux survivant peut être con-
« verti en une rente viagère équivalente, sur la demande d'un ou
« de plusieurs héritiers et moyennant sûretés suffisantes.

« En cas de nouveau mariage, l'usufruit du conjoint cesse, s'il
« existe des descendants du défunt.

« L'article 205 du Code civil est ainsi modifié :

« Les enfants doivent des aliments à leurs père et mère et au-
« tres ascendants qui sont dans le besoin.

« La succession de l'époux prédécédé en doit, dans le même cas,
« à l'époux survivant. Le délai pour les réclamer est d'un an à
« partir du décès et se prolonge, en cas de partage, jusqu'à son
« achèvement. Le conjoint survivant ne peut jamais demander
« d'augmentation de pension. »

On voit que les modifications apportées par la commission au
texte voté par le Sénat sont assez importantes ; nous allons relever
les plus remarquables.

La première est celle introduite dans le paragraphe deux, enlevant tout droit de succession au conjoint divorcé. Elle était la conséquence du vote de la loi sur le divorce du 27 juillet 1884; on ne saurait en effet concevoir de droits successoraux entre personnes qui ne sont plus unies par aucun lien.

La seconde porte sur le paragraphe 7, qui présentait quelque obscurité sur la question de savoir si l'époux survivant avait droit au rapport et y était tenu ; nous verrons cette grosse question au cours de l'étude de la loi.

La troisième concerne le paragraphe 8, qui faisait primer par l'époux les ascendants appelés par l'article 754 à l'usufruit du tiers des biens auxquels succèdent en pleine propriété les collatéraux non privilégiés en vertu de l'article 753.

La commission de la Chambre des députés a pensé que cette disposition aurait eu pour résultat de réduire le plus souvent à néant le droit de l'ascendant et elle a préféré sacrifier les collattéraux en décidant que l'usufruit de l'époux et celui des ascendants s'exerceraient en concours sur les biens accordés aux collatéraux non privilégiés.

La commission a fait une quatrième modification au texte voté par le Sénat, en fixant un délai d'un an aux héritiers, pour la conversion facultative de l'usufruit du conjoint survivant en une pension viagère équivalente.

Par une cinquième modification, elle a adouci la rigueur de la disposition qui frappait l'époux survivant en cas de convol et elle ne lui a enlevé son droit d'usufruit que dans le cas où le défunt aurait laissé des enfants vivants au moment du convol.

Elle a supprimé le paragraphe additionnel inséré dans le texte voté par le Sénat sur la demande de M. Bernard. Ce paragraphe déclarait, ainsi que nous l'avons indiqué, que le conjoint ne recueillerait pas d'usufruit, quand ses droits auraient été réglés, soit par contrat de mariage, soit par testament. La commission a jugé qu'il était inconciliable avec celui qui impose au survivant l'imputation, sur le montant de ses droits, des libéralités reçues du défunt directement ou indirectement.

Enfin, tout en adoptant l'idée de l'obligation alimentaire, elle a jugé avec raison qu'il valait mieux inscrire cette obligation, non pas dans l'article 767 du Code civil, où elle n'était pas à sa place, mais bien dans l'article 205, qui traite directement du sujet. Très sagement encore elle a demandé que les aliments fussent réglés, non pas eu égard au nombre et à la qualité des héritiers, mais bien eu égard aux besoins du créancier et aux ressources du débiteur.

Ce projet de loi fut adopté en première lecture par la Chambre des députés, le 27 mai 1886, puis il retomba dans l'oubli et ce fut seulement au mois de mars 1890 que la Chambre, sur la demande de M. Piou, se décida à l'examiner de nouveau. Sans tenir compte de la première délibération, elle déclara l'urgence, et, dans sa séance du 22 mars 1890, elle le vota en faisant des modifications importantes à l'article 205 du Code civile, qui fut ainsi rédigé :

« Les enfants doivent des aliments à leurs père et mère qui sont dans le besoin. La succession de l'époux prédécédé en doit dans le même cas à l'époux survivant qui en fait la demande avant le partage définitif, et ,à défaut de partage, dans l'année du décès.

« Le capital de la pension alimentaire est prélevé sur l'hérédité, il est supporté par tous les héritiers et légataires, proportionnellement à leur émolument. »

Le Sénat, appelé à se prononcer sur les modifications faites par la Chambre des députés, y consacra plusieurs séances. M. Delsol prit la parole pour défendre son œuvre, il refit l'historique de la loi, examina les points sur lesquels la Chambre des députés s'était séparée du Sénat et proposa au nom de la Commission sénatoriale des textes transactionnels. Après divers amendements présentés sans succès par MM. Demôle, Humbert et Bozérian, le Sénat s'arrêta à une rédaction qui devint définitive par l'adoption qu'en fit la Chambre des députés dans la séance du 26 février 1891. La nouvelle loi fut promulguée le 9 mars suivant.

IV. — Texte de la loi

Après vingt et un ans de travaux, on eut donc le texte définitif d'une loi réglant lès droits du conjoint survivant méconnus pendant si longtemps. Certes, si une loi était d'autant mieux faite

que son élaboration a été longue, il ne faudrait pas hésiter à proclamer que la loi du 9 mars 1891 est un pur chef-d'œuvre. Nous
n'irons pas jusque-là, mais nous reconnaissons volontiers que,
parmi les lois dont nous sommes gratifiés depuis un certain nombre d'années, elle figure au rang des mieux conçues et des plus
sages. Cette justice rendue au législateur de 1891, nous faisons
quelques réserves pour un certain nombre de points de la loi que
nous serons appelés à critiquer dans l'étude que nous allons en
faire. Auparavant, voici son texte.

Article 1er.

« L'art. 767 du Code civil est ainsi modifié :

‹ Article 767. — Lorsque le défunt ne laisse ni parents au
« degré successible, ni enfants naturels, les biens de sa succes-
« sion appartiennent en pleine propriété au conjoint non divorcé
« qui lui survit et contre lequel n'existe pas de jugement de sépa-
« ration de corps passé en force de chose jugée.

« Le conjoint survivant non divorcé qui ne succède pas à la
‹ pleine propriété et contre lequel n'existe pas de jugement en
« séparation de corps passé en force de chose jugée, a, sur la
« succession du prédécédé, un droit d'usufruit qui est :

« D'un quart si le défunt laisse un ou plusieurs enfants issus du
« mariage ;

« D'une part d'enfant légitime le moins prenant, sans qu'elle
« puisse excéder le quart, si le défunt a des enfants nés d'un
« précédent mariage ;

« De moitié dans tous les autres cas, quels que soient le nom-
« bre et la qualité des héritiers.

« Le calcul sera opéré sur une masse faite de tous les biens
« existant au décès du *de cujus*, auxquels seront réunis fictive-
« ment ceux dont il aurait disposé, soit par acte entre vifs, soit
« par acte testamentaire, au profit de successibles, sans dispense
« de rapport.

« Mais l'époux survivant ne pourra exercer son droit que sur
« les biens dont le prédécédé n'aura disposé, ni par acte entre vifs,
« ni par acte testamentaire et sans préjudicier aux droits de ré-
« serve ni aux droits de retour.

« Il cessera de l'exercer dans le cas où il aurait reçu du défunt
« des libéralités, même faites par préciput et hors part, dont le
« montant atteindrait celui des droits que la présente loi lui at-
« tribue, et si ce montant était inférieur, il ne pourrait réclamer
« que le complément de son usufruit.

« Jusqu'au partage définitif, les héritiers peuvent exiger,
« moyennant sûretés suffisantes, que l'usufruit de l'époux survi-
« vant soit converti en une rente viagère équivalente. S'ils sont
« en désaccord, la conversion sera facultative pour les tribu-
« naux.

« En cas de nouveau mariage, l'usufruit du conjoint cesse s'il
« existe des descendants du défunt. »

Article 2.

« L'article 205 du Code civil est ainsi modifié :

« Article 205. — Les enfants doivent des aliments à leurs père
« et mère ou autres ascendants qui sont dans le besoin. La suc-
« cession de l'époux prédécédé en doit, dans le même cas, à
« l'époux survivant. Le délai pour les réclamer est d'un an à partir
« du décès et se prolonge, en cas de partage, jusqu'à son achève-
« ment.

« La pension alimentaire est prélevée sur l'hérédité. Elle est
« supportée par tous les héritiers, et, en cas d'insuffisance, par
« tous les légataires particuliers, proportionnellement à leur émo-
« lument.

« Toutefois, si le défunt a expressément déclaré que tel legs
« sera acquitté de préférence aux autres, il sera fait application
« de l'article 927 du Code civil. »

Article 3.

« La présente loi est applicable à toutes les colonies où le Code
civil a été promulgué.

« La présente loi, délibérée et adoptée par le Sénat et par la
Chambre des députés, sera exécutée comme loi de l'État.

« Fait à Paris, le 9 mars 1891.

« CARNOT

« Par le Président de la République :

« *Le garde des sceaux, ministre de la Justice des Cultes,*

« A. FALLIÈRES »

Adoptant l'ordre indiqué par le législateur, nous parlerons de :

1° l'époux survivant successeur en pleine propriété ;

2° l'époux survivant successeur en usufruit ;

3° la conversion du droit d'usufruit du conjoint survivant en une rente viagère équivalente ;

4° l'extinction de ce droit en usufruit ;

5° la pension alimentaire.

Dans un chapitre spécial nous étudierons la nouvelle loi au point de vue fiscal.

Enfin, dans un dernier chapitre, nous jetterons un coup d'œil rapide sur les législations étrangères.

CHAPITRE PREMIER

Nous avons vu que l'ancien article 767 du Code civil était ainsi conçu : « Lorsque le défunt ne laisse ni parents au degré successible, ni enfants naturels, les biens de sa succession appartiennent au conjoint non divorcé qui lui survit. Le paragraphe premier de la loi nouvelle a modifié cet article assez profondément, en décidant que : « Lorsque le défunt ne laisse ni parents au degré successible ni enfants naturels, les biens de sa succession appartiennent *en pleine propriété* au conjoint non divorcé qui lui survit *et contre lequel n'existe pas de jugement de séparation de corps passé en force de chose jugée.* »

La première modification qui porte sur les mots « *en pleine propriété* » n'a guère d'importance ; elle n'a été faite que pour la clarté du texte et par opposition au paragraphe suivant, qui règle les cas où le conjoint survivant ne succède pas à la pleine propriété et recueille un droit d'usufruit. M. Xavier Blanc, lors de la discussion du projet de loi au Sénat, en mars 1877, en avait demandé la suppression, prétendant qu'elle était inutile ; mais l'amendement qu'il proposa, tendant à cette suppression, ne fut pas pris en considération.

La seconde modification est autrement plus importante ; elle retire à l'époux survivant, contre lequel existe un jugement de séparation de corps passé en force de chose jugée, le droit de succession ab intestat conféré par l'article 767. En ce qui concerne le conjoint divorcé, il ne pouvait y avoir lieu à une discussion ; le lien conjugal étant absolument brisé, il eût été réellement monstrueux de voir s'établir un droit de succession entre deux personnes devenues la plupart du temps, non seulement étrangères, mais encore ennemies. Peu importe du reste que le divorce ait été ou non prononcé contre l'époux survivant. Mais il n'en est pas de même de la séparation de corps qui relâche les liens du mariage sans les faire disparaître; aussi la nouvelle disposition de l'article 767 donna-t-elle lieu à une discussion des plus vives au sein de nos assemblées.

Voici les arguments qui ont été donnés par les partisans du texte définitivement adopté.

Les séparations de corps viennent du côté de la femme, quand il y a adultère; du côté du mari, quand il y a des sévices ou injures graves. Comment peut-on admettre que dans ces cas les conjoints succèdent l'un à l'autre? L'art. 767 du Code civil avait, il est vrai, laissé ce droit au conjoint séparé de corps, mais le législateur de 1804 avait craint d'être amené, par suite de réciprocité successorale, à écarter le conjoint innocent et il a préféré avantager l'époux coupable que de sacrifier l'innocent. Dans l'ancien droit, Pothier disait qu'une femme judiciairement convaincue d'adultère devait être privée et déclarée indigne de la succession *unde vir et uxor*, dans le cas de prédécès de son mari sans parents, et il ajoutait : un mari doit pareillement être jugé indigne de la succession de sa femme, qui a été séparée de lui pour cause de sévices. La dévolution des successions a son principe et sa raison d'être dans les intentions présumées du défunt; or, peut-on supposer que le *de cujus* aurait testé en faveur de son conjoint contre lequel il a obtenu une séparation de corps, pour des faits qui entraînent nécessairement son ingratitude ou son indignité? La jurisprudence consacre la révocation de plein droit des avantages faits par un conjoint à l'époux contre lequel a été prononcée la séparation de corps, malgré la réciprocité stipulée de ces avantages. L'indignité en matière de succession prévaut même sur la règle de réciprocité successorale en raison du principe supérieur de la personnalité des peines. Enfin l'article 19 de la loi du 9 juin 1853, sur les pensions civiles, et la loi du 14 juillet 1866, sur les droits d'auteur, privent formellement le conjoint, contre lequel existe un jugement de séparation de corps, de tous les droits qu'elle accorde aux autres époux.

A ces raisons, basées sur le droit et la morale, on a répondu, en écartant l'idée que la séparation de corps prononcée contre le conjoint l'était toujours pour des motifs graves; qu'elle pouvait

être basée sur des motifs futiles. La haine, au surplus, n'est pas
éternelle et si elle avait persisté chez le *de cujus*, il lui était facile
de faire un testament dans lequel il aurait consigné ses dernières
volontés. Le législateur du Code civil a réglé la matière des successions d'une manière presque parfaite, il a prévu les cas d'indignité successorale, et celui dont nous nous occupons ne s'y trouve
pas ; pourquoi vouloir l'y comprendre, alors qu'il est parfaitement
établi que ces cas sont limitatifs ? — La comparaison entre la succession des conjoints séparés et la révocation des avantages matrimoniaux stipulés entre époux doit être écartée ; celle-ci a lieu
parce qu'il y a eu rupture d'un contrat, mais quand il s'agit de la
dévolution même de la succession, il faut voir qui en profiterait
contre le conjoint ; or, le bénéficiaire, c'est l'État et il est de principe qu'il passe après tous les héritiers : *Fiscus post omnes*. Enfin
dans le projet de loi qui avait pour objet de créer des droits
nouveaux au profit du conjoint survivant, on a émis l'idée de ne
pas s'écarter des principes du Code civil, de ne pas nuire à l'œuvre
du législateur de 1804 et de respecter l'harmonie existant entre
ses dispositions. Pourquoi ne pas s'en tenir à cette sage idée ?

Tels sont les motifs exposés de part et d'autre par les partisans
et adversaires du paragraphe que nous examinons actuellement.
Tous sont très sérieux, et M. Delsol a dit avec raison que cette disposition avait pu et pouvait donner lieu à des avis différents très
respectables et que l'on pouvait en changer sans être ridicule. Au
surplus une très petite majorité a sanctionné l'exclusion du conjoint contre lequel existe un jugement de séparation de corps
passé en force de chose jugée et le Sénat, appelé à se prononcer le
dernier, n'a donné que 119 voix (contre 102) aux partisans de cette
exclusion. On voit que la minorité est des plus importantes. Nous
croyons cependant, en adoptant l'opinion de la majorité, que la séparation de corps prononcée au préjudice du conjoint survivant doit
être un obstacle invincible à son droit sucessoral sur les biens du
prédécédé et après longue réflexion nous nous sommes déterminé à suivre cette opinion, principalement pour ce motif, que l'on
ne peut réellement pas interpréter dans le sens du pardon le silence
gardé par l'époux offensé, alors qu'il avait tant de manières de
montrer qu'il avait tout oublié. Nous avons aussi eu en vue cette

idée que le droit du conjoint survivant sur les biens du prédécédé, qui ne peut pas avoir sa source dans les biens de la consanguinité, les prend nécessairement dans l'indissolubilité absolue du mariage et que tout fait de nature à détruire, ou même à relâcher cette indissolubilité, doit être un obstacle à l'exercice du droit que le législateur a attaché au mariage.

Le conjoint survivant, quelle que soit l'étendue de ses droits, n'a pas la saisine parce qu'il ne les exerce jamais qu'à titre de successeur irrégulier et non comme héritier « *Personam defuncti non sustinet* ». En conséquence il doit, d'après ce que nous avons déjà établi, en examinant sa situation sous l'empire du Code civil, faire apposer les scellés après le décès de son conjoint, faire faire inventaire, demander l'envoi en possession des biens de la succession, faire emploi du mobilier et fournir caution, le tout en confirmité des articles 769, 770 et 771 du Code civil. Nous ne reviendrons pas sur ce que nous avons déjà dit à ce sujet.

Le moment nous paraît venu de formuler notre appréciation sur la disposition qui confère à l'époux survivant un droit de succession en pleine propriété sur les biens du prédécédé. Le législateur s'est-il montré suffisamment libéral en n'appelant le survivant à succéder à l'autre qu'après les héritiers du douzième degré ? Nous n'hésitons pas à dire non. La loi de 1891 a réalisé un progrès considérable sur le Code civil, c'est incontestable; seulement le législateur s'est montré trop timoré, il a voulu tenir le juste milieu entre les partisans de l'extension des droits successoraux du conjoint survivant et les partisans du maintien du *statu quo*, ou de la pension alimentaire. Les objections que lui faisaient ces derniers ont influencé beaucoup sa décision. Vous voulez faire, disaient-ils, une réforme inopportune, dangereuse, de nature à troubler l'harmonie des dispositions du Code civil, les lois ne doivent être modifiées qu'avec une extrême circonspection, surtout celles qui concernent l'ordre successoral, car elles touchent directement à l'ordre social. La réforme que vous proposez n'a pas de sérieuse utilité, le régime de la communauté est le régime légal ; à la mort de l'époux, le conjoint survivant trouve, dans sa part de cette communauté, de quoi subvenir à ses dépenses et à ses besoins, les époux ont en outre la faculté de se faire, soit par

contrat de mariage, soit pendant le mariage, toutes sortes de libéralités destinées à remédier aux inconvénients d'un décès prématuré. D'autre part, si le conjoint a de justes motifs d'enlever à son
époux survivant l'avantage que la loi lui confère, vous l'obligerez
à procéder par voie d'exclusion, ce qui peut être un sujet de scan-
dale et de trouble pour les familles, selon les motifs donnés pour
cette exclusion. Votre proposition est injuste en ce sens que si
elle donne un usufruit au conjoint pauvre en présence de parents
riches du conjoint prédécédé, elle donne aussi cet usufruit à l'é-
poux riche en présence de parents pauvres. Elle porte atteinte à
l'immutabilité des conventions matrimoniales, l'inaliénabilité de
la dot stipulée en faveur de la femme et de ses héritiers n'est pas
respectée, puisqu'elle profitera, malgré la volonté du constituant,
au mari survivant; de même encore, les immeubles qui, sous le
régime de la communauté, restent propres à chaque époux, su-
biront le prélèvement d'un usufruit au projet de celui qui survi-
vra. Elle crée une quantité de difficultés pratiques, le règlement
des successions sera plus compliqué, la masse des nues propriétés et des usufruits sera augmentée et par là même la circulation
des biens ralentie. Enfin elle est incompatible avec l'esprit démo-
cratique de nos lois.

Présentées éloquemment par les adversaires de la loi, notamment par **M.** le sénateur Bertauld, ces objections, toutes moins
fondées les unes que les autres, n'ont certainement pas été étrangères à la restriction des droits du conjoint survivant, malgré les ré-
futations dont elles ont été l'objet de la part de l'auteur de la proposition, M. Delsol, et de la part de M. Bourbeau, sénateur, dont
le discours à ce sujet est un véritable chef-d'œuvre.

Quant à nous, nous pensons que le droit de propriété du conjoint survivant devait être plus étendu; qu'on devait, en suivant le
premier projet de M. Delsol, lui accorder la moitié des biens laissés par le prédécédé, si celui-ci n'avait pas de parents successibles
jusqu'au sixième degré, les trois quarts, s'il n'en avait pas du huitième degré et la totalité au delà du douzième. Voici les motifs
de notre opinion.

Le conjoint survivant puise son droit d'hérédité dans le lien du
mariage, évidemment bien inférieur à celui de la consanguinité,

mais qui n'en est pas moins très puissant. « *Homo adhærebit uxori suæ et erunt duo in carne una* (1). » Il y a dans cette parole de l'Evangéliste autre chose qu'une simple figure et les législateurs de l'antiquité avaient énoncé la même pensée sous d'autres formes ; le mari, d'après Manou, « ne fait qu'une seule et même personne avec l'épouse (2) » et nous trouvons dans Modestin (3) cette définition du mariage, étonnante chez un païen : « *Consortium omnis vitæ, divini et humani juris communicatio.* » Eh bien ! en face de cette indissolubilité du mariage, de cette union si intime des époux, a-t-on réllement assez fait pour le conjoint survivant en lui laissant un simple droit d'usufruit vis-à-vis des collatéraux, jusqu'au douzième degré ? L'affection de ceux-ci, que le prédécédé n'a presque jamais connus, est-elle bien aussi forte que celle du conjoint et dans ce cas le lien de l'affection ne devait-il pas primer celui de la consanguinité ou tout au moins l'égaler ? Poser la question c'est la résoudre. Si l'affection présumée du défunt doit servir de base à la règle de l'ordre successoral, on devait au conjoint survivant un rang meilleur parmi les successeurs en pleine propriété.

Mais, objectent nos adversaires, c'est la parenté seule, c'est la consanguinité qui doivent régler la dévolution des successions, le mariage n'est qu'un lien viager, parconséquent les droits que vous pouvez attacher à la qualité d'époux doivent être viagers comme le mariage lui-même, il n'appartient pas au législateur de faire arbitrairement la part des affections de l'homme, il a le devoir d'assurer l'existence matérielle de l'époux, mais son pouvoir s'arrête là. Il ne faut pas en outre dépouiller les collatéraux, parce que, derrière l'époux qui bénéficiera des droits enlevés à ceux-ci, se trouveront les parents de celui-là totalement étrangers au défunt. Notre ancien droit avait consacré l'idée de la conservation des biens dans les familles et le Code civil, tout en enlevant à cette idée ce qu'elle avait d'exagéré, en prohibant notamment les substitutions et le retrait lignager, n'a pas voulu rompre avec une tradition qui avait contribué à la force et à la grandeur de notre pays. Enfin l'œuvre du législateur de 1804 est une œuvre gran-

(1) Saint Mathieu, XIX, 5.
(2) Liv. I, sl. X 45.
(3) L. I, 1 Dig., *De ritu nuptiarum*, XXIII, 2.

diose, malgré quelques imperfections de détail ; il faut donc se garder d'y toucher avec témérité, sans des motifs puissants.

Ces différentes objections ne sont pas de nature à nous faire abandonner notre opinion. L'objection tirée de la parenté et de la consanguinité perd de plus en plus de sa force, on s'est aperçu qu'il y avait une exagération dans cette idée de transmission perpétuelle des biens dans les familles, et même des propositions ont été faites récemment à la Chambre des députés tendant à limiter soit au sixième, soit au huitième degré, le droit d'hérédité *ab intestat.* Nous sommes bien loin de nous y rallier, mais nous avons tenu à en parler pour montrer combien les idées modernes tendent de plus en plus à s'affranchir des principes de l'ancien droit. La force de sa démocratie, sa richesse consistent principalement dans la facile circulation des biens, dans la multiplicité des conventions qui laissent les richesses aux mains des plus intelligents et des plus habiles et qu permettent aussi à chacun de participer à des avantages autrefois réservés à un très petit nombre. Reprenant l'idée des adversaires de la loi du 9 mars 1891, qui affirmaient qu'elle entraverait la libre circulation des biens grevés d'usufruit, nous dirons, en la faisant servir à la défense de notre opinion, qu'on doit en effet éviter autant que possible les complications de nue propriété et d'usufruit. On y arrivera dans une certaine mesure, en accordant à l'époux survivant un droit de pleine propriété sur les biens du prédécédé, toutes les fois qu'il ne se trouvera pas en présence de descendants ou de collatéraux privilégiés.

Quant à l'objection tirée de cette idée qu'on ne doit pas toucher partiellement à l'œuvre du législateur de 1804, pour ne pas troubler l'harmonie de ses dispositions, elle n'est pas mieux fondée. Il faudrait donc attendre une revision générale de notre Code civil et malgré les imperfections reconnues s'en tenir à ce qui a été édicté, il y a bientôt cent ans, sans s'occuper des progrès constants du droit, comme de toutes les autres matières sur lesquelles s'exerce l'activité humaine. Il est évident que cette thèse est insoutenable. Le législateur de 1804 a parfaitement reconnu qu'il n'avait pas créé une œuvre sans défaut et Bigot Préameneu, réfutant longtemps à l'avance l'objection qui nous est faite, disait dans l'exposé des motifs du projet de la loi présentée au Corps législatif le

24 août 1807, pour la promulgation du Code civil : « Ce serait mé-
connaître la faiblesse attachée à l'humanité, si on supposait que cet
ouvrage ne sera susceptible d'aucune amélioration. » Les événe-
ments lui ont donné raison.

Nous clorons cette longue discussion en faisant observer, non
sans tristesse, que les nations européennes se sont montrées en
général, et depuis longtemps, beaucoup plus favorables que la
France, terre classique du progrès, à l'extension des droits
du conjoint survivant. L'Italie, la Prusse, le Wurtemberg, l'Autriche, la Pologne et l'Angleterre lui accordent un usufruit en
présence d'enfants et une part de propriété croissant en raison
de l'éloignement des parents. La Saxe, le duché de Saxe-Weimar, le Russie, le Danemark lui accordent une part en propriété en face des héritiers de tous les degrés. Plus encore, l'Italie, l'Allemagne (droit commun), la Prusse, le Wurtemberg, la
Saxe, la Turquie, le Danemark et la Russie donnent à une portion
de cet usufruit et de cette propriété la caractère d'une réserve.
Nous n'irons pas jusque-là ; mais en présence des législations de
ces pays, beaucoup plus favorables que la nôtre à l'époux survivant, nous espérons que, si une revision générale de notre Code
civil venait à se produire, des personnes autorisées feraient
triompher le droit du conjoint survivant en lui faisant accorder un
rang meilleur dans l'ordre successoral (1).

(1) M. Delsol, ainsi que nous l'avons déjà indiqué, était d'avis d'accorder un droit de propriété plus étendu à l'époux survivant ; il n'a modifié
son projet que devant l'hostilité quasi-unanime de la commission et des
autorités consultées. M. Jules Favre avait aussi proposé, au sein de cette
commission, de lui conférer la qualité d'héritier légitime, de lui donner la
saisine et de lui attribuer, même en présence des enfants, une part en
pleine propriété, et toute la succession, à défaut de parents du sixième
degré. Le contre-projet dans lequel il avait émis ces idées fut également
écarté.

Enfin M. Beaussire, *Liberté civile*, chap. VII, p. 107, appelait également
le conjoint survivant à recueillir une part de propriété, à défaut d'enfants.

CHAPITRE DEUXIÈME

SECTION PREMIÈRE

I. — Du quantum de cet usufruit

Nous venons d'exprimer nos regrets que le législateur n'ait pas fait au conjoint survivant une part plus grande en pleine propriété, en face des collatéraux du sixième degré et au delà ; nous avons maintenant à approuver presque sans réserves les dispositions par lesquelles il a réglé son droit d'usufruit. Rappelons-les pour la clarté de notre sujet:

Le conjoint survivant, qui ne succède pas à la pleine propriété et contre lequel n'existe pas de jugement en séparation de corps psssée en force de chose jugée, a, sur la succession du prédécédé, un droit d'usufruit qui est :

D'un quart, si le défunt laisse un ou plusieurs enfants nés d'un précédent mariage ;

D'une part d'enfant légitime le moins prenant, sans qu'elle puisse excéder le quart, si le défunt a des enfants nés d'un précédent mariage ;

De moitié dans tous les autres cas, quels que soient le nombre et la qualité des héritiers.

Voilà le fond de la loi, la partie véritablement nouvelle ; elle se réfère, comme on voit, au premier paragraphe et, d'accord avec lui, elle prive le conjoint divorcé, aussi bien que celui contre lequel existe un jugement de séparation de corps passé en force de chose u gée, des droits qu'elle a créés. Cette harmonie entre les deux dispositions est au-dessus de toute critique.

Lors de la discussion du projet, un problème avait été posé, et l'on avait demandé quel devait être la quotité du droit nouveau créé au profit du conjoint survivant. Devait-elle être invariable, ou bien être modifiée suivant le nombre et la qualité des héritiers?

15

Les uns proposaient la première solution comme moins compliquée et fixaient au quart le droit d'usufruit de l'époux survivant ; les autres, tenant compte de la volonté présumée du défunt, voulaient lui laisser plus ou moins de droits, selon que le *de cujus* avait plus ou moins d'enfants. La commission a préféré prendre un système mixte, dont elle a, du reste, trouvé les bases dans le Code civil et elle a fait varier la quotité du droit de l'époux survivant suivant :

1° Qu'il se trouve en présence d'enfants communs ;

2° Qu'il se trouve en présence d'enfants d'un premier mariage ;

3° Et qu'il se trouve en présence de tous autres parents.

Ces distinctions nous paraissent rationnelles, malgré les critiques qu'elles ont suscitées. L'époux survivant est le chef de la famille, il ne doit pas subir, autant que possible, une diminution de fortune pendant son veuvage ; mais aussi il ne fallait pas exposer les conjoints à faire des calculs peu dignes d'eux-mêmes en les intéressant à limiter le nombre de leurs enfants.

Si l'époux survivant se trouve en présence d'enfants nés d'un précédent mariage de son conjoint, il n'y a pas de difficultés, il a droit à une part d'enfant légitime le moins prenant, sans qu'elle puisse excéder le quart. Cette disposition est en harmonie avec l'article 1098 du Code civil.

Le droit de l'époux est fixé invariablement à la moitié dans tous les autres cas, quels que soient le nombre et la qualité des héritiers. En dehors des raisons que nous avons déjà indiquées, et bien qu'il y ait quelque chose d'étrange à voir traiter de la même façon le conjoint en concours avec des frères et sœurs, ou en concours avec des héritiers du douzième degré, nous pensons que le législateur a bien fait de s'arrêter au parti qu'il a pris, parce qu'il fallait éviter toutes les difficultés qui n'auraient pas manqué de se produire, si le droit du conjoint avait été augmenté ou diminué, suivant le nombre ou la qualité des héritiers.

II. — Des biens sur lesquels porte le droit d'usufruit

La quotité du droit d'usufruit ainsi déterminée, nous allons voir sur quels biens il s'applique. Tout d'abord, nous nous trouvons en présence d'une difficulté qui a singulièrement embarrassé les rédacteurs de la loi. Avant de voir à quel parti il s'est arrêté, il importe de rappeler le paragraphe qui a trait à la question.

« Le calcul de l'usufruit, dit la loi du 9 mars 1891, sera opéré « sur une masse faite de tous les biens existant au décès du de « cujus, auxquels seront réunis fictivement ceux dont il aurait « disposé, soit par acte entre vifs, soit par acte testamentaire au « profit de successibles, sans dispense de rapport.

« Mais l'époux survivant ne pourra exercer son droit que sur « les biens dont le prédécédé n'aura disposé ni par acte entre vifs, « ni par acte testamentaire, et sans préjudicier aux droits de ré- « serve ni aux droits de retour.

« Il cessera de l'exercer dans le cas où il aurait reçu du défunt « des libéralités, même faites par préciput et hors part, dont le « montant atteindrait celui des droits que la présente loi lui attri- « bue et si ce montant était inférieur, il ne pourrait réclamer que « le complément de cet usufruit. »

Ces paragraphes sont, sans contredit, les plus remarquables de la loi, mais ils n'ont pas été élaborés sans de grandes difficultés et il y en a même qui ne sont pas entièrement résolues. Telle, la suivante, que nous allons commencer par écarter. Elle s'est pro- duite sur l'antinomie apparente du nouvel article 767 et de l'arti- cle 754 du Code civil. Ce dernier est ainsi conçu : « Dans le cas de l'article précédent (c'est-à-dire dans le cas où la succession du de cujus est déférée, pour une moitié aux ascendants survivants, et pour l'autre moitié aux parents les plus proches de l'autre ligne), le père ou la mère survivant a l'usufruit du tiers des biens auxquels il ne succède pas en propriété. »

Ainsi, d'une part, le nouvel article 767 accorde au conjoint sur- vivant, dans cette hypothèse, l'usufruit de la moitié des biens de la succession, et, d'autre part, l'article 754 accorde au survivant des père et mère l'usufruit du tiers de la moitié de ces mêmes biens. Comment doit-on concilier les deux textes ?

Dans le premier projet Delsol, présenté au Sénat le 27 février 1877, il était dit formellement que, dans le cas prévu par l'article 754, l'usufruit du père ou de la mère survivant ne s'exercerait qu'après celui du conjoint, et, par là même, toute difficulté était évitée. Malheureusement le paragraphe qui contenait cette disposition a été supprimé par la Chambre des députés, et on n'a, pour résoudre la question, que les observations présentées par M. Delsol dans son rapport, le 11 novembre 1890, ce qui n'est guère suffisant. Voici toutefois les termes de ce rapport : « Le projet « du Sénat, dans le but de ne pas grever outre mesure la moitié « attribuée aux collatéraux non privilégiés, avait décidé que l'u- « sufruit de l'époux survivant et celui du père ou de la mère ne « s'exerceraient que l'un après l'autre et que l'usufruit de l'époux « primerait celui du père ou de la mère. La Chambre des députés « a supprimé cette disposition, elle a pensé que l'époux survivant, « étant plus jeune, empêcherait le plus souvent l'ascendant, qui est « plus âgé, de bénéficier de son usufruit. D'autre part, les colla- « téraux non privilégiés, étant les plus éloignés dans l'ordre de la « parenté et probablement dans l'affection, il paraît légitime de « laisser simultanément à leur charge l'usufruit de l'époux et celui « du père ou de la mère. De la sorte, le conjoint jouira de la moi- « tié et le père et la mère du tiers, au total des cinq sixièmes des « biens dévolus aux collatéraux. Par contre, ceux-ci recueilleront « les cinq sixièmes de ces biens en nue propriété et un sixième en « pleine propriété. Cette double attribution est de nature à donner « satisfaction à leur qualité de parents collatéraux concourant « à la fois avec le père ou la mère et l'époux survivant.

« Tel est le système voté par la Chambre, votre commission « propose de l'adopter. »

Cette solution paraît avoir été acceptée ; ce qu'il y a de certain, c'est qu'elle ne fut pas contredite. Il en résulte, pour prendre un exemple, que le *de cujus* laissant une fortune évaluée 60.000 fr. à partager entre son père et un collatéral non privilégié de la ligne opposée, les droits de ceux-ci devraient être réglés de la manière suivante :

La moitié de la succession (soit 30.000 fr.) serait déférée au père survivant, mais grevée d'un usufruit de moitié, s'exerçant par conséquent sur une somme de 15.000 fr.

L'autre moitié de la succesion (soit les 30.000 fr. restants) serait déférée aux collatéraux, mais sous la réserve :

1° D'un usufruit au profit du père, portant sur une somme de 10.000 francs ;

2° D'un usufruit au profit du conjoint, portant sur une somme de 15.000 francs.

Vingt-cinq mille francs se trouveraient ainsi grevés de l'usufruit du père survivant et du conjoint et il ne resterait plus disponible en pleine propriété, entre les mains des collatéraux, qu'une somme de 5.000 fr., représentant le sixième de leur part héréditaire ou le douzième de la succession.

En somme, ce sont les collatéraux non privilégiés qui supporteront le plus durement le droit d'usufruit créé par la loi du 9 mars 1891.

Cette difficulté résolue, nous nous trouvons en présence d'une seconde beaucoup plus importante, concernant la détermination de la masse des biens sur lesquels s'applique le droit d'usufruit.

Le Sénat avait d'abord formé cette masse de la manière suivante :

Il avait dit : Lorsqu'un époux meurt et laisse une certaine quantité de biens dans sa succession, cette quantité seule, quelle que soit son importance, formera toute la masse. Les biens existants, c'est-à-dire ceux qui s'y trouveront réellement, juridiquement, qui n'auront été ni donnés, ni légués feront seuls partie des biens comprenant la masse. On voit que le système était des plus simples, il comprenait seulement dans cette masse tous les biens présents.

La Chambre des députés a jugé qu'il reposait sur des bases trop étroites, puisque le de cujus, par des dots faites à ses enfants ou par beaucoup d'autres moyens, pouvait aliéner une grande partie de sa fortune et laisser ensuite à ses enfants ou à ses héritiers des biens dont le quart ou la moitié seraient insuffisants pour subvenir aux besoins de son époux. Elle a donc imaginé un autre système beaucoup plus favorable au conjoint survivant, en proposant de déterminer la masse, comme si ce dernier était un héritier et d'obliger ses cohéritiers au rapport de tout ce qu'ils auraient reçu soit par acte entre vifs, soit par testament. La masse des biens rapportés, unie à la masse des biens existants, aurait alors formé la masse partageable.

Ce second système a soulevé à son tour de vives objections et on a fait notamment observer :

Que le conjoint devait avoir une existence en conformité de celle qu'il avait du vivant de son conjoint, mais non une existence meilleure ; qu'on ne devait pas le faire bénéficier, dans le calcul de l'usufruit, de toutes les libéralités antérieures sorties de la main du défunt et qui ne profitaient plus au ménage commun ; enfin, que le rapport effectif demandé par la Chambre des députés aurait pour effet de troubler toutes les fortunes, tant celles du conjont survivant, que celles des autres gratifiés.

Ces raisons convainquirent tout d'abord la majorité des membres de la commission sénatoriale, qui, par 5 voix contre 4, repoussa les conclusions adoptées par la Chambre des députés.

On proposa alors le système suivant :

La masse serait formée : 1° par les biens existants ; 2° par les biens rapportés ; 3° par les biens, même donnés aux étrangers, rapportés fictivement aux précédents.

Mais ce système, qui se contentait d'appliquer l'art. 922 du Code civil et procédait pour le calcul de l'usufruit du conjoint survivant, comme pour le calcul de la quotité disponible et de la réserve, fut rejeté presque sans discussion.

Pour concilier les textes opposés du Sénat et de la Chambre des députés on imagina un système mixte. Voici ce système, dû à M. Lacombe, collègue de M. Delsol, et comme lui sénateur du département de l'Aveyron.

La masse comprend : 1° les biens existants ; 2° les biens qui ont été donnés à des successibles parce que le défunt lui-même, comme le conjoint survivant, comme les héritiers appelés à la succession, ont dû savoir que ces biens devaient un jour rentrer dans la masse commune.

Seulement au lieu de prendre sa part dans les biens rapportés, ce qui serait excessif, le conjoint la prendra sur les biens existants, de préférence aux héritiers, de telle sorte que, si ces biens sont suffisants, il sera complètement couvert, sinon il supportera seul le déficit.

Bien qu'on l'ait affirmé, cette idée du rapport fictif n'est pas nouvelle dans notre droit et dans une autre partie de ce travail, à l'occasion de l'Édit des secondes noces (page 58), nous avons vu que le nouvel époux donataire de son conjoint remarié qui avait droit à une part d'enfant le moins prenant pouvait, d'après Denisart, exiger de ses enfants un rapport fictif qui lui servait à calculer sa part. Il représentait à ceux-ci qu'au moyen du rapport qu'ils pouvaient se demander mutuellement leur part était de telle valeur, il demandait pour lui-même une part semblable, qu'il retenait sur les biens de la succession existants au décès ; mais si ces biens étaient insuffisants pour la lui donner, il devait s'en contenter et n'avait rien à prétendre sur les biens rapportés ; autrement dit, le rapport réel pour les autres n'était que fictif pour lui.

Le système de M. Lacombe, adopté par le législateur, n'est que la reproduction de la théorie de Denisart sauf sur trois points :

1° Les biens donnés ou légués à des successibles, avec dispense de rapport, sont exclus de la masse ;

2° Ceux donnés ou légués à l'époux survivant, avec ou sans clause de préciput, c'est-à-dire même par préciput et hors part, rentrent au contraire dans cette masse ;

3° Ceux donnés ou légués à des étrangers, à quelque titre que ce soit, ou mieux, à des personnes non appelées à la succession, sont exclus définitivement de la masse.

Mettons le système du législateur en lumière par un exemple :

Primus marié à Prima laisse en mourant une fortune évaluée 100.000 francs, à partager entre ses trois enfants : Secundus, Tertius et Quartus. Il a donné à chacun d'eux 20.000 francs par contrat de mariage, sans dispense de rapport, et à son neveu Quintus une somme de 5.000 fr.

D'après le système de la loi de 1891, voici comment la masse de la succession du *de cujus* devra être établie :

Biens existants...................	100.000
Biens rapportés...............	60.000
Biens donnés à Quintus (5.000 fr.).	————
Total.....................	160.000

Sur cette masse, Prima, épouse survivante, aura droit à un usufruit de 40.000 francs.

Les biens existants s'élevant à 100.000 francs, il n'y a pas de difficulté possible, les enfants auront la nue propriété de la somme de 40.000 francs, dont l'usufruit appartient à leur mère, et la pleine propriété de celle de 60.000 francs restée disponible.

Varions un peu l'hypothèse :

Primus ne laisse qu'une somme de 10.000 francs à son décès ; mais il a donné antérieurement à chacun de ses enfants, par contrat de mariage, une somme de 20.000 fr.

La masse sera alors ainsi composée :

Biens existants....................	10.000
Biens rapportés....................	60.000
Total....................	70.000

L'usufruit de Prima, épouse survivante, devrait porter sur une somme de 17.500 fr. ; mais comme il n'existe dans la succession qu'une somme de 20.000 francs, elle devra s'en contenter et les enfants garderont la pleine propriété de leurs avantages respectifs.

Dans une troisième hypothèse, Primus laisse une fortune évaluée 10.000 francs ; il a légué antérieurement à chacun de ses trois enfants, avec dispense de rapport à sa succession, une somme de 10.000 francs.

La masse ne comprendra alors que les biens existants s'élevant à 10.000 francs..................... 10.000

Sur lesquels Prima aura l'usufruit d'un quart, soit d'une somme de 2.500 fr........ 2.500

On pourrait enfin supposer que Primus n'a rien laissé à son décès, mais qu'antérieurement il avait fait à ses trois enfants des donations égales dispensées de rapport, s'élevant ensemble à 10.000 francs. Dans cette hypothèse, Prima n'aura aucun droit d'usufruit, mais elle pourra, ainsi que nous le verrons plus loin, demander une pension alimentaire.

Rappelons pour mémoire que l'époux survivant pourra dans deux cas faire rapporter à la succession de son conjoint prédécédé, pour l'exercice de son droit d'usufruit, des donations faites par ce dernier.

Le premier de ces cas est visé par l'article 904, qui interdit au mineur de disposer autrement que par testament et qui limite ce droit de disposer à la moitié des biens dont le majeur à la libre disposition.

Si donc l'enfant mineur a méconnu cette défense, l'époux survivant aura le droit de revendiquer contre les détenteurs les biens
donnés et de les faire rentrer dans l'hérédité, libres de toutes
dettes et charges. S'il y a lieu seulement à la réduction des donations, cette réduction s'opérera conformément aux règles tracées
par les articles 926 et 927 du Code civil.

Le second cas est visé par l'article 908, sanction de l'article
757, qui restreint au tiers, à la moitié ou aux trois quarts de la
portion héréditaire d'un enfant légitime les droits de l'enfant naturel dans la succession de ses parents. Dans ce cas, encore, l'é-
poux survivant sera fondé à agir en réduction ou revendication
contre les détenteurs des biens reçus en fraude de la loi et à les
faire rentrer dans l'hérédité, libres de toutes charges.

Ce système de rapport fictif adopté par le législateur a donné
lieu lui aussi à des critiques soulevées, tant au sein même de ces
deux Assemblées que depuis le vote de la loi. Elles ont été for-
mulées notamment avec beaucoup d'énergie par M. le sénateur
Demôle, et nous allons les présenter, telles qu'il les a lui-même
présentées, devant le Sénat, sauf à les réfuter ensuite.

L'honorable sénateur avait proposé de remplacer les paragraphes qui ont trait au calcul de la masse par la disposition suivante :

« L'époux survivant n'a de droits que sur les biens dont le
prédécédé n'a disposé, ni par acte entre vifs, ni par acte testamentaire et sans préjudice des droits des héritiers auxquels une
quotité de biens est réservée et des droits de retour, déterminés
par la loi. Sur le montant de leurs droits respectifs, l'époux et
les héritiers seront tenus d'imputer les libéralités provenant du
défunt directement ou indirectement. »

Cette modification avait pour effet de consacrer le système primitivement voté par le Sénat, qui refusait le rapport au conjoint survivant et ne lui laissait de droits que sur les biens existants.

Voici les arguments donnés par M. Demôle pour la défense de
son projet :

Le conjoint est un successeur irrégulier ; or, le rapport n'est dû
que de cohéritier à cohéritier ; ce point est incontestable et, pour
le mettre en pleine lumière, le législateur a pris soin de dire que

le conjoint devrait imputer sur ses droits ce qu'il aurait déjà reçu du prédécédé. Le système du rapport fictif fait violence aux intentions présumées du défunt, car tout porte à croire que si celui-ci avait voulu assurer à son conjoint le rapport fictif, il aurait fait un testament en ce sens. Le même système viole tous les principes du Code civil et il constitue une innovation d'autant plus dangereuse que le conjoint est un successeur irrégulier et qu'une fois la porte ouverte aux dérogations, il n'y a pas de raisons de les limiter. On objecte, il est vrai, que l'enfant naturel, lui aussi successeur irrégulier, a droit dans une certaine mesure au rapport ; c'est vrai, mais l'enfant naturel est héritier en raison de sa consanguinité avec le défunt, titre bien supérieur à celui du conjoint survivant. Enfin, si le conjoint ne trouve rien dans la succession du prédécédé, qu'il soit dans l'impossibilité de subvenir à ses besoins, il a la ressource de demander aux héritiers de son époux une pension alimentaire. D'ailleurs, la Faculté de Droit de Paris, lors de la consultation générale des Facultés, par 7 voix contre 6, avait fait observer que le projet de M. Delsol était muet sur la question et que, dans ce cas, on devait retomber sous l'empire du droit commun, par conséquent sous l'empire de l'article 843, qui consacre le principe du rapport de cohéritier à cohéritier, mais qu'il serait mieux d'insérer dans le projet un article disant que l'époux ne pourrait pas demander le rapport, ni y être assujetti.

Le système de M. Demôle et les objections faites par lui au rapport fictif ont été réfutées par M. Delsol, dont les arguments nous paraissent concluants.

Est-il bien vrai, disait M. Delsol, qu'il y ait dans le système défendu par la commission une violation du Code civil ? M. Demôle prétend que le rapport n'est dû que de cohéritier à cohéritier, c'est une erreur juridique ; il est de jurisprudence constante (1) que le rapport a lieu, aussi bien lorsqu'il y a des successeurs irréguliers que des successeurs réguliers. Ainsi, pour l'enfant naturel qui a droit à une réserve, le rapport est obligatoire, autrement comment pourrait-on calculer la réserve? Et en présence de plusieurs enfants naturels, ayant les mêmes droits, si l'un d'eux avait

(1) La doctrine est aussi en général conforme à cette opinion ; — Demolombe, *Code civil*, XIV, 31 ; — Aubry et Rau, *Droit civil français*, VI, 694.

été doté et les autres non dotés, l'absence de rapport n'entraîne-
rait-elle pas une monstrueuse iniquité? L'avis de la Faculté de Paris,
cité par M. Demôle, le condamne, puisque cette Faculté disait que
l'article 843 devait reprendre son empire, si l'on ne faisait pas un
paragraphe spécial pour indiquer que l'époux ne pourrait pas demander le rapport ni y être assujetti. Donc, non seulement on ne viole
pas le Code civil en accordant le rapport à l'époux survivant successeur irrégulier, mais encore on ne fait qu'appliquer le droit commun.

On ne viole pas davantage les volontés présumées du testateur.
Le rapport en effet n'existe pas pour les donations faites à des
étrangers, il n'existe pas non plus pour les successibles qui en
ont été dispensés, il n'est exigé que pour les autres, de telle sorte
que si l'égalité a été détruite par suite d'avantages faits à l'un
d'eux sans clause préciputaire, ce rapport a précisément pour effet
de rétablir l'égalité des droits de tous les héritiers. Qu'y a-t-il de
plus conforme à la volonté du testateur ?

Enfin, disait M. Delsol, le système proposé est un système nouveau, c'est vrai (1), mais il est calqué sur l'article 922 du Code
civil, pour le calcul de la réserve et de la quotité disponible.

Quant au droit que M. Demôle laisse au conjoint qui n'a rien
trouvé dans la succession, de demander une pension alimentaire,
il est réellement trop minime (2); il est en outre blessant pour le
conjoint, obligé de tendre la main pour avoir un morceau de pain
et il va contre le but de la loi, qui a voulu précisément relever la
condition de l'époux survivant. Encore faut-il ajouter que cette
demande de pension alimentaire serait une source de procès et
de scandales que l'on doit éviter le plus possible.

Le Sénat donna raison au rapporteur et à la commission et
l'amendement de M. Demôle fut rejeté par 130 voix contre 84.

On a encore reproché à tort au législateur de 1891 de n'avoir
pas reproduit le système du rapport fictif admis, l'art. 922 purement et simplement et de n'avoir pas compris dans le masse rap-
portée fictivement, les biens donnés à des successibles par préci-

(1) Nous avons vu plus haut que l'idée tout au moins n'en était pas
nouvelle.
(2) En cela, M. Demôle était logique avec ses idées, il n'aurait voulu accorder au conjoint survivant, pour tous droits, qu'une pension alimentaire.

put et *a fortiori*, les biens donnés à des étrangers. Si le législateur avait adopté cette idée, il aurait mérité le reproche que M. Demôle faisait à tort au système de la commission, il aurait violé les intentions présumées du défunt qui certainement, dans ces deux cas, n'a pas eu l'intention de faire bénéficier indirectement son conjoint de libéralités qu'il faisait à d'autres personnes ; or, c'est ce qui arriverait, si l'on comprenait dans la masse fictive les biens donnés à des étrangers, puisque le droit d'usufruit sur les biens existants serait d'autant plus grand que la masse serait plus forte et diminuerait ainsi la part des autres héritiers. On a ajouté aussi, et c'est la raison donnée par M. Delsol, que le conjoint survivant, n'étant pas un réservataire, ne devait pas pouvoir demander la réunion, même fictive, des biens donnés avec dispense de rapport ou donnés à des étrangers.

III. — Droits de réserve et de retour

Le paragraphe que nous venons d'étudier, après avoir dit que l'époux survivant ne pourrait exercer son droit que sur les biens existants au moment du décès, ajoute *que l'exercice de ce droit ne pourra pas préjudicier aux droits de réserve ni aux droits de retour*. Cette disposition est en harmonie avec l'idée générale de la loi qui, ainsi que nous le verrons plus tard, refuse au conjoint survivant toute espèce de réserve pour le droit qu'il lui accorde. Ce principe admis, il fallait éviter toutes les difficultés qui auraient pu se produire dans l'interprétation d'un texte trop concis et nous ne saurions trop louer le législateur d'avoir introduit dans son œuvre des explications de nature à supprimer les controverses et par suite bon nombre de procès. Les travaux préparatoires de la loi ont mis le point dont nous nous occupons en pleine lumière et il suffit de consulter le rapport de M. Piou à la Chambre des députés, du 20 mars 1886, pour être complètement fixé sur le sens et la portée de la disposition.

« Le projet de loi (dit M. Piou) ne porte aucune atteinte aux droits de réserve ni aux droits de retour organisés par les articles 351, 352, 747 et 766 du Code civil, l'usufruit de l'époux ne devant jamais s'exercer sur le montant des réserves, ni sur les biens dépendant de la succession anomale. Au nombre des réserves, se trouve comprise celle que les articles 757 et 761 attribuent spécialement à l'enfant naturel, sur les biens de ses père et mère. »

La réserve, comme on le sait, n'est qu'une restriction apportée, dans certains cas, au profit de certains héritiers, au droit que la loi assure au propriétaire de disposer de ses biens à titre gratuit. C'est une portion du patrimoine frappée d'indisponibilité.

Le retour, au contraire, soit qu'il dérive de la convention, soit qu'il dérive de la loi, consiste dans l'aptitude du donateur à reprendre à titre d'héritier, ou en vertu d'une condition résolutoire, les biens qu'il avait donnés.

Nous ferons mieux comprendre l'intention du législateur sur ces deux droits, par des exemples.

I. *Réserve.* — Supposons d'abord, pour les droits de réserve, que Primus marié à Prima ait laissé deux enfants légitimes, Secundus et Tertius, et une fortune évaluée 60.000 francs, sur laquelle il a légué à un étranger 15.000 francs, montant de la quotité disponible. Dans cette hypothèse, le conjoint survivant n'aura pas d'usufruit et, s'il est dans le besoin, il devra demander à ses enfants une pension alimentaire. Si le *de cujus* n'avait légué que 5.000 francs à l'étranger, le droit du conjoint aurait pu s'exercer sur 10.000 francs.

II. *Retour.* — Voici maintenant pour les droits de retour deux exemples, le premier s'applique à un droit de retour légal, le second a un droit de retour conventionnel.

Décimus, père de Primus, a donné à son fils, marié à Prima, ses immeubles d'une valeur de 40.000 francs; Primus meurt avant son père donateur, laissant à ses frères, Secundus et Tertius, une fortune personnelle évaluée 20.000 francs. Décimus reprendra les biens donnés à son fils en vertu de l'article 747 du Code civil et la la succession du *de cujus* ne comprendra que les 20.000 francs lui appartenant personnellement. Elle sera partagée de la manière suivante :

Décimus, héritier réservataire de son fils, pour un quart, prendra 5.000 francs ;   5.000 fr.

Secundus et Tertius, frères du *de cujus*, auront droit au surplus, soit à une somme de.....   15.000 fr.

Mais elle sera grevée de l'usufruit de Prima, épouse de Primus, jusqu'à concurrence de 7.500 francs, de telle sorte qu'en réalité ils recueilleront 7.500 francs en pleine propriété et 7.500 en nue propriété, pour y réunir l'usufruit au décès de Prima.

Si Primus avait reçu d'un étranger, Petrus, les immeubles évalués 40.000 francs, sous la condition qu'ils feraient retour au donateur en cas de prédécès du donataire, la succession aurait été alors réglée ainsi qu'il suit :

Petrus aurait repris le montant de sa donation, 40.000 francs. Les 20.000 francs, propriété personnelle du *de cujus*, auraient été partagés par Secundus et Tertius, ses frères (nous supposons, pour plus de clarté que le père de Primus n'existe plus), mais la moitié de ces 20.000 francs, soit 10.000 francs, auraient été grevés de l'usufruit de Prima, épouse survivante, jusqu'à son décès.

Ces hypothèses sont très simples, mais il peut y en avoir de plus compliquées. Ainsi il peut arriver que l'époux survivant se trouve en présence de l'adoptant, de l'ascendant donateur ou des frères et sœurs légitimes d'un enfant naturel, auxquels les articles 351, 352, 747 et 766 du Code civil accordent un droit de succession anomale.

Aux termes de ces articles, l'adoptant, l'ascendant et les frères et sœurs légitimes de l'enfant naturel succèdent, à l'exclusion de tous autres, aux biens donnés par l'adoptant, l'ascendant ou les père et mère de l'enfant naturel, lorsque ces biens se retrouvent en nature dans la succession de l'enfant ou descendant donataire mort sans postérité. On aurait pu se demander, dans le silence de la loi, si l'époux survivant conjoint du donataire avait un droit d'usufruit sur les biens de la succession anomale et beaucoup auraient pu adopter l'affirmative. En effet, l'époux survivant a le droit de concourir en usufruit avec les enfants qui priment le successeur anomal, il devrait donc, ce semble, concourir avec le même successeur anomal. Eh bien, non ; il ne fallait pas que les ascendants, ou les père et mère naturels, fussent portés à diminuer le nombre de leurs libéralités envers leurs enfants par peur de voir ces libéralités leur échapper en cas de prédécès du donataire. C'est ce motif qui a fait adopter la négative au législateur.

Il est à peine besoin de dire, en ce qui concerne le droit de retour légal, que si le défunt a disposé, par acte entre vifs ou par testament, de la chose qui lui a été donnée, ce retour légal s'évanouit, car, au moment où il a donné la chose, au moment où il a cessé de vivre, cette chose a disparu de son patrimoine pour toujours. Par suite, si elle a été donnée ou léguée à des successibles sans dispense de rapport, le conjoint survivant serait autorisé à la faire comprendre dans la masse d'après les règles que nous avons précédemment exposées.

IV. — Imputation

Toujours sous l'impression de cette idée que le droit qu'il créait au profit du conjoint survivant était seulement destiné à lui procurer les moyens de conserver le rang qu'il avait tenu pendant la vie du prédécédé, ou à lui éviter de tomber dans une situation précaire, le législateur de 1891 a voulu que ce droit ne fût pas une source de profits et il a écrit la disposition suivante :

« Il (le conjoint survivant) cessera de l'exercer dans le cas où il aurait reçu du défunt des libéralités, même faites par préciput et hors part, dont le montant atteindrait celui des droits que la présente loi lui attribue, et si ce montant était inférieur, il ne pourrait réclamer que le complément de son usufruit.

Autrement dit, le conjoint survivant est tenu à une sorte de rapport à la masse des libéralités qu'il a reçues du défunt, avec ou sans clause de préciput. Toutefois il y a entre l'imputation et le rapport des différences très remarquables :

Le rapport a lieu, soit en nature, soit en moins prenant ; l'imputation se fait toujours en moins prenant.

Le donateur ou le testateur peuvent valablement dispenser du rapport un successible, tandis que nous venons de voir que le conjoint survivant ne peut être valablement dispensé de l'imputation.

M. Delsol, dans son rapport présenté au Sénat en 1890, a parfaitement établi le sens de la disposition qui nous occupe et nous ne pouvons mieux faire que de citer entièrement ce qu'il a dit à ce sujet :

« Comment la situation de l'époux survivant doit-elle se régler dans le cas où il a reçu des libéralités du défunt, soit par acte entre vifs, soit par acte testamentaire? Ces libéralités se cumuleront-elles avec le droit d'usufruit. du moins jusqu'à concurrence de la quotité disponible entre époux, ou bien devront-elles être déduites du montant de cet usufruit ? »

« Votre commission croit qu'il convient d'assurer simplement à l'époux la quotité d'usufruit que le projet lui attribue, et qu'il ne faut rester en deçà ni aller au delà du but que la loi se propose. En conséquence, si le montant des libéralités égale ou dépasse celui de l'usufruit, le but de la loi est pleinement atteint et l'époux n'a plus rien à réclamer du chef de son droit usufructuaire ; si, au contraire, il est inférieur, l'époux pourra exiger la différence, car autrement la plus légère libéralité suffirait pour lui faire perdre son droit d'usufruit et le but de la loi serait éludé. »

Nous ajouterons que cette disposition n'est pas nouvelle dans nos lois, une semblable se trouve dans l'article 760 du Code civil qui édicte que « l'enfant naturel ou ses descendants seront tenus d'imputer, sur ce qu'ils ont droit de prétendre, tout ce qu'ils ont reçu du père ou de la mère dont la succession est ouverte et qui serait sujet à rapport,... etc. »

Le législateur, en restreignant ainsi dans ces limites le droit du conjoint survivant, n'a cependant pas entendu déroger en quoi que ce soit aux dispositions générales du Code civil, et il importe de bien mettre en lumière que certaines conventions de mariage, bien que présentant un caratère incontestable de libéralité, ne seraient pas de nature à nuire au droit successoral en usufruit du conjoint survivant. Telles sont notamment les conventions des articles 1515, 1520 et 1525.

L'article 1515 est relatif, comme on le sait, au préciput conventionnel et nous avons étudié, dans une autre partie de cette étude, les règles auxquelles il est assujetti ; nous nous contenterons donc de rappeler seulement que, d'après l'article 1516, ce préciput n'est une donation, ni quant au fond, ni quant à la forme.

L'article 1520 indique comme parfaitement licites trois modes de partage de la communauté, qui ne constituent pas non plus des donations, mais des conventions de mariage. Enfin l'article 1525, allant beaucoup plus loin, décide formellement que la clause attribuant toute la communauté au survivant des époux est encore une convention de mariage dépourvue du caractère de libéralité. Nous ne reviendrons pas sur ce que nous avons déjà dit à ce sujet.

Les droits de la veuve commune en biens ou de la veuve dotale, réglés par les articles 1465, 1481 et 1570, peuvent également se cumuler avec l'usufruit créé par la loi du 9 mars 1891.

Nous dirons la même chose pour les avantages que les lois du 18 juin 1850, sur la caisse des Retraites pour la vieillesse, et du 9 juin 1853, sur les pensions civiles, ont créés au profit de l'époux survivant, car ces lois n'impliquent pas nécessairement une idée de libéralité d'un époux à l'autre.

En ce qui concerne les lois du 14 juillet 1866, sur les droits d'auteur, et du 25 mars 1873, sur la condition des déportés à la Nouvelle-Calédonie, qui constituent un vrai droit successoral au profit du conjoint survivant, nous pensons que leurs dispositions doivent se cumuler avec celles de la loi du 9 mars 1891, mais dans les limites imposées par le réserve des héritiers et dans celles qui règlent la quotité disponible entre époux. La question a été résolue en ce sens à la séance du Sénat du 2 décembre 1890, par le rejet d'un amendement de M. Bozérian, portant que l'époux ne pourrait pas obtenir plus que ne lui accorde la loi du 9 mars 1891.

L'imputation ne sera pas toujours facile à faire ; bien souvent on se trouvera en présence d'une disposition en pleine propriété, en opposition avec une disposition en usufruit ; d'autres fois aussi, ces deux sortes de libéralités co-existeront en face de l'usufruit légal et de là naîtront bien des difficultés ; c'est ce qui nous fait tant désirer la création d'un droit en pleine propriété au profit du conjoint survivant, dans les cas où la chose est possible. — Quoi qu'il en soit, on devra procéder à l'estimation de l'usufruit, évaluer sa valeur en capital, en tenant compte et de l'âge et de la santé de l'usufruitier. S'il y avait des difficultés trop sérieuses, les parties intéressées auraient la ressource de s'adresser aux tribunaux.

SECTION DEUXIÈME

Avec ce qui précède, il nous est maintenant facile d'indiquer quelle est la nature du droit du conjoint survivant, quels sont ses caractères spéciaux et à quelles conditions il est subordonné.

Ce droit est un droit successoral auquel l'époux est appelé à titre de successeur irrégulier (1). Toutes les conséquences juridiques attachées à ce titre doivent par conséquent lui être appliquées. Nous allons rappeler les principales.

I. *Saisine.* — En premier lieu, et ainsi que nous l'avons établi à l'occasion du droit du conjoint successeur en pleine propriété, il n'a pas la saisine et doit par suite demander la délivrance de son usufruit aux héritiers qui concourent avec lui et auxquels appartient cette saisine. Il y a cette différence entre le conjoint successeur en pleine propriété et le conjoint successeur en usufruit, que le premier est tenu de demander l'envoi en possession tandis que le second doit demander la délivrance, dans les termes et sous les conditions établies par les articles 1004 et 1011 du Code civil, ainsi conçu :

Art. 1004. — « Lorsqu'au décès du testateur il y a des héritiers auxquels une quotité de ces biens est réservée par la loi, ces héritiers sont saisis de plein droit, par sa mort, de tous les biens de la succession ; et le légataire universel est tenu de leur demander la délivrance des biens compris dans le testament. »

Art. 1011. — « Les légataires à titre universel seront tenus de demander la délivrance aux héritiers auxquels une quotité des biens est réservée par la loi ; à leur défaut, aux légataires universels, et à défaut de ceux-ci, aux héritiers appelés dans l'ordre établi au titre des successions. »

Ainsi donc le conjoint survivant ne pourra jouir des biens héréditaires, les administrer, en percevoir les fruits, exercer les actions

(1) Rapport de M. Piou ; — Chambre des députés. — Annexe à la séance du 20 mars 1886, n° 565.

personnelles ou réelles, actives ou passives, qui y sont attachées qu'après avoir obtenu la délivrance de son usufruit.

Cette délivrance pourra être obtenue par lui, soit à l'amiable, soit en justice ; obtenue à l'amiable, elle pourra résulter d'une tradition réelle des objets soumis à son usufruit, ou encore d'une tradition fictive mais par un acte impliquant cette délivrance, elle pourra être aussi constatée par écrit ; obtenue judiciairement, elle sera soumise aux formes indiquées par l'article 59 du Code de procédure civile et la demande devra être introduite devant le tribunal de l'ouverture de la succession.

Si la succession était vacante, le conjoint survivant serait en droit de faire nommer un curateur à cette succession, contre lequel il intenterait sa demande.

II. *Absence de réserve.* — De même que le conjoint survivant n'a pas la saisine, il n'a pas non plus de réserve sur les biens de la succession du prédécédé. A aucun moment, il n'a été question de lui conférer ce droit en contradiction formelle avec sa qualité de successeur irrégulier. M. Jules Favre, il est vrai, avait bien proposé au sein de la commission nommée par le Sénat, en 1877, de conférer à l'époux survivant la qualité d'héritier légitime, de lui donner la saisine et même de lui attribuer, en présence d'enfants, une part en pleine propriété ; mais le contre-projet qui contenait ces dispositions fut écarté par la presque unanimité des membres de la commission, avec raison, selon nous, car non seulement l'admission d'une réserve en faveur du conjoint survivant aurait eu pour résultat de violer tous les principes du Code civil en matière successorale, mais encore il aurait constitué une véritable injustice, en faisant violence aux sentiments de l'époux prédécédé, qui n'aurait jamais pu exhéréder un conjoint dont il aurait eu à se plaindre et contre lequel auraient existé les plus légitimes motifs d'inimitié.

Au surplus la loi du 9 mars 1891 est très explicite à ce sujet : elle dit expressément que l'époux survivant ne pourra exercer son droit que sur les biens dont le prédécédé n'aura disposé ni par acte entre vifs, ni par acte testamentaire. Et celui-ci pourra de bien des manières exclure son conjoint du droit créé par la loi nouvelle, il n'aura pas besoin de formuler cette exclusion d'une façon expresse et absolue, le seul fait par lui d'avoir disposé de tous ses biens en faveur d'autres personnes fera perdre au survivant tout droit d'usufruit. S'il a institué un légataire universel, le droit de celui-ci sera encore préférable à celui du conjoint.

Faisons enfin remarquer que le législateur a mis encore bien en relief cette absence de réserve dans le droit de l'époux survivant lorsqu'il a indiqué qu'il ne pourrait pas préjudicier aux droits de réserve ni aux droits de retour.

III. *Paiement des dettes.* — Comme les successeurs irréguliers, le conjoint survivant successeur en pleine propriété n'est tenu à l'acquit du passif qu'*intra vires successionis*. En sa qualité d'usufruitier à titre universel, le paiement des dettes lui incombe également, mais seulement dans les limites fixées par l'article 612 du Code civil, ainsi conçu : « L'usufruitier, ou universel, ou à titre universel, doit contribuer avec le propriétaire au paiement des dettes, ainsi qu'il suit : — On estime la valeur du fonds sujet à usufruit ; on fixe ensuite la contribution aux dettes à raison de cette valeur. — Si l'usufruitier veut avancer la somme pour laquelle le fonds doit contribuer, le capital lui en est restitué à la fin de l'usufruit, sans aucun intérêt. — Si l'usufruitier ne veut pas faire cette avance, le propriétaire a le choix, ou de payer cette somme, et, dans ce cas, l'usufruitier lui tient compte des intérêts pendant la durée de l'usufruit, ou de faire vendre jusqu'à due concurrence une portion des biens soumis à l'usufruit. »

Cette application de l'article 612 a été indiquée de la façon la plus formelle lors de la discussion de la loi, une première fois à la Chambre des députés, dans la séance du 22 mars 1890, à l'occasion d'un amendement présenté par M. Taudière, par lequel l'honorable député demandait que l'usufruit s'exerçât seulement après que sur l'actif aurait été prélevée la somme nécessaire pour payer les dettes. Cet amendement fut rejeté à la demande de M. Piou, rapporteur, qui fit observer son inutilité, la contribution du conjoint survivant aux dettes devant être réglée d'après le droit commun, d'après l'article 612.

Une seconde fois, à la séance du 26 février 1891, M. Piou s'est exprimé à ce sujet de la manière suivante : « Il suffit de bien définir la situation légale de l'époux bénéficiaire de l'usufruit et de le désigner comme un successeur irrégulier, pour que la question de la contribution aux dettes se trouve aussitôt tranchée. Le successeur irrégulier n'y contribue en effet qu'en proportion de son émolument et cela en vertu des principes généraux de notre législation civile. Comment agira-t-on pour la liquidation et le règlement de l'usufruit? Evidemment, d'après les bases posées par la loi elle-même dans l'article 612 du Code civil. C'est à l'article 612 que la loi se réfère, sans avoir besoin de le déclarer expressément, car il édicte le principe général en matière d'usufruit. A quoi servirait-il de compliquer la loi en reproduisant par une répétition inutile le principe qui régit toute la matière de l'usufruit ? En résumé l'article 612 s'appliquera dans tout son contenu, sans en excepter le droit d'option. »

Ainsi, donc, la contribution aux dettes sera fixée, proportionnellement à la valeur de l'usufruit et cette valeur fixée, le conjoint survivant pourra, soit avancer le capital des dettes pour sa part contributoire, capital que les héritiers rembourseront à la fin de l'usufruit, soit payer à ces mêmes héritiers les intérêts de ce capital qu'ils auront immédiatement déboursé. Si ni l'une ni l'autre de ces solutions n'était admise, les dettes seraient acquittées par le produit de la vente des biens de la succession, à due concurrence.

IV *Caution.* — On sait que l'usufruitier est tenu de fournir caution et il n'est affranchi de cette obligation qu'autant qu'il en est dispensé expressément par son titre, par la loi ou par la convention. En dehors de ces exceptions, d'une interprétation très étroite, la règle formulée par l'article 601 du Code civil s'applique à tous les usufruitiers. D'après ces principes et en dehors des autres obligations auxquelles il est tenu en cette qualité, le conjoint successeur en usufruit doit donc fournir caution, mais nous pensons que l'époux prédécédé pourrait l'affranchir de cette obligation par acte testamentaire. Quant à tous autres actes ou conventions qui tendraient au même but, nous croyons qu'ils seraient nuls et de nul effet comme violant l'article 791 qui interdit et proscrit sévèrement les pactes sur succession future.

Si le conjoint survivant ne pouvait ou ne voulait pas fournir caution, il ne perdrait pas pour cela son droit d'usufruit, mais les articles 602 et 603 du Code civil lui seraient applicables.

Faisons observer enfin que le droit d'usufruit dont nous nous occupons est le second usufruit légal qui prend place dans nos lois (1) qu'il n'appartient au conjoint survivant que dans le cas de mariage valable avec le prédécédé. Toutefois, en cas de mariage putatif, nous croyons que l'époux de bonne foi y aurait également droit.

(1) Le premier est celui prévu par l'art. 754 du Code civil.

CHAPITRE TROISIÈME

DE LA CONVERSION DU DROIT D'USUFRUIT DU CONJOINT SURVIVANT EN
UNE RENTE VIAGÈRE ÉQUIVALENTE

Les adversaires de la loi nouvelle avaient fait une objection très sérieuse à son principe même. Voici en quels termes M. Delsol a exposé cette objection et comment il y a répondu(1): « Vous allez charger les successions d'usufruits ; or, l'usufruit est un obstacle à la circulation des biens ; vous allez entraver la vente et l'achat des propriétés, c'est là un grand inconvénient au point de vue de la richesse publique. »

« Cette objection n'était pas sans quelque valeur et pour y donner satisfaction, le Sénat introduisit dans son projet une disposition analogue à celle du code Italien, où depuis longtemps figure l'usufruit du conjoint survivant, disposition en vertu de laquelle les héritiers ont le droit de se débarrasser de cet usufruit, moyennant une rente viagère équivalente et garantie suffisamment. »

Examinons donc cette disposition ainsi conçue : « Jusqu'au partage définitif, les héritiers peuvent exiger, moyennant sûretés suffisantes, que l'usufruit de l'époux survivant soit converti en une rente viagère équivalente ; s'ils sont en désaccord, la conversion sera facultative pour les tribunaux. »

L'usufruit du conjoint survivant est convertible en une rente viagère sur la demande de ses cohéritiers ; s'ensuit-il que celui-ci soit à leur merci ? Non, certes, et rien ne l'oblige à attendre leur décision ; eux seuls, il est vrai, ont le droit d'opter entre la délivrance de l'usufruit lui-même ou sa conversion en rente viagère, mais le conjoint peut les mettre en demeure de se décider dans un sens ou dans l'autre en vertu de l'article 815, qui dit formelle-

(1) Discours de M. Delsol, séance du 14 nov. 1890 ; — *Journal officiel* du 15 novembre 1890, p. 1031.

ment que nul ne peut être contraint à demeurer dans l'indivision. Ce droit du conjoint survivant n'est pas douteux , il le tient de sa double qualité de successeur irrégulier et d'usufruitier. M. Delsol l'a du reste mis en pleine lumière dans son rapport et nous ne pouvons mieux faire que de reproduire les termes dont il s'est servi :

« Votre commission, dit-il, n'admet pas que l'époux puisse, sans de graves inconvénients, rester indéfiniment dans une situation incertaine. Toutefois, elle constate que celui-ci a un moyen bien simple d'en sortir, c'est d'exercer lui-même contre les héritiers l'action en partage qui lui appartient incontestablement du chef de son usufruit. Les héritiers ainsi actionnés seront obligés de prendre un parti et d'opter entre la délivrance de l'usufruit en nature ou sa conversion en rente viagère. En cas de désaccord entre eux, les tribunaux décideront si l'usufruit doit être maintenu, ou la conversion opérée. »

Il pourrait arriver que les héritiers fussent en désaccord sur le parti à prendre ; dans ce cas, expressément prévu par la loi, les tribunaux seraient chargés de trancher le différend.

La Chambre des députés, voulant restreindre le délai accordé aux héritiers d'exercer leur droit d'option entre la délivrance de l'usufruit et sa conversion en une rente viagère, avait voté une rédaction ainsi conçue : « Jusqu'au partage définitif, ou, à défaut de partage, dans l'année du décès, les héritiers peuvent exiger, etc... » La Commission du Sénat a pensé avec raison que l'époux ayant la faculté d'obliger les héritiers de son conjoint à prendre un parti, il était inutile de leur imposer ce délai d'un an, alors surtout que l'époux ne leur demandait pas de se prononcer et pouvait n'avoir aucun intérêt à le leur demander. Voici du reste ce qui a été dit encore par M. Delsol à ce sujet :

‹ Du moment que l'époux a le droit d'agir à son heure, il est inutile et il serait quelquefois fâcheux d'imposer aux héritiers un délai pendant lequel ils devront, à défaut de partage, se prononcer sur l'alternative qui leur appartient.

« Tout d'abord ils peuvent ne pas être, dans l'année du décès, en état de bien juger la situation et de prendre un parti en pleine connaissance de cause. Ensuite, les obliger à se prononcer quand l'époux ne le leur demande pas et qu'il croit peut-être n'avoir aucun intérêt à le leur demander, c'est provoquer entre eux une délibération qui peut devenir la cause de dissentiments, et qui, dans tous les cas, ne présente aucun avantage matériel. »

La rente viagère donne moins de sûretés à son titulaire que l'usufruit, aussi, pour sauvegarder le droit du conjoint survivant, le législateur a-t-il décidé que les héritiers du *de cujus* devraient fournir « des sûretés suffisantes » pour la conservation et le paiement de cette rente. Ces sûretés feront l'objet d'un accord entre l'ayant droit et les débiteurs ; s'ils ne s'entendaient pas, les tribunaux seraient appelés à résoudre toutes les difficultés.

Les héritiers devront exercer leur droit d'option avant le partage définitif, mais il ne s'ensuit pas que, ce partage accompli, l'usufruit du conjoint ne pourrait pas être converti en une rente viagère. Cette convention serait toujours possible ; seulement, à partir du partage, les héritiers du *de cujus* perdant leur droit d'option, elle ne pourrait avoir lieu qu'avec le consentement exprès du conjoint intéressé.

Il nous reste à faire observer que, malgré la faculté accordée aux héritiers du *de cujus* de convertir l'usufruit créé par la loi du 9 mars 1891 en une rente viagère, celle-ci ne saurait être exigée, si, fortuitement et sans aucune faute de la part des héritiers, les valeurs héréditaires de la succession, sur lesquelles repose ce droit d'usufruit, venaient à disparaître avant le partage définitif ; mais, en sens inverse, elle pourrait l'être, si les héritiers avaient été mis en demeure par le conjoint d'exercer leur droit d'option, leur négligence ou leur mauvaise volonté les rendant responsables de la perte des valeurs héréditaires. Cette double solution est dictée par la nature même du droit de l'époux survivant sur la succession du prédécédé, ce droit est réel et non pas personnel, et la faculté d'option accordée aux héritiers n'est pas susceptible de le faire varier, tant qu'ils ne sont pas tombés d'accord avec le conjoint pour la conversion de son usufruit en une rente viagère. La solution qui tendrait à les rendre responsables de la perte fortuite des valeurs héréditaires serait aussi inique que celle qui refuserait au conjoint tout droit, dans l'hypothèse où ces mêmes valeurs auraient disparu après la mise en demeure des héritiers d'exercer leur droit d'option.

CHAPITRE QUATRIÈME

DE L'EXTINCTION DU DROIT D'USUFRUIT

Le droit d'usufruit du conjoint survivant cesse par les causes ordinaires d'extinction de tout usufruit, qui sont mentionnées par les articles 617 et 618 du Code civil. Nous nous contenterons de reproduire ces articles.

Art. 617. — « L'usufruit s'éteint : — par la mort naturelle et par la mort civile de l'usufruitier (1) ; — par l'expiration du temps pour lequel il a été accordé ; — par la consolidation ou la réunion sur la même tête des deux qualités d'usufruitier et de propriétaire ; — par le non-usage du droit pendant trente ans ; — par la perte totale de la chose sur laquelle l'usufruit est établi. »

Article 618. — « L'usufruit peut aussi cesser par l'abus que l'usufruitier fait de sa jouissance, soit en commettant des dégradations sur le fonds, soit en le laissant dépérir faute d'entretien. Les créanciers de l'usufruitier peuvent intervenir dans les contestations, pour la conservation de leurs droits ; ils peuvent offrir la réparation des dégradations commises, et des garanties pour l'avenir. — Les juges peuvent, suivant la gravité des circonstances, ou prononcer l'extinction absolue de l'usufruit, ou n'ordonner la rentrée du propriétaire dans la jouissance de l'objet qui en est grevé, que sous la charge de payer annuellement à l'usufruitier, ou à ses ayants cause, une somme déterminée jusqu'à l'instant où l'usufruit aurait dû cesser. »

A ces causes d'extinction, il y a lieu d'ajouter la prescription acquisitive et le convol et la renonciation du survivant. — Entre toutes nous ne retiendrons que les deux dernières, parce qu'elles seules sont intéressantes pour notre matière.

(1) On sait que la mort civile a été abolie par la loi du 31 mai 1854.

I. — Du convol

Le convol de l'époux à un second mariage, ainsi que la séparation de corps prononcée contre lui et passée en force de chose jugée,'sont deux nouvelles déchéances du droit d'usufruit, introduites dans notre législation en matière successorale. Cette expression nouvelles déchéances n'est cependant pas tout à fait exacte, car des dispositions absolument identiques sur le convol et la séparation de corps sont contenues dans le paragraphe quatre de l'article premier de la loi du 14 juillet 1866, sur les droits d'auteur, mais en nous servant de cette expression, nous entendons surtout mettre en opposition et comparer entre elles la loi nouvelle et la législation du Code civil. Cette observation faite, voyons les motifs qui ont engagé le législateur à introduire dans la loi du 9 mars 1891 la disposition relative au convol.

A proprement parler, on n'en a donné qu'un seul, duquel dèrivent tous les autres. C'est le même qui avait donné naissance à l'Édit des secondes noces dans notre ancien droit, l'intérêt des enfants du premier lit. L'art. 767 nouveau, au paragraphe dont nous nous occupons, est en effet ainsi conçu : « En cas de nouveau mariage, l'usufruit du conjoint cesse s'il existe des descendants du défunt. » La cause d'extinction n'a donc lieu que dans l'intérêt des parents en ligne descendante. M. Piou l'a dit formellement dans son rapport présenté à la Chambre des députés à la séance du 20 mars 1886.

« Cette cause de déchéance répond aux dispositions écrites dans l'article 386 (1) du Code civil et dans la loi du 14 juillet 1866.

« L'époux qui se remarie use d'un droit qu'on ne saurait, sans injustice, songer à amoindrir ; et il y aurait même témérité à lui retirer la libéralité dont il jouissait, sur la foi d'une interprétation présumée de la volonté du défunt. La déchéance prononcée, en cas de convol, n'a d'autre cause que la présence des enfants nés

(1) L'art. 386 dispose en effet que « cette jouissance (la jouissance légale des père et mère) n'aura pas lieu au profit de celui des père et mère contre lequel le divorce aurait été prononcé ; et elle cessera à l'égard de la mère dans le cas d'un second mariage ».

de la première union. Le second mariage, en effet, associe à l'u-
sufruit de l'époux survivant un nouveau venu devant lequel les
intérêts de ces enfants ne doivent pas fléchir ; il met, de plus, en
face d'eux un étranger avec lequel les relations d'usufruitier à
nu propriétaire deviendraient trop difficiles.

«Pour rester fidèle à la pensée qui justifie cette déchéance, il ne
suffit pas de dire que le défunt a laissé des enfants de son mariage ; il faut ajouter que ces enfants sont encore vivants au moment du convol, puisque c'est leur présence qui fait seule obstacle
au maintien du droit de l'époux survivant.»

Nous n'adoptons pas cette opinion cependant sans faire une réserve expresse sur la dernière partie qui indique comme seul obstacle au maintien du droit de l'époux survivant la présence des
enfants d'un précédent mariage. C'est bien en effet le motif principal ; mais, à notre avis, il y en a un autre que le législateur n'a
pas dû négliger et qu'il a même certainement eu en vue en édic-
tant la disposition relative au convol, c'est que cette disposition est
également conforme à la volonté probable du *de cujus*. Il ne faut pas
oublier le grand principe qui domine toute la loi : le droit successoral de l'époux survivant prend sa source dans l'affection présumée des époux. Eh bien ! est-ce que le convol du survivant n'est
pas de nature à effacer jusqu'au souvenir de cette affection ? « Le
principe de l'indissolubilité du mariage, disait M. Bourbeau dans
le discours que nous avons déjà cité, était pour ainsi dire corré-
latif avec les droits qui devaient se rattacher au veuvage de l'époux
comme pour démontrer qu'au delà du tombeau il y avait encore
des affections, et que si le mariage était l'union des corps et des
biens, il était aussi l'union des âmes.» — Et encore : « Le mariage,
je le répète, avait ces effets produits, non pas seulement pendant
qu'il existait matériellement, mais encore au delà du tombeau et
par le souvenir qu'il était censé laisser dans l'âme de celui qui survivait. » L'affection présumée du défunt pour le conjoint fidèle à son
souvenir a donc dû être prise en sérieuse considération.

Cette disposition a été critiquée par M. de Ventavon à la séance
du Sénat du 9 mars 1877, et il l'a combattue par un argument des
plus curieux, que nous reproduisons à ce titre. L'honorable sénateur invoquait l'Édit des secondes noces de 1560, qui portait

que l'époux remarié devait conserver aux enfants du premier lit *la propriété* des dons et avantages que lui avait faits le premier époux ; or, disait-il, on ne doit pas être plus sévère que l'Édit et priver le conjoint convolant en secondes noces de son droit, puisque ce droit consiste seulement *dans un usufruit*. Naturellement, cet argumentation qui repose sur une confusion entre les droits dérivant de la volonté du conjoint prédécédé et ceux résultant de la loi nouvelle, n'a convaincu personne et l'amendement de M. de Ventavon, tendant à la suppression de la disposition relative au convol, a été rejeté après une courte réplique du rapporteur.

II. — De la renonciation

Nous avons retenu cette cause d'extinction de l'usufruit du conjoint survivant pour deux raisons spéciales. Voici la première : elle touche au mode de la renonciation.

La renonciation du conjoint survivant à son droit d'usufruit doit être faite dans les formes indiquées par l'article 784 du Code civil, ainsi conçu : « La renonciation à une succession ne se présume pas, elle ne peut plus être faite qu'au greffe du tribunal de première instance dans l'arrondissement duquel la succession s'est ouverte, sur un registre particulier tenu à cet effet. »

Si quelques difficultés pouvaient se produire à ce sujet, il y aurait lieu de les écarter sans hésitation ; le droit d'usufruit du conjoint survivant procède d'une dévolution successorale et, en cette matière, on sait que la renonciation à une succession ne se présume pas. Lors donc que le conjoint survivant veut renoncer à son droit, il doit le faire, ainsi que l'exige impérativement l'article 784 et dans les formes prescrites par l'article 997 du Code de procédure civile. La renonciation par acte notarié n'est pas suffisante et il y a entre elle et la renonciation par acte au greffe une différence des plus sensibles. Celle-ci produit ses effets à l'égard de tous, aussi bien des héritiers que des tiers, tandis que la seconde ne produit ses effets qu'entre les parties elles-mêmes, c'est-à-dire entre les héritiers et les successibles ; en aucun cas, elle ne pourrait être opposée aux tiers, par exemple à l'Administration de l'enregistrement. Par suite, si cette dernière poursuivait, contre

des héritiers ou des successibles, le recouvrement d'un droit de
mutation par décès, son action ne pourrait être entravée par la
production d'un acte notarié constatant une renonciation à la succession qui donne ouverture à ce droit de mutation. L'Administration n'aurait qu'à répondre que cet acte ne lui est pas opposable,
parce qu'elle est un tiers vis-à-vis des héritiers et des successibles
et que son action ne peut s'arrêter que devant une renonciation
régulièrement faite. Toutefois il convient d'ajouter qu'en pratique
l'Administration de l'Enregistrement admet, dans l'intérêt des
parties, la renonciation, par acte notarié, au droit d'usufruit créé
par la loi du 9 mars 1891 ; mais c'est là une pure tolérance de sa
part pour la suppression de laquelle elle fait toutes réserves.

Voici maintenant la seconde des raisons qui nous ont déterminé à parler spécialement de la renonciation. Elle est relative
aux droits des créanciers, droits qui doivent être sauvegardés,
aussi bien sous l'empire de la loi nouvelle que sous l'empire du
Code civil. On a dit et répété si souvent, lors de la discussion de
celle-ci, que l'on devait appliquer le droit commun, toutes les fois
que des dispositions spéciales ne viendraient pas le modifier, que
nous n'hésitons pas à appliquer en l'espèce, pour la sauvegarde
des droits des créanciers, les articles 622 et 788 du Code civil,
ainsi conçus :

Art. 622. — « Les créanciers de l'usufruitier peuvent faire annuler la renonciation qu'il aurait faite à leur préjudice. »

Art. 788. — « Les créanciers de celui qui renonce au préjudice
de leurs droits peuvent se faire autoriser en justice à accepter la
succession du chef de leur débiteur, en son lieu et place. — Dans
ce cas, la renonciation n'est annulée qu'en faveur des créanciers,
et jusqu'à concurrence seulement de leurs créances; elle ne l'est
pas au profit de l'héritier qui a renoncé. »

L'application de ces deux articles à l'époux survivant, qui renonce
à son droit successoral en usufruit, pour échapper aux légitimes
poursuites de ses créanciers personnels, avec l'espérance ou la certitude que les héritiers de son conjoint lui tiendront compte de son
usufruit, malgré sa renonciation, aura pour effet de déjouer ce calcul et de permettre aux créanciers l'exercice de leurs droits, contre
toute collusion de la part du conjoint et des héritiers du prédécédé.

CHAPITRE CINQUIÈME

DE LA PENSION ALIMENTAIRE

Nous voici en face d'un des points les plus intéressants de la loi du 9 mars 1891 : nous voulons parler de la pension alimentaire. Avant cette loi, l'époux dans le besoin ne pouvait demander des aliments qu'à ses enfants, et, à défaut de ceux-ci, il n'avait pas la ressource de s'adresser aux héritiers de son conjoint prédécédé, parce que son alliance avec eux, basée sur le mariage, avait été détruite par la dissolution de ce mariage. Le législateur de 1891 a vu qu'il y avait là une lacune à combler, un droit nouveau à créer, et il a édicté l'article deux de la nouvelle loi, dont voici les termes.

« L'article 205 du Code civil est ainsi modifié :

« Article 205. — Les enfants doivent des aliments à leurs père et mère ou autres ascendants qui sont dans le besoin. La succession de l'époux prédécédé en doit, dans le même cas, à l'époux survivant. Le délai pour les réclamer est d'un an à partir du décès et se prolonge, en cas de partage, jusqu'à son achèvement.

« La pension alimentaire est prélevée sur l'hérédité. Elle est supportée par tous les héritiers ; et, en cas d'insuffisance, par tous les légataires particuliers proportionnellement à leur émolument.

« Toutefois, si le défunt a expressément déclaré que tel legs sera acquitté de préférence aux autres, il sera fait application de l'article 927 du Code civil. »

L'élaboration de cette disposition a donné lieu à des travaux considérables et c'est une de celles de la nouvelle loi qui a occasionné le plus grand nombre d'amendements. Nous avons indiqué plus haut comment la Chambre des députés avait, en 1886, jugé avec raison d'inscrire l'obligation alimentaire, non pas dans l'article 767 du Code civil, où elle n'était pas à sa place, mais bien dans l'article 205 ; nous n'y reviendrons pas et nous laisserons également de côté les modifications successives qui ont précédé la rédaction définitive de la disposition qui nous occupe, les textes que nous avons cités au fur et à mesure qu'ils avaient été présentés et votés, suffisant largement pour qu'on se rende compte de ces modifications.

Étudions donc la rédaction définitive :

Le nouvel article 205 indique d'abord les personnes auxquelles sont dus les aliments et celles qui les doivent ; en second lieu, les délais qui sont accordés pour les réclamer et le quantum de la pension alimentaire ; enfin, en troisième lieu, dans quelles proportions les héritiers et légataires particuliers sont tenus au paiement de ces aliments et sur quels biens ils sont prélevés. Nous allons suivre cet ordre qui nous paraît être le plus clair.

I. — Des personnes auxquelles sont dus les aliments et de celles qui les doivent

Les aliments sont dus, nous dit le premier alinéa de l'article 205 modifié, par les enfants à leurs père et mère ou autres ascendants qui sont dans le besoin. C'est la reproduction de l'ancien article du Code civil, à part une légère modification, qui porte sur la disjonctive *ou* remplaçant la conjonctive *et*, et qui a pour but de bien mettre en relief la réciprocité de la pension alimentaire entre les enfants et les père et mère ou autres ascendants, réciprocité indiquée par l'article 207 du Code civil ; nous ne nous y arrêterons pas.

Les aliments sont dus encore à l'époux survivant dans le besoin par la succession de l'époux prédécédé. C'est donc ici la succession qui est seule débitrice et non pas tel ou tel héritier. Comment, dira-t-on, la succession qui n'est pas une personnalité juridique peut-elle être débitrice envers le conjoint survivant, alors surtout qu'il est de principe que les héritiers sont tenus de toutes les dettes et charges du défunt et que sa succession disparaît et s'absorbe dans leur propre patrimoine ? « *Hereditas personam defuncti sustinet.* » Il y a lieu de répondre que c'est au moyen d'une fiction qu'on a pu arriver à ce résultat et que cette fiction était nécessaire.

La dette alimentaire en effet n'a pas pris naissance dans la personne et du vivant du conjoint prédécédé, en faveur de l'autre époux, les devoirs spéciaux qui incombaient au premier étant inscrits, non dans l'article 205, mais dans l'article 212 du Code civil, qui indique les devoirs respectifs des époux ; d'autre part, les héritiers ne sont tenus d'aucune obligation personnelle vis-à-vis du conjoint survivant. Il était donc de toute nécessité de supposer l'hérédité, personnalité juridique, pour mettre à sa charge la pension alimentaire. Cette idée a été nettement exprimée par M. Piou à la Chambre des députés, le 22 mars 1886.

« Le véritable débiteur de la pension alimentaire, dit-il, c'est l'hérédité, les héritiers n'ayant aucune obligation personnelle vis-à-vis du défunt. Or, cette hérédité n'est pas, dans la rigueur des principes, une personnalité juridique ; sauf le cas de la séparation des patrimoines ou de l'acceptation sous bénéfice d'inventaire, elle n'a pas, à vrai dire, d'individualité distincte ; elle disparaît par confusion dans le patrimoine des héritiers saisis de plein droit, dès le jour du décès, par l'effet de leur vocation légale.

« La loi actuelle a admis pourtant, par une sorte de fiction, que, pendant un an, l'hérédité serait censée subsister, afin de permettre à l'époux survivant d'exercer ses droits ; mais cette fiction même est une concession dont il importe de limiter la durée. A plus forte raison est-il de toute justice que, le règlement une fois fait, l'époux ne soit plus reçu à le faire modifier, son débiteur n'existe plus ; il est impossible désormais d'en vérifier la solvabilité. La loi a bien pu, pour sauvegarder les intérêts, prolonger pendant un an, et même jusqu'au partage, l'existence de ce débiteur fictif ; mais elle ne peut pas le ressusciter indéfiniment, chaque fois qu'il surviendra une modification dans ses besoins. »

Ainsi donc il est bien entendu que c'est l'hérédité, personne fictive, qui doit des aliments au conjoint survivant dans le besoin. En doit-elle à celui contre lequel existe un jugement de séparation passé en force de chose jugée ? Oui, sans aucun doute. Les travaux préparatoires et le silence gardé par le législateur dans l'article 205 sont probants à cet égard. Dans le rapport fait par M. Delsol, au nom de la Commission du Sénat, le 20 février 1877, ce cas a été formellement prévu. Dans le silence du Code, a dit

17

l'honorable sénateur, la majorité des auteurs pensent que des aliments sont dus à l'époux contre lequel la séparation de corps a été prononcée. Plus tard, à la séance du 9 mars 1877, M. le sénateur Bernard, ayant demandé par voie d'amendement que la rédaction de la disposition concernant la pension alimentaire fût faite de telle sorte que le conjoint indigne ne bénéficiât pas de cette pension, parce que la même raison qui lui faisait perdre son droit d'usufruit devait lui faire perdre la pension alimentaire (*ubi eadem ratio idem jus*), il lui fut répondu très justement par M. Ernest Picard qu'on ne devait pas chercher la mort de l'époux indigne ; or : *Necari videtur qui alimenta denegat,* en outre que la proposition faite par M. Bernard était en désaccord avec toute la jurisprudence. Ces raisons convainquirent le Sénat qui rejeta l'amendement. La question est donc absolument tranchée.

Il nous reste à dire que la pension alimentaire est une créance personnelle du conjoint survivant dans le besoin, contre l'hérédité, que les successibles du *de cujus* ne peuvent être en aucune manière astreints à la supporter, *loco defuncti*, et que cette créance, ne survivant pas au bénéficiaire, est intransmissible à ses héritiers. Ces solutions, conformes aux principes juridiques, résultent très nettement de tout ce que nous avons indiqué au sujet de la personnalité fictive de la succession du conjoint prédécédé.

II. — Du délai accordé pour réclamer la pension alimentaire et du quantum de cette pension

Le délai accordé au conjoint survivant pour réclamer une pension alimentaire est assez court ; il a été fixé à un an à partir du jour du décès, avec prolongation de ce terme, pour le cas seulement d'un partage entre les héritiers, jusqu'à l'achèvement de ce partage.

Il n'y a jamais eu, croyons-nous, de difficultés pour la fixation de ce délai et cela s'explique ; sa nécessité s'imposait, mais il fallait aussi qu'il ne fût pas trop long, en raison de la fiction créée de la personnalité de l'hérédité, cette fiction ne pouvant pas elle-même être prolongée sans de graves inconvénients. En cas de partage de l'hérédité, on conçoit parfaitement que le délai imparti soit prorogé jusqu'à l'achèvement de ce partage, mais c'était l'extrême limite à laquelle on devait aller et on a bien fait de s'y arrêter.

Par la même raison, le chiffre maximum de la pension alimentaire doit être fixé d'une manière invariable, eu égard aux ressources de l'hérédité et aux besoins du conjoint dans le besoin : le débiteur de cette pension n'existant plus, il serait de toute impossibilité de la faire modifier dans le sens d'une augmentation ; mais, par contre, nous croyons que si, à une époque postérieure à celle à laquelle la pension a été réglée, l'époux survivant recevait un accroissement de fortune tel qu'il n'aurait plus besoin de la pension, celle-ci pourrait être réduite ou même complètement supprimée, par application de l'article 209 *in fine* du Code civil.

La dernière partie d'un amendement de M. Pâris sur la pension alimentaire, présenté à la séance du Sénat du 9 mars 1877, prévoyait formellement cette dernière hypothèse dans les termes suivant : « Le règlement ne peut être ultérieurement modifié, vis-à-vis de la succession du conjoint prédécédé, il peut l'être à l'égard du conjoint survivant qui n'est plus dans le besoin. » Cet amendement adopté par le Sénat n'a pas été maintenu, ce qui est, à notre avis, tout à fait regrettable, car il ne laissait place à aucun doute sur la question.

III. — Des biens sur lesquels est prélevée la pension alimentaire et des proportions dans lesquelles les héritiers et légataires particuliers contribuent au paiement de cette pension.

La pension alimentaire est prélevée sur l'hérédité, sur cette personnalité juridique dont nous avons déterminé plus haut les caractères ; mais avant de faire ce prélèvement, il y a lieu de distraire de la masse active une somme nécessaire à payer le passif de l'hérédité, car il serait injuste et contraire à tous les principes de voir les intérêts de créanciers du conjoint prédécédé sacrifiés à un droit qui, tout en étant très respectable, doit cependant être subordonné à celui des premiers. « Il faut, a dit M. Delsol, que les dettes du défunt soient payées, et ce n'est que sur l'excédent qu'on peut songer à attribuer une pension alimentaire à l'époux survivant. »

Quand le passif a été ainsi acquitté, il y a lieu au prélèvement de la pension alimentaire. Cette formule, qui est celle employée par le législateur, est réellement trop vague, et c'est un des graves reproches que l'on peut lui faire. La Chambre des députés avait proposé que le *capital* nécessaire au service de la pension alimentaire fût prélevé sur l'hérédité, mais on a fait observer qu'un tel prélèvement serait souvent difficile à réaliser, que la pension alimentaire serait suffisamment garantie par le droit qu'aurait le conjoint de demander la séparation des patrimoines, et par l'inscription de privilège dont parle l'article 2111 du Code civil. Évidemment ces raisons étaient bonnes pour écarter la proposition de la Chambre des députés, mais pas assez pour la solution de la difficulté qui subsiste toujours.

Cette pension alimentaire de l'article 205 est supportée par tous les héritiers, c'est-à-dire par tous les héritiers légitimes, les successeurs irréguliers et les légataires universels ou à titre universel. Contre tous ceux-ci le conjoint survivant peut faire valoir son droit ; il peut également le faire valoir, en cas d'insuffisance des biens dévolus à ces derniers, contre les légataires particuliers qui devront supporter cette pension alimentaire proportionnellement au montant de leurs legs. Ainsi donc, il ne peut y avoir d'équivoque : le mot héritiers, en opposition avec ceux de légataires particuliers, indique bien que tous ceux qui prennent une part quelconque dans la succession, à quelque titre que ce soit, sont tenus sans exception, dans les limites tracées par le législateur, au service de cette pension alimentaire. Si l'hérédité est suffisante, à la fois pour le service de celle-ci et pour le paiement des legs, il n'y a pas lieu à la réduction des derniers, sinon ils sont réduits au marc le franc, en conformité de l'article 926 du Code civil. Cette disposition du législateur est en harmonie avec les précédentes qui nous ont montré le conjoint survivant dans le besoin comme un créancier de l'hérédité, or, l'on sait que les droits des créanciers ne peuvent être primés par qui que ce soit. C'est une règle de droit et d'équité.

Toutefois, un tempérament a été admis à cette règle absolue de la réduction des legs au marc le franc. Si le défunt a déclaré expressément que tel legs serait acquitté, de préférence aux autres, il est fait application de l'article 927 du Code civil, ainsi conçu : « Néanmoins, dans tous les cas où le testateur aura expressément déclaré qu'il entend que tel legs soit acquitté de préférence aux autres, cette préférence aura lieu, et le legs qui en sera l'objet ne sera réduit qu'autant que la valeur des autres ne remplirait pas la réserve légale. »

Cette disposition de la loi nouvelle se référant à l'article 927 est due à M. le sénateur Griffe, qui l'a fait adopter par voie d'amendement, en faisant observer qu'elle avait l'avantage d'être conforme aux volontés du défunt. Le principe de la réduction proportionnelle repose sur l'intention probable du défunt, mais quand celui-ci a déclaré expressément vouloir déroger à ce principe, on doit y donner satisfaction; cependant il faut que cette volonté soit nettement exprimée, toute manifestation tacite serait sans effet.

Par quels moyens le conjoint survivant pourra-t-il arriver à assurer sa pension alimentaire ? Si les héritiers du prédécédé n'ont pas de créanciers personnels, la solution sera facile et une base d'entente sera vite trouvée, mais si le conjoint survivant a à craindre la présence de ces derniers, il devra faire son possible pour empêcher la confusion des biens de l'hérédité et des biens personnels des héritiers. Pour arriver à ce résultat, il pourra demander, en sa qualité de créancier de l'hérédité, la séparation des patrimoines qui, obtenue par lui sans difficultés, mettra obstacle à cette confusion dont les effets lui seraient si préjudiciables.

Aucune formalité n'est requise pour la conservation du droit de préférence résultant de la séparation des patrimoines, en ce qui concerne les meubles ; mais il n'en est pas ainsi en ce qui concerne les immeubles, et le conjoint survivant, pour la conservation de ce droit, doit remplir les formalités prescrites par l'article 2111 du Code civil qui porte que : « Les créanciers et légataires qui demandent la séparation du patrimoine du défunt, conformément à l'article 878, au titre des Successions, conservent, à l'égard des créanciers des héritiers ou représentants du défunt, leur privilège sur les immeubles de la succession, par les inscriptions faites sur chacun de ses biens, dans les six mois à compter de l'ouverture de la succession. Avant l'expiration de ce délai, aucune hypothèque ne peut être établie avec effet sur ces biens par les héritiers ou représentants au préjudice de ces créanciers ou légataires. »

En principe, la dette alimentaire n'est ni solidaire ni indivisible ; cependant, en l'espèce, s'il avait été convenu qu'elle serait supportée par les héritiers dans telle ou telle proportion entre eux et que l'un des redevables fût dans l'impossibilité de remplir ses engagements, nous croyons que le conjoint survivant aurait le droit de réclamer aux autres la part du défaillant. Au surplus, il convient d'ajouter que la convention viendra, la plupart du temps, régler cette difficulté que le législateur a peut-être eu tort de laisser dans l'ombre.

CHAPITRE SIXIÈME

DROIT FISCAL

La loi du 9 mars 1891 n'est pas seulement avantageuse au conjoint survivant, elle l'est aussi au Trésor, en raison des droits de toute nature auxquels elle peut donner naissance. Comme il est presque impossible de prévoir toutes les hypothèses et que le cadre de cette étude s'oppose à un examen approfondi du droit fiscal, nous nous contenterons d'examiner les droits fiscaux qui dérivent directement de la nouvelle loi et, parmi les autres, ceux qui peuvent faire l'objet de difficultés assez sérieuses. Voici le classement que nous avons adopté à ce sujet :

I. — Du droit de mutation par décès.

II. — Des droits afférents à la délivrance de l'usufruit successoral.

III. — Des droits afférents à sa renonciation.

IV. — Des droits afférents à sa conversion.

V. — Des droits afférents à la pension alimentaire.

On voit que la formation de la masse sur laquelle est calculé le droit du conjoint survivant ne figure pas dans ce classement. La raison en est très simple, c'est qu'à notre avis il y a lieu de se référer purement et simplement, pour la formation de cette masse fiscale, aux règles de droit civil que nous avons énumérées et développées plus haut et d'appliquer à chaque portion de cette masse les droits qui frappent ses bénéficiaires, conformément aux lois établies et en vigueur.

Mentionnons toutefois deux règles spéciales qu'il convient de combiner avec celles tracées par la loi nouvelle. Ces deux règles s'appliquent, l'une aux donations entre vifs faites par le *de cujus* et non acquittées au jour de son décès, et l'autre, aux donations entre vifs, faites aussi par le *de cujus*, de biens qui n'existent pas en nature dans sa succession, à la même époque.

Les biens compris dans ces deux sortes de donations doivent être déduits de l'actif héréditaire pour la liquidation des droits de mutation par décès (solution de l'Administration de l'enregistrement. Instruction n° 2234, et avis du Conseil d'État du 2 septembre 1808, inséré au Bulletin des lois).

Ceci établi, revenons à notre classement.

I. — Du droit de mutation par décès

Une grave question a été posée au cours de la discussion de la loi par M. Taudière, à la séance de la Chambre des députés du 26 février 1891. Elle a trait aux droits de mutation qui peuvent être réclamés par le fisc à l'époux survivant, bénéficiaire de l'usufruit que cette loi a établi. Aujourd'hui, a dit en substance M. Taudière, quand l'époux survivant vient en concurrence avec les héritiers de l'époux prédécédé, pour recevoir une portion quelconque de la succession, en vertu d'une donation ou d'un testament, cet époux survivant paie 3 p. 100 et deux décimes et demi en sus, sur la valeur des biens qu'il recueille; au contraire, lorsque l'époux vient à la succession en vertu de l'article 767 du Code civil, c'est-à-dire en l'absence de tout héritier au degré successible, il paie 9 p. 100, décimes en sus. La nouvelle loi dérive du principe de l'article 767 et il résulte des observations qui ont été faites par ceux qui ont pris part à la discussion de cette loi que l'époux survivant conserve la qualité de successeur irrégulier que lui confère l'article 767; il conserve cette qualité, qu'il possède déjà, quand il vient, en vertu de ce même article et en l'absence de tout héritier successible, recueillir la succession de son conjoint prédécédé. Le fisc, s'appuyant sur ce texte, en profitera pour réclamer à l'époux survivant le droit de 9 p. 100, décimes en sus, toutes les fois que la nouvelle loi s'appliquera; or, cette perception paraît absolument contradictoire avec la faveur dont le législateur entend faire bénéficier l'époux survivant et avec l'idée qui a inspiré la nouvelle disposition légale. Pour éviter cette difficulté, il serait donc utile d'insérer dans la loi une disposition additionnelle ainsi conçue : « L'époux successeur en usufruit, en vertu de la présente loi, paiera à titre de droit de mutation par décès, trois pour cent, plus les décimes, de la valeur qu'il recueille.... »

M. Piou a combattu cette proposition en faisant observer que l'on n'avait pas eu l'intention de réformer la loi du 22 frimaire an VII, mais simplement de modifier un article du Code civil; que l'amendement de M. Taudière devait en conséquence être présenté comme une addition à la loi du 22 frimaire ; autrement que ce serait une bizarrerie et une nouveauté singulières de voir une règle relative à des droits d'enregistrement insérée dans le Code civil.

Mais il a ajouté que le conjoint successeur en usufruit, bien que successeur irrégulier, était dans une situation toute nouvelle, qu'il était assimilé à un parent venant en concours avec des parents et qu'à ce titre il ne pouvait être soumis aux droits dont les étrangers sont seuls passibles et dont il est passible lui-même, quand il hérite à défaut de parents ; enfin qu'il importait peu que ces dispositions fussent inscrites dans l'article 767 et que la situation toute nouvelle de l'époux devait lui assurer le bénéfice de la loi de frimaire et ne le soumettre qu'au droit de 3 p. 100, décimes en sus.

Voulant enfin qu'aucun doute ne subsistât, M. Piou a déclaré encore que le rejet de la proposition additionnelle de M. Taudière n'impliquerait pas que l'époux survivant devrait payer comme droit de mutation 3 p. 100, décimes en sus, et que, tout au contraire, l'avis de la commission était que le droit de 3 p. 100, décimes en sus, serait seul dû.

A la suite de cette observation, qui mettait la question hors de doute, M. Taudière retira sa proposition.

Ainsi donc pas de difficulté sur le tarif du droit de mutation à réclamer au conjoint survivant. Il n'y en a pas non plus du reste sur l'assiette de ce droit qui doit être perçu :

1° Pour les meubles, sur la moitié seulement de la valeur transmise (loi du 22 frimaire an VII, art. 14, § 11) ;

2° Pour les immeubles, sur le revenu capitalisé par 10, s'ils sont urbains, et par 12.50, s'ils ont un caractère rural (loi du 22 frimaire an VII, art. 15, § 8, et loi du 21 juin 1875, art. 2).

La perception de ce droit sur l'usufruit n'empêche pas les héritiers et les légataires d'acquitter, comme par le passé, les droits dont ils sont redevables, sur la pleine propriété des biens et il n'y a pas lieu de tenir compte du démembrement produit par la séparation de l'usufruit de la propriété ; seulement, au décès de l'usufruitier, il n'est dû aucun droit de mutation pour la réunion de l'usufruit à la nue propriété.

Toutes ces solutions ont été appliquées par l'Administration de l'enregistrement. Une autre, qui n'est également pas contestée, est la suivante. Le partage antérieur à la déclaration de succession doit être pris pour base de la liquidation des droits, en vertu du principe de rétroactivité qui se trouve contenu dans l'article 883 du Code civil. Cette règle doit être appliquée, même si les droits du conjoint survivant se trouvent dénaturés par l'effet du partage et consistent en une pleine propriété au lieu de consister en un usufruit. Toutefois, si une soulte relative à des immeubles est attribuée à l'héritier, elle ne peut pas être comprise sous cette forme dans la déclaration de succession et elle doit être remplacée par la portion d'immeuble dont elle est la représentation, avec une estimation spéciale du revenu afférent à cette portion.

Enfin nous pensons, mais cela pourrait être plus contestable, que le conjoint survivant qui contribue aux dettes de l'hérédité, seulement dans la mesure exacte de sa quote-part en usufruit, d'après les règles de l'article 612 du Code civil, ne saurait être tenu solidairement avec les héritiers du *de cujus*, au paiement de l'intégralité des droits de mutation rendus exigibles par le décès de ce dernier. Il doit seulement les droits afférents à la portion qu'il prend dans l'hérédité et peut même, à notre avis, faire une déclaration spéciale, indépendante de celle faite par les héritiers. Mentionnons toutefois que le Trésor a toujours le droit de saisir et de faire vendre tous les revenus de l'hérédité, pour le paiement intégral des droits de mutation occasionnés par le décès du *de cujus*. Ce droit, reconnu formellement par la doctrine et la jurisprudence fiscale, défie aujourd'hui toute controverse. Si l'exercice de ce droit portait préjudice à l'usufruit du conjoint survivant, celui-ci aurait un recours contre les héritiers, pour la restitution des sommes qu'il se trouverait avoir payées pour eux.

II. — Des droit afférents à la délivrance de l'usufruit successoral

Nous avons, vu au cours de notre étude, que le conjoint survivant successeur en usufruit devait demander la délivrance de son usufruit aux héritiers légitimes. L'acte par lequel cette délivrance est constatée est assujetti à un droit fixe de trois francs établi pour les actes innommés (Loi du 22 frimaire an VII, art. 68, § 1, n° 51 ; Loi du 18 mai 1830, art. 8, et loi 28 février 1872, art. 4).

Un seul droit est dû quand même l'acte constate à la fois la délivrance et la tradition réelle des objets soumis à l'usufruit. Ces deux opérations étant intimement liées l'une à l'autre, il ne saurait être question de leur appliquer deux droits distincts, mais en sens inverse ces deux droits seraient dus, si la délivrance consensuelle et la remise effective étaient établies dans deux actes séparés parce que ceux-ci seraient alors complètement indépendants l'un de l'autre, le second notamment ne serait plus, à proprement parler, qu'une décharge qui donne, comme on sait, ouverture à un droit fixe de trois francs.

III. — Des droits afférents à la renonciation à ce droit d'usufruit

La renonciation pure et simple du conjoint survivant à son droit d'usufruit, qui pour être régulière, ainsi que nous l'avons indiqué plus haut, doit être faite au greffe du tribunal civil de l'arrondissement dans lequel la succession s'est ouverte, donne ouverture au droit fixe de 4 fr. 50 (Loi du 22 frimaire an VII, article 68, § 2, n° 6 ; Loi du 28 avril 1816, art. 44, n° 10 ; loi du 28 février 1827, art. 4). On conçoit parfaitement qu'en l'espèce le droit proportionnel ne soit pas exigible, car le renonçant est censé n'avoir jamais été héritier et sa part accroît à ses cohéritiers, en conformité des articles 785 et 786 du Code civil ; mais si la renonciation, au lieu d'être pure et simple, est translative de l'usufruit, si par exemple le conjoint renonce à son droit, après avoir fait l'un des actes prévus par l'article 780 du Code civil, ou après avoir pris la qualité d'héritier dans un acte authentique, sa renonciation n'étant plus alors autre chose qu'une disposition à titre gratuit, donne ouverture aux droits proportionnels de mutation par décès, sans préjudice de tous autres droits qui peuvent être dus par les bénéficiaires de la renonciation. En pratique, il pourra, parfois, être difficile de distinguer une renonciation pure et simple d'une renonciation translative et l'application du droit proportionnel n'aura pas toujours lieu sans difficultés.

On peut supposer encore que le conjoint survivant, après avoir acquitté les droits de mutation afférents à son usufruit, renonce à son droit au profit du nu propriétaire. Cette renonciation, qui est translative, ne donne cependant ouverture qu'au droit fixe de 4 fr. 50 (loi du 28 avril 1816, art. 44, § 4 ; loi du 28 février 1872) parce que le nu propriétaire a déjà acquitté par anticipation le droit exigible sur la valeur de l'usufruit, au moment où la propriété lui a été transmise. Toutefois, l'acte de renonciation est encore passible d'un droit proportionnel de transcription de 1 fr. 50 p. 100, si l'usufruit porte sur des immeubles. En voici la raison : l'usufruit portant sur des immeubles est immeuble lui-même et, comme tel, susceptible d'hypothèque (art. 2118) ; or, comme l'article 2181 exige que la purge destinée à repousser l'action hypothécaire des créanciers de l'usufruitier soit subordonnée à la formalité préalable de la transcription, il y a lieu, par application de l'article 25 de la loi du 21 ventôse an VII et de l'article 54 de la loi du 28 avril 1816, de percevoir le droit de transcription sur l'acte de renonciation, qu'il soit fait à titre gratuit ou à titre onéreux. Ajoutons que ce droit est dû aussi bien par les ayants cause du nu propriétaire bénéficiaire de la réunion de l'usufruit à la nue propriété, que par le nu propriétaire lui-même.

Lorsque la réunion s'opère par un acte de cession et moyennant un prix qui n'excède pas l'évaluation donnée primitivement à l'usufruit, il n'est dû qu'un droit fixe de 3 francs (Loi de frimaire an VII, art. 68, § 1, n° 42 ; loi du 28 avril 1816, art. 14-4°).

C'est aussi ce qui doit être décidé, si la réunion s'opère par une donation (Championnière et Rigaud, liv. IV, n° 3517).

Remarquons que, lorsqu'il y a cession, il faut, pour qu'elle ne donne lieu qu'à la perception d'un droit fixe, comme opérant la réunion de l'usufruit à la nue propriété, qu'au moment de la transmission, la nue propriété se trouve encore entre les mains de l'acquéreur; s'il en était déjà dépouillé, la cession de l'usufruit donnerait ouverture au droit proportionnel (Cassat., 17 mars 1835, D. P. 35.1.201; Dalloz, v° *Enregistrement*, n°° 4593 et 4594).

Lorsque la réunion s'opère au moyen d'une cession dont le prix est supérieur à l'évaluation qui a été faite pour régler le droit de translation de propriété, elle donne ouverture à un droit proportionnel. La loi n'en a fixé nulle part la quotité, à la différence de ce qu'elle a fait pour la précédente hypothèse; mais comme il s'agit d'un excédent de prix sur un contrat dont la disposition ci-dessus transcrite a indiqué la nature et que, d'un autre côté, la perception nouvelle n'est, aux termes de cette disposition, qu'un supplément de droit, il est évident que c'est le droit du contrat prévu qui est à percevoir; or, le contrat prévu est la vente.

On pourrait encore supposer bien d'autres hypothèses, mais cela nous entraînerait beaucoup trop loin ; nous allons étudier les droits afférents à la conversion.

IV—. Des droits afférents à la conversion

La faculté de conversion de l'usufruit du conjoint survivant en une rente viagère accordée aux héritiers soulève une très grave question, c'est celle de savoir si cette conversion rétroagit au jour du décès. En voici l'intérêt au point de vue fiscal. Nous avons vu que la transmission de l'usufruit par décès est assujettie à un droit de mutation établi sur une somme formée par la capitalisation du revenu au denier 10, s'il s'agit de biens meubles et au dernier 12. 50, s'il s'agit de biens immeubles ; au contraire, la rente viagère est toujours capitalisée au denier 10. En second lieu, l'Administration de l'enregistrement reconnaît avec la jurisprudence que les legs de rente viagère doivent être assimilés aux legs de sommes d'argent qui n'existent pas en nature dans le patrimoine et être déduits de l'actif; au contraire, l'usufruit s'ajoute à cet actif et n'empêche pas les nus propriétaires d'être redevables du droit déterminé par leur degré de parenté, sur la valeur de la pleine propriété.

Il est donc facile de voir la différence considérable entre les droits qui seraient dus par l'époux survivant, suivant que les héritiers auraient ou non usé de la faculté de conversion qui leur est accordée par la loi nouvelle et suivant que le conjoint survivant serait réputé investi, directement ou indirectement, avec ou sans rétroactivité, soit d'un usufruit, soit d'une rente viagère.

Cette question a immédiatement attiré l'attention de l'Administration de l'enregistrement et son Directeur général, dans une instruction du 6 juin 1891 (n° 2805), l'a tranchée de la façon suivante : « Tant que la jurisprudence n'aura pas déterminé, sur ce point important, le caractère et les effets de la loi nouvelle, l'Administration croit devoir admettre que l'impôt de mutation par décès doit toujours être liquidé suivant les règles spéciales aux transmissions d'usufruit. Elle se fonde pour adopter, quant à présent, cette base de perception, d'ailleurs la plus avantageuse au Trésor, sur le texte même de la loi du 9 mars. Il paraît en effet résulter de ce texte, que le droit reconnu par le législateur à l'époux survivant sur la succession de son conjoint consiste avant tout dans un usufruit en nature. L'obligation légale des héritiers ne comprend en principe qu'un seul objet : un usufruit. Ils sont à la vérité autorisés à remplacer cet usufruit par une rente viagère, mais cette conversion ultérieure est simplement facultative pour eux et quand elle vient à se produire, elle ne saurait, semble-t-il, effacer le fait de la transmission d'usufruit qui s'est opérée de plein droit, lors du décès, au profit de l'époux survivant. »

Ces raisons de M. le Directeur général de l'enregistrement nous paraissent convaincantes, la solution qu'il a adoptée est en outre conforme à la doctrine admise en matière d'usufruit modifié antérieurement à la déclaration de succession et voici ce qu'on lit à ce sujet dans le répertoire de l'Enregistrement de M. Garnier (v° *Succession*, n° 16.671) : « Le légataire ou l'héritier doit, selon nous, évaluer l'usufruit lui-même, tel qu'il le recueille au décès, sans avoir égard aux transformations que ce droit a éprouvées entre ce décès et la déclaration de la succession. C'est donc justement que l'Administration a reconnu par une Dél. du 16 juillet 1830 (9714 J. E.) que si le légataire de l'usufruit d'un immeuble, qui en a fait cession aux héritiers moyennant un prix déterminé, décède avant le délai pour faire la déclaration, les héritiers doivent acquitter le droit de mutation par décès, non sur ce prix, mais sur la valeur de l'usufruit, au taux fixé pour les immeubles.

« Il a de même été décidé, avec raison, que, bien que, par un accord intervenu sur un testament qui contient legs de la jouissance des biens du testateur, le légataire universel et le légataire de la jouissance n'aient considéré ce legs que comme ne donnant droit qu'à de simples revenus convertis en une rente viagère, le droit de mutation par décès n'en est pas moins dû comme sur l'usufruit. (Cassat., 21 août 1861, 1543 R. P., 2223-5, I. G., 17225 J. N., 12.059., C. S. 62.1. 15 et 315.)

Ajoutons que la solution qui tendrait à faire rétroagir la rente viagère au jour du décès, en outre des inconvénients signalés plus haut, en présenterait un autre non moins grand, celui d'ouvrir la porte à la fraude. Il arriverait notamment que nombre d'usufruits seraient convertis en une rente viagère inférieure au revenu de l'usufruit, moyennant le paiement d'une somme payée directement à l'usufruitier, non mentionnée dans l'acte et qui échapperait ainsi au droit fiscal. Ce moyen de fraude et beaucoup d'autres encore pourraient laisser l'Administration absolument désarmée.

Pour tous ces motifs, nous croyons donc que l'impôt de mutation par décès dû par le conjoint survivant devra être liquidé suivant les règles spéciales déjà admises en matière de transmission d'usufruit, même dans le cas où la conversion aurait précédé la déclaration de succession et sans que cette conversion puisse influer en quelque manière sur la base de la liquidation des droits.

V. — Des droits afférents à la pension alimentaire

Nous avons peu de chose à dire sur le droit fiscal afférent à la pension alimentaire, elle ne peut évidemment donner lieu à des droits de mutation par décès et elle est sans influence sur leur liquidation. Toutefois, le droit qu'elle entraîne peut varier suivant qu'elle a fait l'objet d'un accord entre les héritiers du conjoint prédécédé et le conjoint survivant, ou qu'à défaut d'entente entre eux elle a été constituée par un jugement. Dans le premier cas, il y a lieu de distinguer encore si la pension est ou non payée en argent ou en choses fongibles facilement appréciables. Payable en argent, elle constitue alors un bail à nourriture passible du droit de 0,20 p. 100 (Loi du 22 frimaire an VII, art. 69, § 2, et loi du 16 juin 1824, art. 1er). Payable en choses fongibles difficilement appréciables, elle est encore passible au même titre du droit de 0 fr. 20 0/0 mais liquidé sur une somme formée par la capitalisation au denier 10 de la valeur annuelle donnée par les parties à ces choses fongibles. Dans le second cas, il ne saurait y avoir de difficultés, la pension alimentaire constituée par un jugement donne toujours ouverture au droit de 0,50 p. 100 liquidé sur le capital au denier 10 de la pension (Loi du 22 frimaire an VII, art. 69, § 1, n° 9.)

Si la pension aboutissait en réalité à la constitution d'un véritable usufruit, on se trouverait en présence d'une sérieuse difficulté, mais nous inclinons à croire que le droit de donation serait alors dû. Peut-être pourrait-on cependant soutenir l'exigibilité du seul droit de dation en paiement.

Si l'époux survivant abandonnait tout ou partie de ses biens propres en échange de la pension, le contrat serait alors une véritable vente dont la pension alimentaire serait le prix et il y aurait lieu d'appliquer la perception du droit de 5.50 p. 100.

Dans une autre hypothèse, si l'époux survivant abandonnait son droit d'usufruit en échange de la pension, ce contrat donnerait ouverture au droit fixe de 4 fr. 50, sans préjudice du droit proportionnel de transcription de 1 fr. 50 p. 100.

Ajoutons enfin que la renonciation à la pension alimentaire, comme la modification du chiffre de cette pension, ne peuvent donner lieu qu'à l'ouverture d'un droit fixe de 3 francs.

Ces solutions nous paraissent incontestables.

CINQUIÈME PARTIE

LÉGISLATIONS ÉTRANGÈRES

Notre étude ne serait pas complète si nous n'indiquions pas les droits dont jouit le conjoint survivant dans les différentes législations étrangères ; nous dirons plus, ce travail s'impose à nous, puisque nous nous sommes précisément appuyé sur les législations étrangères pour demander, en faveur du conjoint, un droit plus étendu en pleine propriété : il formera donc le complément et la conclusion indispensables de notre étude.

Nous nous trouvons en présence d'une véritable difficulté pour le classement de ces législations étrangères. Trois systèmes en effet se présentent à l'esprit : le premier consiste à les grouper d'après l'ordre alphabétique, le second d'après les races, et le troisième d'après leur ressemblance au point de vue des dispositions qu'elles ont édictées en faveur du conjoint survivant.

Si le premier de ces systèmes doit être écarté sans difficulté, il n'en est pas de même du second, qui a pour lui le mérite de grouper ensemble les législations de peuples que leur histoire, leurs mœurs et leurs idées tendent constamment à unir ; aussi ce n'est pas sans quelque hésitation que nous le rejetons, mais les inconvénients qu'il présente sont, à notre avis, plus grands que ceux du troisième système. Le groupement par races n'est pas toujours facile à faire et telles nations, comme la Suisse, avec son triple caractère français, allemand et italien, et comme l'Angleterre, qui est tout à la fois saxonne, danoise, bretonne et normande, peuvent créer beaucoup d'ambarras. A cela il faut ajouter que les peuples bien qu'ayant la même origine présentent parfois des bizarreries et des différences très grandes dans leurs lois, dont le groupement devient alors des plus disparates. Le troisième système, basé sur la ressemblance des dispositions édictées par les législations en faveur du conjoint survivant, a bien pour effet de créer lui aussi des groupement bizarres, mais aussi il ne présente pas les autres inconvénients que nous venons de signaler et il a le mérite d'être beaucoup plus facile à retenir. Ces diverses raisons nous l'ont fait adopter.

Nous nous contenterons d'examiner les législations européennes et celles des États-Unis d'Amérique ; celles des autres pays ne sont pas assez connues pour être présentées avec certitude et au surplus l'intérêt qu'elles offriraient dans notre travail serait des plus médiocres. Nous les laisserons donc de côté.

Les législations européennes peuvent être classées de la façon suivante (1) :

I. — Législations qui appliquent encore plus ou moins exactement le droit romain.

II. — Législations qui accordent un usufruit au conjoint.

III. — Législations qui accordent à la fois un usufruit et une part de propriété.

IV. — Législations qui accordent une part en propriété en face d'héritiers de tous les degrés.

Quant à l'examen de la législation des États-Unis, il fera l'objet d'un paragraphe spécial.

I. — Législations qui appliquent encore plus ou moins exactement le droit romain

Écosse

En Écosse, comme dans les autres parties de la Grande-Bretagne, on sait que les lois ne sont pas codifiées, pas plus les lois civiles que les lois politiques. Il en résulte que l'étude du droit de ce pays présente pour les étrangers des difficultés insurmontables. Un des ouvrages les mieux conçus sur les législations étrangères, dû à M. Antoine de Saint-Joseph (2), est muet sur la légis-

(1) Ne figureront pas toutefois, dans ces législations, la Belgique et la Hollande, qui suivent encore un système analogue à celui de notre Code de 1804.

(2) *Concordance*, par A. de Saint-Joseph.

lation de l'Écosse. On sait seulement que ce pays suit un mélange de droit féodal pour les droits de succession et de droit romain pour la dot et les conventions matrimoniales.

Allemagne

Droit commun allemand.

Bien que l'Allemagne forme depuis la guerre de 1870-1871 un seul empire, elle n'a pas de loi civile uniforme et chaque État a gardé son autonomie législative, mais en dehors du droit particulier des pays qui composent l'Empire d'Allemagne, il existe un droit non promulgué dû aux travaux de certains savants comme MM. Savigny, Bluntschli, Gerber et autres, qui sert de complément ou d'interprétation aux législations particulières de chaque État.

D'après le droit commun allemand (c'est le nom donné à cet ouvrage de doctrine), la succession du défunt est déférée aux enfants et aux descendants, sans distinction de sexe ni de primogéniture ; les ascendants sont ensuite appelés à la recueillir, concurremment avec les frères et sœurs germains ou leurs descendants. Viennent après, les frères et sœurs utérins ou consanguins et leurs descendants, enfin les autres parents.

Le conjoint pauvre recueille dans la succession une part virile au maximum d'un quart ; à défaut de parents successibles, il recueille cette succession en totalité.

Mais une disposition toute particulière, d'origine germanique, accorde à la veuve une *portion statutaire*, c'est-à-dire une véritable réserve en usufruit ou en pleine propriété, suivant la qualité des parents et les statuts locaux. La généralité des coutumes admet cette disposition.

Un Code civil pour l'Empire allemand est actuellement en préparation et, d'après le projet de ce Code civil, les droits du conjoint survivant seraient déterminés de la manière suivante (1).

Il aurait droit :

1° A un quart de la succession, en concours avec la première ligne ;

(1) V. Etude sur le droit successoral, dans le projet du Code civil pour l'empire d'Allemagne, par M. Drioux (*Bulletin de la Société de législation comparée*, juillet 1890).

2° A la moitié en concours, avec la seconde ou les aïeux ;

3° Et à la succession entière dans tous les autres cas.

Si le conjoint était en même temps parent du *de cujus*, il hériterait à ce double titre et de parts distinctes.

S'il venait en concours avec la seconde ligne ou des aïeux, il recueillerait en outre les meubles à l'usage ordinaire de l'époux à l'exception de ceux qui sont l'accessoire d'un immeuble.

Hanovre

Le régime dotal du droit romain est encore appliqué dans le Hanovre. Le mari a la moitié de la dot comme droit de survie et la femme a un *morgengabe* et un douaire égal à sa dot. Dans quelques villes, on suit le système de la communauté universelle (1).

Bavière

Les droits du conjoint survivant sont réglés en Bavière par le *codex civilis Maximilianus* de 1756 ; ces droits ne sont pas les mêmes pour le mari et pour la femme.

En ce qui concerne le mari : — s'il y a des enfants, après avoir rendu à ceux-ci la fortune personnelle de leur mère et le don de noces, il garde les acquêts faits pendant le mariage ; s'il n'y a pas d'enfants, il restitue aux héritiers tous les apports de sa femme et il a droit seulement à l'usufruit de la moitié des acquêts dont la nue propriété est dévolue aux héritiers de sa femme.

En ce qui concerne la femme : — s'il y a des enfants, elle reprend sa dot, le don de noces, une part d'enfant dans les acquêts et le mobilier, et une contre-dot égale à la dot ; s'il n'y a pas d'enfants, elle a les mêmes droits que nous venons d'énumérer pour le mari.

Suisse (canton de Fribourg)

Le canton de Fribourg possède un Code civil qui date de 1834-1849. D'après ce Code :

C'est le régime dotal mitigé qui est le régime de droit commun.

(1) V. *Concordance*, II, 346 (2ᵉ édit.).

Un don de survie peut être fixé par contrat de mariage, mais la propriété en est réservée aux enfants (art. 117 à 121).

Les époux peuvent aussi se donner par contrat de mariage, avec ou sans condition de survie, le quart de leurs biens en propriété, s'il y a des enfants du mariage, et l'usufruit de tout le reste s'il n'en existe pas (art. 123).

L'époux qui a des enfants d'un premier lit ne peut rien donner à son conjoint par contrat de mariage (art. 124).

Les donations entre époux pendant le mariage sont prohibées, mais le testament est permis.

Enfin le conjoint succède *ab intestat*, comme dans notre Code civil (art. 741 à 746).

Suisse (canton des Grisons).

Le canton des Grisons n'a pas de Code civil ; ce sont des lois de 1850 qui règlent les successions, les testaments et les droits respectifs des époux.

Le régime légal est un régime dotal mitigé.

Les donations entre vifs sont prohibées, mais les libéralités testamentaires sont permises, elles peuvent comprendre même l'usufruit de la réserve des héritiers à la charge de pourvoir à leurs besoins.

Le survivant des époux a l'usufruit des deux tiers des biens du prédécédé, s'il n'y a pas de descendants, et du tiers, dans le cas contraire. Cet usufruit cesse en cas de second mariage.

S'il y a eu un legs en faveur du survivant, celui-ci doit choisir entre le legs et l'usufruit accordé par la loi.

Enfin s'il y a eu entre les époux une communauté conventionnelle, chaque époux, lors de la dissolution, reprend ses apports et les bénéfices sont partagés de la manière suivante : le mari ou ses héritiers en prennent les deux tiers et la femme ou ses héritiers, le dernier tiers.

Tous les parents sont successibles indéfiniment.

Roumanie

Le Code civil de la Roumanie date de 1864 et il est calqué sur le nôtre. Voici toutefois les dispositions qui en diffèrent.

La femme survivante, si elle est pauvre, recueille dans la succession de son mari, en face de descendants, une part d'enfant au maximum d'un tiers, et un quart en pleine propriété en présence d'ascendants ou de collatéraux (art. 684).

Il n'en est pas de même pour le mari, qui ne peut recueillir la succession de sa femme qu'à défaut de tous parents successibles et d'enfants naturels (art. 679).

Les dispositions entre vifs ou testamentaires sont permises entre les époux et la quotité disponible est la même pour eux que pour les étrangers. Cependant, en présence d'enfants d'un premier lit, le nouvel époux est réduit à une part d'enfant.

Grèce

La Grèce suit toujours le *Manuel* d'Harménopule (πρόχειρον νομῶν), œuvre d'un jurisconsulte du xive siècle jouissant d'une très grande autorité. La législation romaine forme la base de cet ouvrage.

Le régime nuptial est celui de la dot romaine et de la donation à cause de noces.

Le droit de succession y est le même que celui de la Novelle CXVIII et l'époux ne vient qu'au quatrième et dernier rang, c'est-à-dire après tous les parents successibles.

Pour remédier aux inconvénients résultant d'une situation aussi peu favorable, les époux peuvent se faire des donations et prendre des dispositions testamentaires au profit l'un de l'autre, dans une mesure assez large.

Ajoutons que la Grèce poursuit depuis de longues années la préparation d'un Code civil dont nous n'avons pas pu nous procurer le texte.

Iles Ioniennes

Dans les îles Ioniennes le Code civil, qui date de 1841, a organisé le régime dotal comme régime de droit commun. Comme l'article 655 a reproduit notre ancien article 767, il en résulte que la situation du conjoint survivant n'est nulle part ailleurs aussi désavantageuse que dans ce pays. Toutefois le Code civil reconnaît au conjoint pauvre un quart en revenus, même en face d'enfants (art. 661-662).

II. — Législations qui accordent un usufruit au conjoint

Espagne

Le Code civil espagnol est tout à fait récent; il a été promulgué le 24 juillet 1889.

Il reconnaît quatre classes d'héritiers : 1° les descendants; 2° les ascendants ; 3° les enfants naturels reconnus ou légitimés ; 4° les collatéraux et l'époux survivant. Le droit de succession *ab intestat* ne va pas au delà du sixième degré de parenté collatérale (art. 955).

A défaut de frères, de neveux et de leurs descendants, qu'ils soient ou non du double lien, la totalité des biens du défunt appartient au conjoint survivant qui n'est pas séparé de corps par jugement définitif (art. 952).

En l'absence de frères, de descendants de frères et de conjoint survivant, les autres parents collatéraux au degré successible recueillent la succession du défunt.

Les droits successoraux *ab intestat* des parents légitimes sont restreints de la façon suivante par la présence du conjoint survivant :

Le veuf ou la veuve qui, à la mort de son conjoint, n'est pas séparé de corps, ou qui l'est par la faute de l'époux défunt, a droit à une part en usufruit égale à celle que la réserve donne à chacun de ses enfants ou descendants légitimes non avantagés.

Le veuf ou la veuve a l'usufruit du tiers destiné au préciput (1), s'il n'y a qu'un seul enfant ou descendant (art. 834).

La part héréditaire assignée en usufruit à l'époux veuf doit être prélevée sur le tiers des biens destinés au préciput, à moins qu'il n'y ait des enfants issus de mariages différents, auquel cas il s'exerce sur le tiers formant la quotité disponible (art. 839).

Si le défunt n'a pas de descendants légitimes, mais des ascendants ou des frères et sœurs et descendants d'eux, le conjoint survivant a la moitié de la succession toujours en usufruit (art. 837 et 953.)

(1) Ce préciput, qui porte en Espagne le nom de *mejora*, comprend le tiers de la succession dont le testateur a le droit de disposer pour avantager les uns ou les autres de ses enfants.

Suisse (Soleure)

Dans le canton de Soleure, c'est la communauté qui est le régime légal des époux. A la dissolution de cette communauté, chaque époux reprend ses apports respectifs. Le reliquat de la masse est ensuite partagé dans la proportion suivante : le mari en prend les deux tiers et la femme le tiers, mais l'époux survivant a en outre l'usufruit de toute la succession du prédécédé, à la charge de donner aux enfants, à leur majorité, le quart de l'usufruit de leur portion héréditaire.

Suisse (Valais)

Le Valais a un Code civil qui date de 1853. Il a organisé, pour régime matrimonial de droit commun, le régime de la communauté d'acquêts (art. 1286).

Ab intestat, le conjoint survivant a droit à l'usufruit de tous les biens du défunt, s'il n'y a pas d'enfants, et à la moitié seulement dans le cas contraire (art. 793).

Ce droit d'usufruit est *réservé* pour la moitié (art. 796). Enfin, il est réduit, de droit, à cette moitié, en cas de nouveau mariage (art. 794).

Serbie

Le Code civil serbe est dû au prince Karageorgewicz et il date de 1844.

D'après ce Code, la communauté ne peut exister qu'en vertu d'une convention et elle n'est pas valable en cas de faillite du mari (art. 786).

Un douaire peut être accordé à la femme survivante, soit par testament, soit par contrat de mariage, mais elle le perd en cas de convol (art. 774-775).

Ab intestat, la femme survivante non remariée à l'usufruit de tous les biens de son mari, concurremment avec les héritiers de celui-ci. Dans le cas où le partage est demandé par les uns ou les autres, son droit est réglé à la moitié de l'usufruit total (art. 413-415).

Le mari ne succède à sa femme qu'à défaut de tout successeur légitime (art. 416).

Nous devons en outre mentionner ici une particularité remarquable qui existe à la fois en Serbie, en Bosnie, en Bulgarie, en Dalmatie et dans les autres contrées voisines. Dans ces pays, la base de l'organisation sociale est la communauté de famille, c'est-à-dire le groupe de descendants d'un même ancêtre, habitant une même maison, ou un même enclos, travaillant en commun et jouissant aussi en commun des produits du travail agricole. Cette communauté de famille porte le nom de *druzina*, *druztvo* ou *zadruga*.

Le chef de la zadruga est choisi par les membres de la communauté et se nomme gospadar ou starchina. C'est lui qui gère toutes les affaires. Quand il meurt, ou bien quand il se trouve dans l'impossibilité de remplir ses fonctions, il est remplacé par le membre le plus capable de la zadruga.

« Les biens immeubles de cette communauté, dit M. de Laveleye (1), constituent un patrimoine indivisible. Quand un individu meurt, aucune succession ne s'ouvre, sauf pour les objets mobiliers ; ses enfants ont droit au produit des fonds de terre, non en vertu d'un droit d'hérédité, mais en raison d'un droit personnel ; ce n'est point parce qu'ils représentent le défunt, c'est parce qu'ils travaillent avec les autres à faire valoir la propriété commune. Nul ne peut disposer d'une partie du sol par donation ou par testament, puisque nul n'est véritablement propriétaire et n'exerce qu'une sorte d'usufruit. C'est seulement dans le cas où tous les membres de la famille sont morts, sauf un seul, que le dernier survivant peut disposer de la propriété comme il le veut. Celui qui quitte la maison commune pour s'établir définitivement ailleurs perd ses droits. La jeune fille qui se marie reçoit une dot en rapport avec les ressources de la famille, mais elle ne peut réclamer aucune part de la propriété patrimoniale. Cette propriété est, comme le majorat, le fonds solide sur lequel s'appuie la perpétuité de la famille ; il ne faut donc pas qu'elle puisse être diminuée ou partagée. La veuve continue à être entretenue, mais en échange elle doit son travail. Si elle se remarie, elle sort de la

(1) De Laveleye, *De la propriété et de ses formes primitives*, 209 et 210.

communauté et n'a droit qu'à une dot. L'individu qui a le plus contribué à accroître l'avoir de la zadruga peut réclamer une part plus grande de l'avoir social s'il la quitte. »

Ces zadrugas ont été reconnues et réglementées par la loi dans la plupart des pays où elles existent, en Serbie notamment, mais avec des modifications assez importantes. Ainsi l'art. 515 du Code serbe permet à tout membre de la zadruga de donner en hypothèque sa part indivise dans le bien commun comme garantie de la dette contractée par lui personnellement, ce qui est en contradiction complète avec le principe de l'indivisibilité du patrimoine de la zadruga.

Ajoutons enfin que les dissolutions de ces communautés, autrefois très rares, sont aujourd'hui beaucoup plus fréquentes. Dès 1869 le ministre de l'Intérieur de Serbie déplorait au sein de la skuptchina, la dissolution d'un grand nombre de zadrugas.

III.— Législations qui accordent à la fois un usufruit et une part de propriété

Italie

Le Code civil italien est également de date assez récente : il a été promulgué en 1865. Auparavant les diverses principautés et couronnes qui se partageaient l'Italie présentaient des législations très différentes les unes des autres, qui n'ont plus désormais pour nous aucun intérêt. Aussi nous les laisserons entièrement de côté.

La communauté, d'après le Code de 1865, n'existe qu'en vertu d'une convention spéciale et, dans aucun cas, elle ne peut être universelle, si ce n'est pour les acquêts.

Dans l'ordre successoral, le Code italien appelle en première ligne à la succession du défunt ses descendants légitimes sans distinction d'âge ni de sexe et encore qu'ils soient issus de mariages différents (art. 736). En deuxième ligne, les père et mère, soit seuls, soit concurremment avec les frères et sœurs du défunt ; puis les ascendants, soit seuls, soit concurremment avec les frères et sœurs ; à défaut d'ascendants, toute la succession est dévolue aux frères et sœurs ou descendants d'eux (art. 741). Enfin, à défaut de ces derniers, elle passe aux collatéraux les plus proches jusqu'au 6ᵉ degré. — Au delà ils ne succèdent plus.

Voici maintenant quels sont les droits de l'époux survivant en présence de ces différentes catégories d'héritiers:

En face d'enfants légitimes, l'époux survivant a droit à l'usufruit d'une part d'enfant au maximum d'un quart ;

En face d'ascendants ou enfants naturels, à un tiers en pleine propriété ; s'il y a tout à la fois des ascendants et des enfants naturels, il n'a droit qu'à un quart.

En face de successibles collatéraux, il a droit aux deux tiers. Enfin au delà du sixième degré il prend toute la succession.

Mais l'époux survivant est tenu d'imputer sur les droits héréditaires tout ce qu'il a reçu du défunt en vertu de conventions matrimoniales et de gains dotaux (art. 753 à 756).

Ce qui caractérise et qui différencie profondément la législation italienne de certaines autres, c'est la création d'une réserve au profit du conjoint survivant. Cette réserve consiste en usufruit, elle est d'une part d'enfant légitime en face de successibles de cette qualité, sans jamais pouvoir excéder le quart de la succession. En face d'ascendants elle est d'un quart, et d'un tiers en face de successibles non réservataires.

Les imputations ordonnées sur la succession *ab intestat* ont également lieu sur la réserve (art. 812 à 814 et 820).

L'époux contre lequel existe un jugement de séparation de corps perd les droits légaux que nous venons d'indiquer (art. 156, 757 et 812), sauf au cas de séparation par consentement mutuel, qui est permise en Italie, avec l'homologation du tribunal (art. 158).

Enfin le convol laisse intacts les droits légaux ou conventionnels du conjoint survivant, excepté dans un seul cas : celui où la veuve se remarie avant l'expiration d'un délai de dix mois après son veuvage (art. 57 et 128).

Angleterre

Jusqu'à ces derniers temps la législation anglaise ne s'était guère montrée favorable à l'époux survivant, tout au moins à la femme ; il n'y était pas question de communauté entre époux. La veuve n'avait aucun droit sur les immeubles laissés par son mari,

ces immeubles, qu'ils fussent des fiefs simples ou des fiefs substitués, étaient dévolus en totalité aux parents du *de cujus* à quelque degré que ce fût. La dévolution des meubles dépendant d'une
succession *ab intestat* était régie par deux lois de la seconde moitié
du xviiº siècle, connues sous le nom de *statuts of distribution*.
D'après ces statuts, si le *de cujus,* mort *intestat,* laissait tout à
la fois une veuve et des enfants, la veuve avait droit à un tiers de
l'actif mobilier net, c'est-à-dire déduction faite des dettes du
défunt ; à défaut d'enfants ou de descendants, la veuve prenait la
moitié des meubles. Elle avait encore droit à la moitié de la succession mobilière dévolue *ab intestat,* lorsque les biens étaient
attribués à la couronne, à défaut de toute personne apte à justifier
de sa parenté avec le *de cujus.*

Quant au mari survivant, il avait la propriété de tous les meubles.
En outre, s'il avait eu de sa femme des enfants qui, vivants, eussent
pu hériter des fiefs simples ou substitués appartenant à la mère,
il avait, en vertu de ce qu'on appelle *la courtoisie* d'Angleterre,
l'usufruit viager desdits fiefs (1).

Mais une loi toute nouvelle, qui porte la date du 25 juillet 1890 (2),
est venue modifier sensiblement les droits de la veuve en matière
de succession *ab intestat.* Voici la traduction de cette loi :

« Article 1er. — Les biens mobiliers et immobiliers de tout homme
qui décédera *intestat* postérieurement au 1er janvier 1890, laissant une veuve sans enfants ni descendants, seront dévolus en
totalité à sa veuve exclusivement, pourvu que la valeur nette de
ces biens mobiliers et immobiliers n'excède pas 500 livres sterling.

« Article 2. — Lorsque la valeur réelle des biens mobiliers et immobiliers mentionnés dans l'article précédent excédera la somme
de 500 livres sterling, la veuve du *de cujus intestat* recueillera
exclusivement la succession jusqu'à concurrence du montant intégral des 500 livres sterling. Elle aura, dans cette mesure, un
droit sur l'ensemble des biens mobiliers et immobiliers, avec jouissance des intérêts à 4 p. 100, à partir de la date du décès du *de
cujus* jusqu'au paiement.

(1) *Eléments de droit civil anglais,* par M. Lehr.
(2) *Annuaire de législation étrangère,* 1891, 37.

« Article 3. — Cette somme sera supportée et payée par les personnes qui recueilleront les biens mobiliers et immobiliers du *de cujus intestat*, proportionnellement à la valeur respective desdits biens.

« Article 4. — La part attribuée à la veuve, par la présente loi, sera prélevée par elle, sans préjudice de ses intérêts et de ses droits dans le surplus des biens mobiliers et immobiliers du *de cujus*, après le paiement de la somme de 500 livres. Cet excédent sera partagé comme s'il était la masse entière de la succession, sans que la présente loi modifie en rien les conditions de ce partage.

« Article 5. — On déterminera, pour l'application de la présente loi, la valeur réelle des immeubles; si ce sont des fiefs simples en prenant pour base le revenu annuel des 20 années qui ont précédé celle du décès du *de cujus*, suivant le mode d'inventaire adopté par les lois d'impôts sur la propriété. Le montant intégral des hypothèques ou autres droits réels qui grèveraient lesdits immeubles et la valeur des annuités, ou autres charges périodiques dont ces immeubles seraient le gage, seront évalués d'après les tables et les principes mentionnés dans la cédule annexée aux statuts 16 et 17 Victoria, chapitre 51 (1), et l'estimation d'une propriété viagère se fera suivant les mêmes règles.

« Article 6. — L'estimation des biens mobiliers dont il s'agit sera faite en déduisant de l'actif brut toutes les dettes, les frais funéraires et testamentaires du *de cujus* et toutes les autres charges qui pourraient grever lesdits biens.

« Article 7. — La présente loi sera désignée sous le titre de *Intestates'Estates Act 1890*.

« Article 8. — Elle ne sera pas applicable à l'Écosse. »

Prusse

Le Landrecht prussien de 1794, qui contient à la fois la législation civile et la législation publique et privée, n'exclut pas en général les statuts locaux. Ainsi la communauté n'est admise

---

(1) C'est aux *Succession Duties Act* de 1853 qu'il est fait allusion. Suivant cette loi, celui qui recueille une part dans une succession, sans être héritier du sang, paie le droit de mutation à 10 p. 100.

par le Code prussien qu'autant que les statuts ne s'y opposent pas.

S'il n'y a pas eu communauté entre les époux, chacun d'eux reprend ses apports personnels mobiliers ou immobiliers, en nature ou en valeur. La masse de la succession de l'époux prédécédé ainsi formée, on en déduit les dettes, et le surplus est partagé entre les héritiers et l'époux survivant. Si ces héritiers sont des descendants, l'époux a droit au quart; si ce sont des ascendants, des frères et sœurs ou descendants de ceux-ci au premier degré, il a droit au tiers; si ce sont des collatéraux plus éloignés, à la moitié, et en plus aux meubles meublants. En outre, la femme a droit, le plus souvent, soit à un don nuptial, *morgengabe*, soit à un don en usufruit, ou douaire. Ce don nuptial peut être stipulé aussi en faveur du mari.

S'il y a eu communauté, le survivant des époux n'a droit, en présence d'enfants, qu'à la moitié de cette communauté. En leur absence, il a sur l'autre moité, outre les portions plus haut déterminées, l'usufruit de la portion qu'il ne recueille pas.

Enfin, qu'il y ait eu, ou non, communauté, il a droit à une réserve égale à la moitié des droits légaux sus-mentionnés.

Wurtemberg

Dans le Wurtemberg, c'est la loi sur les *Mariages* de 1687 qui règle la matière. L'époux survivant a droit à un préciput, quand il est commun en biens avec le défunt, en outre de sa moitié de communauté; ce préciput consiste dans les objets à l'usage personnel du survivant. Il a droit aussi sur la succession du prédécédé à une portion dite *statutaire*, qui consiste en une part d'enfant. Cette portion, au maximum du tiers, quand il y a des descendants, atteint la moité de la succession en face des autres parents. Le tiers de cette portion statutaire est réservé contre toutes dispositions testamentaires.

La renonciation à la communauté et un pacte de succession fait par le survivant avec son conjoint prédécédé font perdre au premier cette portion statutaire. La même déchéance résulte du divorce, mais le convol et la séparation de corps sont sans effet contre elle.

Francfort

A Francfort, la portion statutaire est réservée en entier au conjoint survivant. S'il y a des enfants issus du mariage, elle est de la moitié des meubles en propriété, et de l'usufruit de la moitié des immeubles et acquêts recueillis par les enfants. S'il y a des enfants d'un précédent lit, elle n'est plus que d'une part d'enfant. Enfin, s'il n'y a pas d'enfants, l'époux devient propriétaire de tous les meubles et de la moitié des acquêts du prédécédé, et il a droit à l'usufruit de tous ses immeubles.

Autriche

En Autriche, la communauté n'a pas lieu de plein droit entre époux (art. 1233 du Code civil).

L'époux n'a pas de portion réservée (art. 796).

Les époux peuvent se donner par un pacte de succession tout ou partie de leur fortune (art. 1249); mais, dans ce cas, les droits qui adviennent au survivant en vertu de ce pacte font confusion avec le droit successoral légal que nous allons indiquer.

S'il y a des enfants, le survivant n'a, *ab intestat*, que l'usufruit d'une part d'enfant, au maximum d'un quart ; s'il n'y en a pas, il a droit à un quart en pleine propriété.

La femme a un douaire pour son entretien, tant qu'elle ne se remarie pas (art. 1242-1244).

L'époux contre lequel a été prononcée la séparation perd son droit à la succession de l'autre (art. 757-759).

Il y a lieu d'ajouter que le Code civil autrichien, qui date de 1815, s'applique à la Hongrie, à la Croatie et à la Transylvanie depuis 1853 seulement. — Un Code civil pour la Hongrie est actuellement en préparation.

Pologne

La Pologne prussienne et la Pologne autrichienne suivent le même droit que les nations auxquelles elles ont été incorporées; il en est de même de la Pologne russe. Malgré cela, nous avons tenu à

rappeler ici l'ancienne législation de ce pays, si injustement démembré et anéanti, parce que la France eut toujours pour cette
nation un très grande sympathie, malheureusement restée stérile.

La communauté entre époux n'avait lieu en Pologne que si elle
avait été stipulée. Dans ce cas, elle comprenait tous les biens présents et futurs, meubles et immeubles, et à sa dissolution elle était
partagée par moitié entre le survivant des époux et les héritiers du
prédécédé.

Quand la communauté n'avait pas été stipulée, chaque époux
conservait ses biens propres.

Les droits du survivant sur la succession du prédécédé, qu'il y
ait eu ou non communauté, pouvaient être réglés par des conventions anté-nuptiales. A défaut de ces conventions, le survivant avait,
en présence d'enfants, l'usufruit d'une part d'enfant; en présence
d'ascendants ou de collatéraux jusqu'au quatrième degré, un quart
en pleine propriété; la moitié au delà de ce degré, et à défaut de
parents successibles, la totalité ;

Enfin la moitié des droits légaux qui précèdent était réservée
contre toute disposition gratuite.

Suède

Le Code civil suédois date de 1734 et sa législation est une des
plus anciennes de l'Europe ; malgré cela, elle s'est montrée assez
favorable au conjoint survivant.

La femme a, pour le cas de survie, un don du lendemain de
noces (*morgengœfva*) fixé par les conventions matrimoniales. Ce
don ne peut excéder l'usufruit du tiers des immeubles du mari.
S'il consiste en meubles, il peut comprendre en pleine propriété
le dixième de tous les biens du mari. A défaut de conventions
anté-nuptiales, il est fixé par la loi à la moitié des droits précédents.

La communauté entre époux existe sous une forme des plus
curieuses. Ainsi, il y a communauté, pour les meubles acquis
avant ou pendant le mariage, pour les immeubles acquis dans
les villes avant ou pendant le mariage et pour les immeubles acquis à la compagne pendant le mariage seulement. Ceux possédés

à la campagne avant le mariage restent propres. Le partage de la communauté se fait par moitié au décès du prémourant des époux et le survivant a droit à un préciput d'un vingtième sur les meubles. Il ne paraît pas y avoir d'autres droits *ab intestat* au profit des époux.

Norwège

La base de tout le droit norwégien est le Code qui fut publié en 1687 sur le modèle du Code danois de 1683.

Le régime nuptial de droit commun est la communauté universelle.

Les époux ont une liberté assez grande de se faire des dons et legs pendant le mariage, mais cette liberté est restreinte quand ils ont des enfants.

La dissolution du mariage arrivée, le survivant prend, outre sa moitié dans les biens communs, une part d'enfant mâle dans l'autre moitié. — S'il n'y a pas d'enfants, il prend, à son choix, soit la moitié de la succession du prédécédé, soit le quart des apports de celui-ci dans la communauté.

Suisse (canton de Lucerne)

Dans le canton de Lucerne, l'époux concourt avec tous les héritiers qui forment cinq classes. — En face d'enfants, il a le quart de tous les biens en usufruit ; en face des héritiers de la seconde classe, le quart en toute propriété et le tiers en face de tous les autres.

A défaut d'héritiers légaux, il prend la moitié de la succession ; l'autre moitié appartient à l'État.

L'époux survivant a toujours une réserve d'un quart en usufruit.

Suisse (canton de Neufchâtel)

Le régime légal du mariage, d'après le Code civil de Neufchâtel de 1854, est la communauté universelle.

L'époux survivant, outre la moitié de la masse commune, a un gain de survie qui peut être réglé par des conventions spéciales.

19

Si ces conventions n'existent pas, il consiste, en l'absence d'enfants, dans la propriété de la moitié des meubles du prédécédé et dans l'usufruit de tous les biens immeubles. S'il y a des enfants, il est réduit de moitié.

Les donations peuvent atteindre au profit de l'époux, survivant ou non, la portion disponible établie pour les étrangers Cette portion est toujours d'une moitié, quel que soit le nombre des enfants ; mais si le donateur a des enfants d'un premier lit, il ne peut donner que la moitié de cette quotité.

L'époux survivant succède *ab intestat*, comme dans notre Code civil.

Suisse (canton du Tessin)

Le Code civil du Tessin date de 1837.

C'est le régime dotal qui est le régime de droit commun. En cas de survie du mari, sans enfants du mariage, celui-ci garde la propriété de la dot. S'il y a des enfants, il n'en a que l'usufruit. Si la femme laisse des enfants d'un premier lit, il n'a que l'usufruit d'une part d'enfant.

La femme survivante reprend sa dot, elle a droit en outre à une contre-dot égale à la moitié de sa dot. Cette contre-dot est en pleine propriété quand il n'y a pas d'enfants, et en usufruit dans les cas contraires.

A défaut de conventions de mariage et de constitution de dot, l'époux survivant à l'usufruit du quart des biens du prédécédé, s'il n'y a pas d'enfants, et d'une part d'enfant, quand il en existe.

Les donations entre époux sont interdites pendant le mariage.

Enfin le conjoint succède ab intestat, pour un quart, après les descendants, les ascendants, les frères et sœurs ou descendants d'eux.

Suisse (canton de Vaud)

Le Code civil du canton de Vaud date de 1819. Le régime de la communauté d'argent y est seul usité et encore n'est-ce qu'en vertu de conventions particulières. Les droits de survie conventionnels y sont assez fréquents. Pour la femme ils s'appellent augments de dot et atteignent en général le quart de la dot ; au surplus, ils ne peuvent pas excéder le quart des biens du donateur. L'augment de dot est réservé aux enfants du mariage.

A défaut de conventions spéciales, le survivant a droit à l'usufruit de tous les biens recueillis par ses enfants, mais cet usufruit est réduit de moitié lors de la majorité ou du mariage de ceux-ci. En l'absence d'enfants, le survivant a droit à la propriété du quart des biens du prédécédé, en face des père, mère, frères ou sœurs, neveux et nièces, et à la moitié de ces mêmes biens, en face de tous les autres successibles.

Suisse (Genève)

Le canton de Genève a réglementé d'une manière spéciale les droits de l'enfant naturel et ceux du conjoint survivant, la succession de l'enfant naturel et le degré de successibilité, dans la loi du 5 septembre 1874 (1).

Voici les différents articles de cette loi qui intéressent notre matière :

Art. 731. — Les successions sont déférées aux enfants légitimes et naturels et aux descendants du défunt, à ses descendants, à son époux, à ses parents collatéraux et à l'État, dans l'ordre et suivant les règles ci-après déterminés.

Les enfants au delà du huitième degré ne succèdent pas.

Art. 766. — En cas de prédécès des père et mère de l'enfant naturel, l'époux survivant hérite de la moitié et les frères et sœurs du défunt de l'autre miotié.

Si l'époux est prédécédé, la succession est déférée en entier aux frères et sœurs du défunt, ou à leurs descendants.

A défaut de frères et sœurs et descendants d'eux, la succession est déférée en entier à l'époux.

A défaut de frères et sœurs ou de descendants d'eux et d'époux, la succession est acquise à l'État.

Art. 767. — L'époux survivant a droit à l'usufruit de la moitié des biens délaissés par l'époux prédécédé, lorsque celui-ci laisse des enfants ou descendants légitimes.

Cette jouissance cesse pour l'époux qui convole en secondes noces.

(1) *Annuaire de législation étrangère*, année 1875, pp. 493, 499.

Lorsque l'époux prédécédé est mort sans enfants ou descendants légitimes, mais laissant des enfants naturels, ou père et mère, ou frères ou sœurs ou descendants d'eux, l'époux survivant hérite du quart des biens.

Lorsque l'époux prédécédé ne laisse ni enfants ou descendants légitimes, ni enfants naturels, ni père, ni mère, frères ou sœurs ou descendants d'eux, l'époux survivant hérite de la moitié des biens.

Dans les deux cas précédents, le surplus des biens non attribués à l'époux est dévolu, etc...

Lorsque l'époux prédécédé ne laisse aucun parent au degré successible, l'époux survivant succède à la totalité des biens.

L'époux contre lequel a été prononcé un jugement de séparation de corps est privé du bénéfice des dispositions ci-dessus, s'il n'y a eu réconciliation avant le décès.

Art. 773. — L'époux survivant est tenu d'imputer sur ce qu'il a droit de prétendre, ce qui lui a été donné par son époux prédécédé, soit par contrat de mariage, soit pendant le mariage.

Dans le cas où la loi n'accorde à l'époux qu'un usufruit, l'époux a le choix entre cet usufruit et le don qui lui a été fait par son conjoint en propriété.

Ajoutons que les époux ont en outre, d'après les articles 913 et 1094, la faculté de se faire des libéralités entre vifs ou testamentaires, dans des conditions presque identiques à celles de nos mêmes articles 913 et 1094 du Code civil.

Suisse (Zurich)

Le canton de Zurich s'est donné, le 4 septembre 1887, un nouveau Code civil.

D'après ce Code, l'époux survivant a droit :

1° A son choix, lorsque les héritiers légitimes sont des descendants du défunt, à la moitié de l'hérédité nette en usufruit ou à un huitième en pleine propriété ;

2° A son choix, lorsque les héritiers légitimes appartiennent à la parenté paternelle ou maternelle, à toute l'hérédité en usufruit, ou à un quart en toute propriété ;

3° Lorsque les héritiers légitimes appartiennent à la parenté grand-paternelle ou grand'maternelle, à une moitié en pleine propriété et à l'autre en usufruit ;

4° Quand la succession échoit aux arrière-grands-parents, à trois quarts en pleine propriété et à l'usufruit du surplus ; si l'époux survivant se remarie, son usufruit est réduit de moitié.

La veuve qui se remarie perd son droit à l'usufruit des parts dévolues aux enfants.

IV. — Législations qui accordent un droit de propriété en face des héritiers de tous les degrés

Saxe

Le droit de succession est réglé en Saxe par une loi du 31 janvier 1829.

Le conjoint en vertu de cette loi recueille le quart en pleine propriété de la succession en face de descendants, le tiers en face d'ascendants ou de frères, sœurs et descendants d'eux, la moitié en face de collatéraux jusqu'au sixième degré, la totalité au delà.

Cette portion est en outre réservée.

Le conjoint la perd pour cause d'indignité ou pour exhérédation appuyée sur des motifs sérieux ; il en est aussi privé par la séparation de corps prononcée contre lui.

Saxe-Weimar

Le droit de succession en Saxe-Weimar est réglé par une loi, à peu près de la même époque que celle que nous venons d'indiquer pour le Saxe. Elle est du 6 avril 1833.

Le conjoint survivant a droit à une part d'enfant en face de descendants, à la moitié de la succession en face d'ascendants et de frères ou sœurs, et à la totalité en face de collatéraux.

La moitié de cette portion héréditaire est réservée.

Brunswick

Il y a peu de différence entre la législation du duché de Brunswick et celle de l'ancienne principauté de Saxe-Weimar pour la réglementation des droits de l'époux survivant. Dans ce duché, l'époux survivant prend également une part d'enfant en face de descendants, la moitié de la succession en face d'ascendants, mais il a la totalité en face de collatéraux et exclut même les frères et sœurs. En revanche, ses droits héréditaires ne sont pas réservés et il peut en être dépouillé complètement par un testament.

Hambourg

A Hambourg les droits du mari et de la femme ne sont pas les mêmes. D'après les statuts de cette ville, qui remontent à 1605, si le mari survit à sa femme il a les deux tiers de la succession même en face d'enfants ; si c'est la femme qui survit, elle n'en a que la moitié.

Le survivant ne peut pas être obligé au partage avec les enfants communs, s'il ne se remarie pas ; il n'est tenu que de leur donner des aliments et de les doter.

Suisse (canton de Berne).

Le Code civil de Berne est de 1824-1827.

Il n'admet pas le régime de la communauté.

La femme a en général un droit de survie (*morgengabe*).

Ab intestat, l'époux survivant est héritier à réserve du défunt conjointement avec les enfants ; s'il n'y a pas d'enfants, il est seul héritier.

En présence d'enfants communs, le mari survivant gagne tous les apports de la femme (art. 88 et 519) ; la femme survivante a droit à une part d'enfant (art. 523).

En présence d'enfants de précédents lits, le mari survivant prend la portion que sa femme a eue dans le partage fait avec les enfants du précédent lit ; la femme a droit encore à une part d'enfant (art. 516 et suiv.).

L'époux qui se remarie doit rendre aux enfants la moitié des biens qu'il a ainsi recueillis (art. 160).

Danemark

Le Code danois actuellement en vigueur remonte à 1683 ; les

dispositions qu'il contient sur le droit matrimonial et successoral des époux sont des plus simples. La communauté de biens est le régime légal à défaut de convention contraire. A la mort de l'un des époux, le partage se fait par moitié entre le survivant et les héritiers du prédécédé; le premier a en outre la propriété d'une part égale à celle de chaque enfant, sans qu'elle puisse excéder le quart de la succession. Si les héritiers sont autres que des descendants, le conjoint survivant reçoit un tiers.

Ces droits légaux sont réservés et ne peuvent être diminués qu'avec le consentement exprès de l'époux qui en souffrirait.

Turquie

Les renseignements que nous avons sur le droit musulman ne sont pas très précis. Voici toutefois, en ce qui concerne notre matière, les points généralement admis.

La communauté n'existe pas entre les époux musulmans ; chacun garde sa fortune propre et des précautions sont prises pour la conservation de celle de la femme.

Le mari fait à sa femme, au jour du mariage, un don matutinal dont la propriété lui est acquise par la cohabitation ou même sans cette condition, si le défaut de cohabitation est imputable au mari (1). Ce don nuptial est une sorte de douaire ; conventionnel ou coutumier, il varie avec la fortune du mari. Il est renouvelé en cas de répudiation de la femme ou de mort du mari. Si celui-ci, après avoir répudié sa femme, désire la reprendre, il doit lui faire un nouveau don nuptial.

Les époux font partie de la première classe d'héritiers, le mari prend la moitié ou le quart de la succession, suivant qu'il y a ou non des enfants communs; la femme n'a droit dans le même cas qu'au quart ou au huitième.

Cette portion accordée au conjoint est réservée et ne peut être diminuée par un acte de dernière volonté.

Enfin les époux peuvent se faire des donations entre vifs ou des libéralités testamentaires, sans autre restriction que celle résul-

(1) De Tornauw, *Droit musulman*, traduction d'Eschbach, pp. 98, 100.

tant du droit des parents réservataires, mais en général un testateur ne peut disposer que du tiers de ses biens.

Russie

Le Code civil a été codifié pour la dernière fois en 1832. C'est le plus considérable des Codes civils connus.

D'après ce code : la communauté de biens n'existe pas entre les époux, chacun conserve la propriété tant de ce qu'il a apporté avant le mariage que de ce qu'il a acquis depuis.

Les donations de biens patrimoniaux entre les époux ne sont valables que pour l'usufruit, et encore avec l'approbation impériale ; la même disposition existe pour les testaments.

Ab intestat, la veuve reçoit un septième des immeubles du mari et un quart des meubles, qu'il y ait ou non des enfants. Cette portion est une réserve sur les biens patrimoniaux, elle ne peut être enlevée à la femme par des donations ou des legs faits à des étrangers que pour les biens acquis.

La femme succède à son beau-père en cas de prédécès du mari, proportionnellement à la part qui reviendrait à ce dernier.

Le mari succède à sa femme et au père de celle-ci d'après les mêmes principes et pour les mêmes quotités que la femme au mari.

Ajoutons que certains *gouvernements* ont des statuts particuliers, notamment ceux de Tchernigoff et de Pultawa. Enfin les époux mahométans sujets russes suivent leur droit particulier.

V. — États-Unis d'Amérique

Chacun des États qui composent la grande Fédération républicaine de l'Amérique du Nord a ses dispositions législatives particulières ; toutefois, dans la grande majorité, c'est le droit privé de l'Angleterre qui est encore la base de la législation civile.

Voici un rapide aperçu des dispositions existant en faveur du conjoint survivant dans quelques États.

Pour la succession *ab intestat* à *New-York* et dans la plupart des États, la veuve, à défaut d'enfants, concourt avec la mère quand elles sont seules. Il en est autrement s'il y a le père ou des frères et sœurs. En *Géorgie* et à *Vermont* la veuve concourt même avec le père du défunt.

En *Indiana*, la veuve, à défaut de père et mère, prend les deux tiers des biens.

Dans les divers États, quand il y a des enfants, la femme survivante n'a qu'un douaire en usufruit.

Dans le Maryland et l'Ohio, la veuve prend un tiers en usufruit en face d'enfants, et un tiers ou une moitié en présence et suivant la qualité des autres héritiers.

Voici maintenant trois États qui ont une législation ou des dispositions législatives récentes sur la matière et qui, à ce titre, offrent quelque intérêt. Ce sont l'Illinois, le Massachussets et le Névada. Nous allons en parler un peu plus longuement.

§ 1er. — *Illinois.*

La loi qui régit dans les États de l'Illinois l'ordre successoral date du 25 mai 1877 (1).

Aux termes de cette loi, les biens mobiliers ou immobiliers des résidents ou non résidents propriétaires dans l'État mourant *intestat*, après paiement des dettes, sont dévolus de la manière suivante :

1° A l'enfant, ou aux enfants du *de cujus* et à leurs descendants, par parts égales, les descendants de l'enfant décédé prenant la part de celui-ci, par portions égales ;

2° Quand il n'y a pas d'enfants du *de cujus* ni descendant de cet enfant, ni veuve, ni mari survivant, aux père et mère, frère et sœurs du *de cujus* et à leurs descendants, chacun des père et mère ayant droit à une part d'enfant, ou si l'un deux seulement vit encore, à une double part ; enfin, si le père et la mère sont décédés, aux frères et sœurs de l'*intestat* et à leurs descendants ;

3° Quand il y a une veuve ou un mari survivant et pas d'enfants du *de cujus*, ni descendant de l'enfant, dans ce cas, après le paiement des dettes, la moitié de la fortune immobilière et la totalité de la fortune mobilière est dévolue à la veuve ou au mari survivant en toute propriété, pour toujours ; l'autre moité de la

---

(1) *Annuaire de la Société de législation étrangère 1878*, p. 781.

fortune immobilière est dévolue, comme dans les autres cas, lorsqu'il n'y a pas d'enfants, ni de descendant d'enfant ;

4° Quand il y a une veuve ou un mari survivant et un enfant ou descendant de l'enfant de l'intestat, la veuve ou le mari survivant reçoit en toute propriété le tiers de la fortune mobilière de l'intestat ;

5° Quand il n'y a ni enfant, ni père ni mère, ni frère ni sœur, ni veuve ni mari survivant ; dans ce cas, la fortune est dévolue par portions égales au plus proche parent de l'intestat, à degré égal de parenté ;

6° Si l'intestat laisse une veuve ou un mari survivant et pas de parent, la fortune est dévolue à la veuve ou au mari survivant ;

7° Enfin les successions en déshérence appartiennent au comté dans lequel la fortune immobilière ou mobilière du *de cujus*, ou la plus grande partie de cette fortune, est située.

§ 2. — *Massachussets*.

Dans cet Etat un *Act* portant le numéro 83, voté dans le courant de l'année 1877 (1), a simplement modifié les droits ab intestat du mari survivant. Il lui accorde au décès de sa femme l'usufruit de la moitié des immeubles de celle-ci, quand elle n'en a pas disposé autrement par testament.

§ 3. — *Névada*.

Les droits de la femme survivante sont réglés dans le Névada, par une loi du 30 janvier 1883 (2), de la façon suivante ;

A la mort du mari, la moitié de l'actif de la communauté appartient à la femme survivante, l'autre moitié est dévolue suivant les dispositions testamentaires du mari. En l'absence de dispositions, cette moitié est attribuée par portions égales à ses enfants survivants ; à défaut de dispositions et d'enfants, l'actif de la communauté appartient en entier à la femme survivante, à la charge, bien entendu, de payer les dettes que le mari aurait contractées dans les limites de ses pouvoirs.

(1) *Annuaire de la Société de législation étrangère 1878*, p. 795.
(2) *Annuaire de la Société de législation étrangère 1884*, p. 842.

Dans tous les cas, la maison de famille (*homestead set*) qui a été réservée par le mari et la femme, ou par l'un ou l'autre, et toutes les propriétés que la loi déclare insaisissables, sont, avant tout partage, réservées pour l'usage de la veuve et des héritiers mineurs, et, s'il n'y a pas d'héritiers mineurs, pour la veuve seule.

Cette disposition particulière de la loi du 30 janvier 1883 est certainement une des plus curieuses que nous ayons trouvées au cours de notre étude des droits du conjoint survivant dans les législations étrangères.

TABLE DES MATIÈRES

DEUXIÈME PARTIE

LÉGISLATION DU CODE CIVIL

TROISIÈME PARTIE

LOIS POSTÉRIEURES AU CODE CIVIL

QUATRIÈME PARTIE

LOI DU 9 MARS 1891

CINQUIÈME PARTIE

LÉGISLATIONS ÉTRANGÈRES

POSITIONS

DROIT ROMAIN

I. — La *gens* est la réunion de toutes les familles diverses sorties du même tronc ; la base de cette association est le lien du sang ; c'est le vestige d'une parenté agnatique très ancienne dont le souvenir s'est maintenu, bien qu'on ait perdu la notion du degré qui la constituait. La *gens* eut à l'origine, et conserva jusqu'à sa disparition, la communauté du culte et des sacrifices.

II. — Les plébéiens et les clients constituaient à l'origine deux classes distinctes. Peu à peu les clients disparurent et se confondirent avec la plèbe.

III. — Les lois sacrées qui instituèrent les tribuns de la plèbe n'ont pas le caractère d'un traité international.

IV. — Les premiers tribuns ne furent élus ni dans les comices par curies, ni dans les comices par centuries, ni dans les *concilia plebis*, mais dans des comices curiates patricio-plébéiens auxquels avaient accès les patriciens et les plébéiens.

V. — Les *res mancipi* étaient les seules comprises dans le cens de Servius Tullius.

VI. — La femme ne peut pas renoncer au bénéfice du sénatus-consulte Velléien qui est d'ordre public.

VII. — Dans le contrat d'échange, les risques de la chose sont à la charge du débiteur.

VIII. — Le contrat *litteris* constitue une véritable novation.

DROIT CIVIL

I. — La donation de biens présents faite entre époux pendant le mariage n'est pas caduque par le prédécès du donataire.

II. — Les donations déguisées ou faites à des personnes interposées, dont parle l'article 1099 du Code civil, sont nulles et non pas seulement réductibles à la quotité disponible, en cas d'excès.

III. — Les actes qu'un héritier apparent a faits avec des tiers de bonne foi doivent être maintenus.

IV. — Les successeurs irréguliers sont tenus des dettes *intra vires successionis*.

V. — La dot mobilière est aliénable.

VI. — Le droit de rétention est un droit réel. Il n'existe que dans les cas où la loi l'admet d'une façon formelle.

VII. — Le prodigue et le faible d'esprit pourvus d'un conseil judiciaire ne peuvent faire de donation, même par contrat de mariage, sans l'assistance de leur conseil judiciaire.

VIII. — Les donations prohibées par l'article 1422 du Code civil sont valables quand elles sont faites par le mari et la femme conjointement.

IX. — Les enfants qui ont renoncé à la succession de leur auteur n'entrent pas en ligne de compte pour le calcul de la réserve.

HISTOIRE DU DROIT

Le retrait lignager a son origine dans les institutions germaniques.

DROIT CRIMINEL

La tentative de crime n'est pas punissable quand le crime était impossible en raison des moyens employés pour l'accomplir.

DROIT INTERNATIONAL PRIVÉ

I. — L'étranger peut acquérir un véritable domicile en France sans l'autorisation du Gouvernement.

II. — L'autorisation accordée à un étranger d'établir son domicile en France ne s'étend pas, en principe, à sa femme et à ses enfants mineurs.

DROIT COMMERCIAL

Le créancier dont l'hypothèque est contestée peut voter au concordat.

DROIT CONSTITUTIONNEL

I. — Le système de la dualité des Chambres offre moins d'avantages que celui de l'unité.

II. — Le congrès est souverain, un vote antérieur des Chambres ne peut ni préciser ni limiter sa compétence.

Vu par le président de la thèse,
Doyen de la faculté de Droit.

Le Courtois.

Vu et permis d'imprimer.

Poitiers, le 1er mai 1893.

Le Recteur,
Gabriel Compayré.

4399. — Poitiers, Imp. Blais, Roy et Cie.

ERRATA

DROIT ROMAIN

Page 48, dans la note. *lire* staatsrecbt *au lieu de* staatsrecht
— 51 ligne 5   —   C. Marcius   —   C. Marius
— 58 ligne 6   —   les tribuns   —   es tribuns
— 70 ligne 5   —   Atinius   —   Attinius
— 70 ligne 16   —   d'entrée   —   l'entrée
— 79 ligne 20   —   les dispenses   —   es dispenses

DROIT FRANÇAIS

Page 2, ligne 16   *lire* l'épouse   *au lieu de* l'époux
— 26 note 2   — *Rép.* v° Dévolution   —   *Rép., Dévolution*
— 31 note unique — V. Boissonnade   —   v° Boissonnade
— 44   id   — V. Boucher d'Argis   —   v°Boucher d'Argis
— 47   ligne 17 — novelle LIII   —   novelle III
— 58 note 3   — *Denisart* v° Rapport   —   *Denisart, Rapport*
— 60 note unique— *lire Denisart* v° Noces (secondes) *au lieu de*
                Denisart, secondes noces
— 70 ligne 4   — juste avant   *au lieu de* justevant